국민이라면 **누구**든

필요하다면 **언제**든

바라고 꿈꾼다면 **무엇이**든

KB가 있어

KB가 국민 곁에서
평생 든든한 금융파트너가 되겠습니다

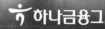

IOPE MEN

피부 하나로
확 달라진 남자를 완성하다

아이오페 맨 바이오 에센스

IOPE MEN

BIO ESSENCE
INTENSIVE
CONDITIONING

Bio-redox™ 91.7%

TRANSPARENT AND ENERGETIC SKIN
THROUGH THE SKIN CONDITIONING

145 ml / 4.90 FL.OZ.

IOPE BIOSCIENCE

투명하고 활력 넘치는 피부를 만드는 컨디셔닝 효과

스트레스, 면도, 음주 등 많은 외부 자극들로 남자의 피부컨디션은 계속 떨어집니다. 칙칙하고 거칠어진 피부를 바꾸고 싶다면, 맨 바이오 에센스를 만나보세요.
매일 변화하는 피부컨디션을 빠르게 끌어 올려 투명하고 활력 넘치는 피부로 만들어 줍니다. 기억하세요. 피부만 좋아져도, 남자는 확 달라 보입니다.

3일 후 느껴지고, 14일 후 완성되는 투명하고 활력 넘치는 남자 피부

| 3일 후, 피부가 매끄러워지는 것을 느꼈다 | 81.82% | 7일 후, 피부가 환하고 깨끗해지는 것을 느꼈다 | 95.45% | 14일 후, 피부가 전체적으로 좋아짐을 느꼈다 | 100% |

아이오페 맨 바이오 에센스 인체적용시험자 대상 3~14일 후 만족도 설문조사 결과 2012.11.6 ~ 2012.11.20 성인남성 23명 대상 / 조사기관 경희대 피부생명공학센터 (7점 척도 중 상위 3점을 긍정 응답률로 계산)

전국 아리따움과 대형 마트에서 아이오페를 만나실 수 있습니다 I 고객상담실 080-023-5454 I www.iope.co.kr

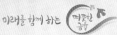
고객의 행복을 위한
따뜻한 섬김의 마음

신한은행은 언제나 고객을 향한
첫 마음을 소중히 합니다
고객의 마음을 헤아려 더 가까이에서 섬기는 것
신한은행의 따뜻한 섬김의 마음입니다

《표주박》

표주박 물 한 모금에도 상대방을
헤아리는 마음으로 꽃잎을 띄워
건네 주었던 그 배려와
따뜻한 심성을 되새깁니다

더 나은 내일을 위한 동행 신한은행

언제부턴가 하이브리드가
눈에 들어오기 시작했다

8.2km/ℓ 쏘나타 하이브리드 | 16.0km/ℓ 그랜저 하이브리드

 SONATA hybrid | GRANDEUR hybrid

HYUNDAI | NEW THINKING. NEW POSSIBILITIES.

프리미엄 4대 보장 서비스

30일 이내 불만족 시 다른 차종으로 교환해주는 차종교환 프로그램	10년/20만km 보증-하이브리드 전용부품(모터/배터리 등)
구입 후 1년 내 사고발생 시 신차로 교환해주는 신차교환 프로그램	국내 최고수준 중고차 가격보장 프로그램(1년 75%, 2년 68%, 3년 62%)

22살이 가장 갖고 싶은 전동 스쿠터

15살이 가장 갖고 싶은 스마트폰

30살이 가장 갖고 싶은 전기차

7살이 가장 갖고 싶은 장난감

46살이 가장 갖고 싶은 친환경 주택

당신이 꿈꾸는 것,
모두 화학입니다

당신이 꿈꾸는 제품마다 LG화학이 있습니다
LG화학은 차별화된 솔루션으로
당신의 앞선 인생과 함께합니다

멈춰서거나 돌아볼 때면

그제서야 보이는 일상의

사랑스런 순간이 있습니다

그 순간들이 쌓여 당신의 삶은 더

사랑스러워집니다

당신을 사랑합니다

Lovely Life

데백화점 공식모델 **유승호**(Yoo Seung Ho)

롯데백화점

다음 꿀팁은?

현대증권이 알려주는

절세꿀팁

www.hdable.co.kr

올해부터 연금저축 400만원과 함께 IRP 300만원,
총 700만원의 세액공제 혜택이 있다는 사실!

+   **4백만원**
연금저축계좌

+   **3백만원**
개인퇴직연금 (IRP)

+   **6백만원**
소득공제장기펀드

 124만 8천원
세금공제가능!

(과세표준 1,200만원~4,600만원 가정)

 현대증권

동아제약

동충하초로 만든
면역 관련
식약처 기능성 인정
건강기능식품
'동충일기'

- 동아제약 자체 개발 및 인체적용시험 완료
- 국내 최초 동충하초 면역 관련 개별인정형 허가 취득(동충하초 주정추출물 1.5g/일(식약처 제 2013-16호))
- 스트레스 등으로 약해질 수 있는 면역 기능 증진에 도움을 줄 수 있음(생리활성기능 2등급)
- 100% 국내산 발아 현미 동충하초 원료 사용(친환경 재배)
● 고객만족실 080-920-2002

동아제약 건강기능식품 광고심의필:2151-6276

롯데건설

아침마다 여전히 티격태격-
살다 보면 웃는 날만큼 다툴 때도 있지만
함께 살아가는 가족이기에
무엇보다 소중한 당신이기에

고마운 마음, 미안한 마음 모두 담아
집으로 향하는 발걸음에 사랑을 실어
먼저, 말을 건네봅니다

"다녀왔습니다"

가 족 을 행 복 하 게 하 는 한 마 디

행복은 캐슬로부터 - LOTTE CASTL

한국금융투자협회 심사필 제15-00661호 (2015-02-04 ~ 2016-02-03)

깊이가 다른 금융은
마음의 준비부터 다릅니다

먹을 가는 시간이 길어진다는 건
그만큼 생각이 깊어진다는 뜻입니다
더욱 신중하게, 더욱 겸손한 마음으로
한국투자증권이 금융의 내일을 열어갑니다

동부화재

1984년, 대한민국 최초로 운전자보험을 시작!

운전자보험도
역시 동부화재가 좋습니다

동부화재 안심가득 운전자보험

1984년, 대한민국 최초로 운전자보험을 선보인 동부화재 –
믿을 수 있는 운전자보험의 명성은 하루아침에 이루어지지 않습니다

운전자보험도 차보다 사람이 먼저입니다

1984년 국내최초
운전자보험
동부화재

동부화재 (무) 프로미 라이프 **안심가득 운전자보험** 1507

차를 생각한다면 자동차보험! 가족을 생각한다면 운전자보험! 동부화재와 함께 가족의 행복을 더욱 든든하게 지키세요

실제의 계약내용 및 보장내용 등은 가입하신 특약에 따라 달라질 수 있습니다.

교차로의 숨은 위험,
이렇게 다 보인다면 안심입니다

사람은 누구나 자기가 보고 싶은 것만 보죠
봐야 할 것도 신경 쓸 것도 많은 교차로에서 운전자와 보행자 모두 안심할 수 있도록
현대모비스 [교차로 충돌방지 시스템] 이 안전하게 지켜드립니다

모두의 미래를 지키는 과학, 현대모비스

대한민국 경제를
알차게 키워내는
강한은행이 되겠습니다

한발 앞선 핀테크로 국민의 금융생활을 스마트하게
탄탄한 글로벌 네트워크로 우리의 금융영토를 더 넓게
우리은행이 대한민국 경제 성장의 힘을 다져가겠습니다

강한은행 우리은행

2 0 1 6 년　경 영 계 획　수 립 의　필 독 서

매경 아웃룩

2016 대예측

 매경이코노미 엮음

MAEKYUNG
OUTLOOK

한국 경제의 나침반! 재테크 전략 지침서!

매일경제신문사

CONTENTS

I

2016
매경 아웃룩

경제 확대경

MIRACLE GEO

〈기적을 낳는 세상〉

▼ 2016년 대한민국을 내다볼 수 있는 키워드가 나왔다.

매경이코노미는 '2016년 매경 아웃룩' 필자를 대상으로 2016년 한국 사회를 규정할 수 있는 키워드를 설문조사했다. 그 결과는 'MIRACLE GEO(미러클 지오)'다. 기적을 의미하는 미러클과 지구 혹은 토양을 상징하는 지오의 합성어다.

MIRACLE GEO는 다시 10개의 키워드로 나뉜다.

1 M : Monthly Economy
월세 경제

첫 번째 키워드는 M, 즉 Monthly Economy(월세 경제)에서 나왔다.

전세 물량이 감소하면서 전세 거래는 줄고 월세 거래는 늘고 있다. 아파트의 경우 2015년 9월까지 누계 기준 월세 비중은 38.1%지만 아파트 외 주택은 48.9%에 이른다. 통계가 나와 있는 2011년 이후 최고치다. 특히 서울의 경우 아파트 외 주택 월세 비중은 2015년 9월까지 누계 기준으로는 처음 50%를 돌파한 것으로 나타났다. 전세 시대가 황혼으로 저무는 것이다. 매경 아웃룩에선 이를 '먼슬리 이코노미'로 규정했다. 1~2년 단위의 계약에서 월 단위로 지급하는 게 일상이 된 것이다. 렌털 비즈니스 역시 모양새는 비슷하다. 고령화와 1인 가구 증가로 물건을 사지 않고 빌려 쓰는 렌털족이 늘어나면서 월 단위 지급이 이미 깊숙이 자리 잡았다. 과거 렌털 품목이 정수기 정도에 그쳤다면 이제는 침대 매트리스, 노트북·PC, 주방용품 등으로 영역이 점점 넓어져 관련 업체들 역시 늘어나고 있다.

2 I : Image
百'文'이 不如一見

두 번째는 Image(이미지)의 I다. 스마트폰은 바야흐로 '이미지 시대'를 열어젖혔다. 구구절절한 글(text) 대신 직관적인 이모티콘이나 그림, 동영상으로 대화하는 게 일상이 됐다.

실제 카카오톡 이모티콘 스토어 방문자 수는 월평균 2700만명에 달한다. 카카오톡 이용자(월 3800만명) 10명 중 7명 이상은 한 달에 한 번 이상 이모티콘 스토어를 이용한다는 얘기다. 동영상 서비스 '유튜브'도 성장세가 매섭다. 유튜브에는 1분에 300시간 분량 동영상이 올라온다. 유튜브 방문자 수는 매년 40%, 동영상 시청 시간은 50% 이상 증가하고 있다. 100개 문장보다 짧은 동영상 하나를 보여주는 게 더 나은, '백문(文)이 불여일견' 시대가 온 셈이다.

3 R : Robot
아이, 로봇

1950년에 쓰인 아이작 아시모프의 소설 '나는 로봇이야(I, Robot)'는 로봇을 주인공으로 한 많은 소설, 영화의 모태가 된 작품이다. 작품에 보면 아홉 종류의 로봇이 나온다. 소녀를 사랑한 로봇, 자존심 때문에 사라진 로봇, 개구쟁이 천재 로봇, 대도시 시장이 된 로봇 등이다. 반세기 전 나온 이 이야기들이 현실화되고 있다. 드론은 이미 우리 생활 곳곳에 모습을 드러내고 있다. 태생은 군사용이었지만 장난감, 고공 촬영용, 운송용, 대기 측정용 등으로 범위가 확장 중이다. 무인차도 마찬가지다. 일본과 유럽, 미국 등 자동차 업체들을 중심으로 무인차 개발 열풍이 불고 있다. 우리나라도 현대·기아차가 자율주행 기술 개발에 박차를 가하며 2020년에는 무인차 출시가 가능하다는 전망이 나온다.

4 A : Asia
고 투 아시아(Go to Asia)

2015년 상반기 한국 경제는 암초를 만났다. 메르스 사태다. 메르스로 인한 경제 타격의 상당 부분은 요우커로 불리는 중국인 관광객의 감소 때문이다. 실제 국내 유입되는 중국인 관광객은 해마다 늘어 2018년 1000만명을 바라본다. 유통 기업들이 사활을 걸고 면세점 유치에 나선 것도 같은 이유에서다. 관광객뿐 아니다. 이미 중국은 한국의 제1 경제 파트너로 부상했다. 중국이 기침하면 독감이 걸리는 시대가 온 것이다. 한국 경제와 사회에 아시아의 중요성이 갈수록 증가하고 있다. 중국뿐 아니라 동아시아 각국과의 관계 설정이 2016년에는 무엇보다 중요할 전망이다. 당장 한·중, 한·베트남 FTA(자유무역협정)가 국회에서 대기하고 있다. 북한은 굳이 2016년이 아니더라도 늘 최고 화두다. 전문가들은 새해에는 '6자회담의 개최' '남북 간 화해 무드'가 조성될 수 있을 것으로 기대한다.

5 C : Cliff
성장절벽

매경이코노미는 성장 한계에 봉착한 경제 상황을 '성장절벽'이라 규정했다. 이제까지는 양적인 성장이 가능한 시대였지만 더 이상 과거와 같은 확대, 팽창식 경제를 바라기는 힘들어졌다. 한국 경제는 3% 미만 저성장, 2% 미만 저물가, 1%대 저금리 등 '3저 현상'이 고착화됐다. 성장이 힘든 경제 속에서 뛰어난 실력과 스펙을 쌓은 젊은이들도 일자리를 얻지 못하고 고전 중이다. 저성장이 피할 수 없는 숙명으로 다가오자 산업계에서도 새로운 고민이 생겨난다. 양적 팽창이 아닌 질적 향상을 노리게 된 것. 그간 '성장'이라 부르던 것에 대한 새로운 정의와 기준, 가치 부여가 필요해졌다. 핀테크, 빅데이터 같은 혁신이 신무기로 활용될 여지도 커졌다.

6 L : Leisure
일보다 여가

한국이 경제적으로 세계 10위권의 국가가 됐다고 하지만 한국 노동자의 노동시간은 다른 나라와 비교할 때 여전히 길고 국민이 느끼는 삶의 만족도 역시 최하위권이다. 때문에 최근 먹고사는 생존의 문제를 넘어 '행복한 삶'을 만들기 위한 분위기가 조성되고 있다. '일보다는 여가' '저녁이 있는 삶' 등이 대표적 슬로건이다. 남성들 역시 '일중독'에서 벗어나 가정, 여가, 휴식, 레저에 방점을 찍는 라이프 스타일의 변화가 본격화하고 있다.

통계청에 따르면 2011년 주 5일제 전면 도입으로 생활에 여유가 생겼는데도 국민의 81.3% 이상은 여전히 피곤하다고 느끼고 있었다. 다수의 전문가들은 일과 여가 두 마리 토끼를 모두 잡으려는 노력이 2016년에는 본격화할 것으로 내다봤다.

7 E : Experience Shopping
경험쇼핑

먹방·쿡방, 백화점 맛집 유치 경쟁, 자유여행, 체험형 매장….

요즘 국내 유통 업계 트렌드는 단연 '경험쇼핑'이다. 과거에는 소비자가 단순히 제품을 구매하는 데 그쳤다면, 요즘은 제품을 통해 새로운 경험을 할 수 있는가에 더 관심이 많다.

맛집 열풍은 이 같은 현상을 단적으로 보여준다. 기존에 경험해보지 못한 새로운 맛을 찾는 맛집 탐방족이 급증했다. 이에 발맞춰 백화점 3사는 홍대, 이태원 경리단길 등 각 지역 맛집과 글로벌 디저트 브랜드 입점에 공을 들인다. 백화점 프리미엄 식품관에선 해외에서 공수한 고급 식자재가 불티나듯 팔린다. 롯데백화점의 경우 2015년 상반기 식품 매출 신장률은 10.1%를 기록, 백화점 매출 평균 신장률(5% 안팎)을 2배가량 넘었다. 여행 업계에선 자유여행을 선호하는 흐름이 뚜렷하다. 소셜커머스 업계에 따르면, 자유여행 상품 판매율은 최근 2년 사이에 11배 이상 증가했다. 기존 대세였던 패키지 여행보다 비싸고 품도 더 들지만, 남들이 안 가본 새로운 관광 명소를 찾는 이들이 그만큼 늘었다는 얘기다. 이 같은 '경험쇼핑'은 2016년에도 꾸준히 인기를 끌 전망이다.

8 G : Generation Conflict
'사도(思悼) 증후군'

2015년 말 한국 사회는 그 어느 때보다 세대 간 갈등이 심각한 상황이다. 청년층과 노년층이 제한된 일자리와 복지 예산을 두고 신경전을 벌인다. 저성장과 고령화가 지속되며 나타난 현상이다. 매경 아웃룩은 이를 '사도 증후군'으로 명명했다. 아들을 뒤주에 가두고 죽음에 이르게 했던 영조와 사도세자의 부자 갈등이 최근 전 사회적으로 나타나고 있다는 판단에서다. 실제 세대 갈등은 다양한 분야에서 발견된다. 임금피크제를 통한 청년 일자리 확충 요구, 지하철 노인 무임승차 제도 축소 논란, 기초노령연금에 대항하는 청년배당 도입 움직임 등이 대표적인 예다.

역사에선 사도세자가 영조의 권력에 속절없이 당했지만, 2016년 한국에선 청년세대의 일자리 요구 등 기성세대와의 힘겨루기가 그 어느 때보다 거세질 전망이다.

9 E : Sharing Economy
내 것인 듯 내 것 아닌 너

소비 트렌드에 지각변동이 일고 있다. 더 이상 목돈을 들여 제품을 구매하지 않고, 필요할 때만 잠깐씩 빌려 쓰는 공유경제가 일반화되는 모양새다. IT기술 발달로 정보 교류가 활발해지고 거래비용이 감소한 덕분이다. 저성장이 계속되면서 자산 가치가 오히려 감소하는 '디플레이션' 시대로 접어든 것도 한 원인이다.

'전세가 고공행진' 현상이 대표적인 예다. 부동산 가격 상승이 둔화되면서 주택 구입(매매) 대신 전세를 선호하는 경향이 뚜렷해졌다. 자동차도 사지 않고 빌려 탄다. 카셰어링 서비스 업체 '쏘카'는 2014년 매출이 2013년 대비 6배 증가한 147억원을 달성했다. 2016년에는 회사 설립 후 손익분기점을 넘길 전망이다.

10 O : Online
온라인·모바일

쇼핑도 이젠 손안에서 간편하게 이뤄지는 시대다. 산업연구원에 따르면 국내 모바일 쇼핑 규모는 2014년 13조원. 한국온라인쇼핑협회는 2015년에는 그 규모가 22조원에 달할 것으로 추정한다. 식품, 생필품뿐 아니라 가구, 가전까지도 모바일을 활용한 온라인 구매가 일반화됐다. 온라인몰, 오픈마켓, 소셜커머스 등 전자상거래 업체들에 이어 대형마트나 백화점 등 전 유통 업체들이 온라인 채널을 강화하고 있다. 온라인 쇼핑에선 상품의 질이나 가격에 더해 '배달' 서비스의 중요성이 커진다. 구매 후 상품 배송은 이제 당연해졌고, 당일 배송 등 스피드에 대한 고객 기대도 커졌다. 서울 주요 지역에선 주문 후 3시간 이내 '총알 배송' 서비스까지 등장했다. 1인 가구 증가도 모바일 쇼핑의 기폭제가 됐다. 맞벌이 부부나 워킹맘 등 쇼핑할 시간이 여유롭지 않은 이들에게도 모바일 쇼핑의 매력이 더 크게 다가온다. 한 번에 많은 양을 구매하기보다 수시로 필요한 만큼, 손쉽게 소비할 수 있는 모바일 쇼핑은 2016년을 넘어 앞으로도 계속 활성화될 수밖에 없다.

2% 저성장 함정 고착화
진짜 문제는 2017년부터

김소연 매경이코노미 부장

2014년 말 모든 경제연구기관이 2015년 한국 경제성장률이 3% 후반 ~4%대가 될 거라 점쳤지만 이 같은 전망은 결국 다 어긋난 '점'으로 끝났다. 중국 경제가 중속성장 시대인 '뉴노멀'을 공식화하는 것처럼, 한국 경제는 저성장 시대를 공식화해야 하는 것일까. 일단 2016년 경제성장률 전망만 놓고 보면 그래야 할 듯도 싶다. 3대 민간 연구기관이 2%대 성장률을 얘기한다. 2.6(한국경제연구원)~2.8%(현대경제연구원) 사이에서 의견이 합치된다.

사실 진짜 문제는 당장 2016년이 아니다. 중기적으로 보면 상황은 더욱 암담해 보인다. 2017년부터 한국의 생산가능인구가 감소한다. 노동력이 부족해지면서 생산이 줄어들고 생산이 줄어드니 다시 가계소득과 소비가 줄어드는 악순환이 나타날 가능성이 높다. 기술경쟁력 회복이나 새로운 수요 창출 등 돌파구를 찾지 못하면 우리나라 잠재성장률은 2020년 이후 1%대까지 빠르게 낮아질 수 있다는 우려의 목소리가 높다.

과연 한국 경제의 돌파구는 어디서 찾을 수 있을까. 2016년 한국 경제가 그 돌파구를 찾는 원년이 될 수 있을까.

주요 기관의 2016년 경제 전망											
구분	LG경제연구원		현대경제연구원		한국경제연구원		한국은행		국회예산정책처		한국금융연구원	
	2015년	2016년	2015년	2016년	2015년	2016년	2015년	2016년	2015년	2016년	2015년	2016년
경제성장률	2.6	2.7	2.5	2.8	2.4	2.6	2.7	3.2	2.6	3	2.6	3
민간소비	1.7	2.2	1.8	2.1	1.6	1.9	1.8	2.2	1.9	2.3	1.9	2.2
설비투자	3.7	1.6	5.3	3.5	5.1	4.3	5.7	4.8	4.9	5.2	5.2	4.8
건설투자	3.4	3.1	2.7	3.4	1.6	1.7	4.6	3.3	3	1.4	6.3	6.6
소비자물가	0.8	1.4	0.6	1.2	0.8	1.5	0.7	1.7	0.7	1.4	0.7	1.4
경상수지	1086	1160	1090	1110	1054.1	1022.2	1110	930	1114	978	1052	951
실업률	3.7	3.8	3.7	3.7	3.7	3.8	3.7	3.5	3.6	3.5	3.7	3.5
원달러환율	1135	1175	–	–	1135.5	1157.5	–	–	1137	1161	1139	1201
회사채수익률(3년)	2.1 (연평균)	2.4 (연평균)	–	–	2.1 (연평균)	2.4 (연평균)	–	–	1.9 (국고채 3년 만기)	2.2 (국고채 3년 만기)	1.8	1.9 (국고채 3년 만기)

단위:%, 억달러, 원

경제성장률 　세계 주요 기관들이 2016년 한국 경제성장률 전망치를 줄줄이 낮췄다. 2015년 11월 초 기준, 한국의 2016년 국내총생산(GDP) 기준 성장률 전망치는 평균 2.9%인 것으로 추산된다. 2015년 9월 전망치 평균은 3.2%였다.

한국 주요 기관 예상치도 별반 다를 바 없다. 가장 낮게 본 한국경제연구원이 2.6%, 가장 높게 본 한국은행이 3.2%다.

왜 이렇게 성장률이 낮은 걸까. 무엇보다 세계 경제 불확실성에 따른 수출 부진 장기화가 가장 주요한 요인이다. 2015년 국제수지 기준 수출은 연간 약 10%가량 감소할 것으로 예상된다. 2016년에도 수출 상황이 좋을 것 같지 않다. 세계 경제성장률이 좋지 않고, 중국 경제가 불안한 등 수출 환경이 별로다. 대내적으로도 투자나 소비가 살아나지 않을 것으로 예상된다. 성장률이 좋을 이유가 없다는 의미다.

성장률은 낮고 원화도 약세다 보니 2016년에도 '1인당 국민소득 3만달러 시대' 도래는 요원해 보인다. LG경제연구원은 "1인당 국민소득이 2014년 2만

8200달러에서 2015년 2만7100달러로 줄어든 데 이어 2016년에는 2만7000달러로 더 줄어들 것"이라 예상했다.

| 민간소비 | 2015년 경제를 설명할 수 있는 단어 중 하나가 '저유가'다. 저유가가 사회와 산업계 곳곳에 미친 파급효과는 엄청났다. 2015년 저유가로 주유비 부담이 줄어든 규모가 가계소득의 1%에 달하는 것으로 추산된다. 시차를 두고 다른 제품과 서비스 가격의 하락 압력 요인이 된 것은 물론이다. 이런 내용만 놓고 보면 구매력이 높아지면서 소비가 좋아졌어야 맞다. 그뿐인가. 2015년은 부동산 경기도 괜찮았다. 자산 효과에 따른 소비 증가 현상이 나타났어야 한다.

그러나 상황은 철저하게 어긋났다. 2015년 민간소비는 1.6~1.9% 성장에 그칠 것이라는 전망이다. 이유는 여러 가지다. 우선 소비가 막 좋아지려는 시점에 메르스라는 대형 악재가 터지면서 소비심리가 바짝 움츠러들었다. 메르스 충격이 가셨어도 사정은 그리 달라질 조짐이 보이지 않는다. 전셋값 급등과 가계부채 급증 등이 발목을 잡았다.

이 같은 분위기는 2016년에도 크게 달라지지 않을 것 같다. 2015년 말 재계에 이슈가 되고 있는 단어가 '좀비기업 가려내기'다. 이익으로 이자를 감당하지 못하는 좀비기업이 2015년 말 기준, 32.1%에 달한다. 금감원이 이들 좀비기업에 대한 신속한 구조조정을 요구하고 있는 것은 그만큼 기업 수익성에 빨간불이 켜졌기 때문이다. 2016년에도 기업 수익성이 좋아질 기미는 보이지 않는다. 당연히 가계소득이 늘어날 만한 여지가 많지 않다. 고용이 계속 둔화되는 추세인 것도 가계소득 증가가 어려울 것임을 보여주는 단면이다. 당연히 민간소비에도 긍정적인 영향을 끼칠 만한 호재가 없다.

그래도 2016년 민간소비는 2%대는 될 것으로 예측된다. 한국경제연구원(1.9%)을 제외한 전 연구기관이 2%대 초반을 예상한다.

투자

2015년 한국 경제에서 그나마 훈풍이 불었던 분야는 투자다. 설비투자는 5%대 성장률을 기록할 것으로 예상된다. 건설투자도 괜찮았다.

2015년 설비투자는 5%대 양호한 모습을 보였다. 그러나 이는 기업들이 국내외 경제를 낙관적으로 보고 투자를 단행한 덕분이 아니다. 불확실한 경제 상황이 장기간 이어지면서 더 이상 투자를 미루기 어렵게 됨으로써 어쩔 수 없이 투자를 한 이유가 크다.

2016년 설비투자 성장률은 아무래도 2015년보다는 낮아질 것으로 보인다. 제조업 전망이 좋지 않고 수출 부진에서 벗어나지 못할 것 등 설비투자에 활력을 줄 만한 요인이 별로 없기 때문이다.

한편 2015년 건설투자 활황을 이끈 주역은 단연 주택 건설이다. 2015년 수도권을 중심으로 부동산 매매 가격이 상승하고 거래량도 늘어나는 등 주택 경기가 회복세를 보였다. 전월세 가격이 급등하면서 "이참에 집을 사버리자"는 수요가 늘어난 덕분이다. 분양 물량이 늘어난 가운데 분양가 자율화로 아파트 분양 가격도 크게 높아졌다. 이는 그대로 건설투자 증가로 이어졌다.

그러나 주택 가격은 본격적으로 오르지 못했다. 2016년도 비슷하다. 되레 2016년에는 2015년에 늘어난 분양 물량으로 인해 공급부족 상황이 어느 정도 해소된다. 결과적으로 주택 가격은 진정세로 돌아설 가능성이 크다. 당연히 2015년과 같은 분양 바람을 기대할 수 없다. 2015년 건설투자를 이끌었던 분양 붐이 잠잠해지는 만큼 2016년 건설투자 성장률이 2015년에 비해 낮아질 것이란 사실은 명약관화하다.

소비자물가

2014년 4분기부터 유가가 급락했다. 저유가는 원가 하락으로 인한 공급가 하락을 야기한다. 당연히 소비자물가를 낮추는 요인이 된다. 저유가에 경기 부진마저 겹치면서 2015년 소비자물가는 0.6~0.8%대 낮은 상승률에 머물 가능성이 높다. 역대 최저 수준이다.

2016년에도 저유가는 변함없겠지만 그래도 소비자물가는 2015년 대비 조금 높아질 것으로 예상된다. 가장 낮게 본 현대경제연구원이 1.2%, 가장 높게 본 한국은행이 1.7%를 예측한다.

2016년 소비자물가가 2015년보다 다소 높아질 거라 보는 이유는 원달러 환율 상승에서 찾을 수 있다. 2016년 원달러 환율이 2015년보다 높아지면서 수입물가가 올라갈 전망이다. 2015년 무서운 상승세를 보였던 전월세 가격은 2016년에도 여전히 상승곡선을 그릴 것으로 보인다. 공공요금 인상도 예정돼 있다. 이처럼 상승 요인이 나름 꽤 있음에도 소비자물가가 크게 오르지 않고 1%대 상승에 그치는 것은 경기 부진이 2016년에도 계속될 것이기 때문이다.

경상수지　　수출이 심각하게 문제다.

2015년 상반기 세계교역물량 증가율은 1.5%로 2014년 3.3%보다 크게 낮아졌다. 경제가 다소 회복세로 돌아선 선진국은 수입을 크게 늘리지 않았다. 경기 불확실성이 증가하고 신흥국 경제가 흔들리면서 개도국 등 신흥국 수입은 위축됐다. 중국은 오랜 기간 대규모 장치 산업에 대한 투자를 단행해온 결과, 소재와 부품 분야에서 자급률을 빠르게 높여가고 있다. 당연히 중국이 수입해야 하는 물량도 줄어들었다. 결과적으로 세계교역물량이 줄어들 수밖에 없는 상황이다.

수요가 줄어드니 물건을 팔려는 측의 경쟁은 더욱 치열해질 수밖에 없다. 수출 국가인 한국이 힘들 수밖에 없는 배경이다. 그뿐인가. 유럽과 일본은 유로화와 엔화 약세를 바탕으로 가격경쟁력을 앞세워 더욱 거세게 치고 들어온다. 대부분 산업에서 한국과 기술 격차를 엄청난 속도로 좁혀오고 있는 중국 역시 위안화 약세를 등에 업고 저가 공세를 강화하는 중이다. 당연히 2016년에도 수출단가가 높아지기 어렵고 이는 한국 수출 부진의 요인이 될 전망이다.

그러나 수출이 줄어드는 것보다 수입이 줄어드는 양상이 더 심해 경상수지 흑자 폭은 계속 유지될 전망이다. 2016년 경상수지는 2015년과 비슷한 수준이 될 공산이 높다.

| 실업률 |

2014년 53만명에 달했던 취업자 증가 수는 2015년 9월까지 30만명대에 머물렀다. 특히 그동안 고용 확대를 주도했던 도소매, 음식·숙박 등 전통 서비스 부문의 부진의 여파가 컸다. 2016년 2%대 낮은 성장이 지속되고 가계의 소비성향도 낮아지면 고용 상황은 더욱 악화될 수밖에 없다. 고용 상황이 다소 나빠지더라도 2016년 실업률이 부쩍 안 좋아지는 상황까진 가진 않을 것이다. 3.5%를 전망한 곳이 다수(한국은행, 국회예산정책처, 한국금융연구원)인 가운데, 가장 높게 본 곳도 3.8%를 거론한다(한국경제연구원, LG경제연구원).

| 원달러 환율 |

2014년 말 이후 달러당 1100원대에서 등락하던 원달러 환율은 2015년 하반기부터 크게 올라 1200원 선을 넘나든다. 대규모 경상수지 흑자에도 불구하고 신흥국에 투자했던 포트폴리오 자금이 더 빠르게 유출되면서 원화 가치가 하락하는 모습이다. LG경제연구원은 "다만 2015년 하반기의 원화 가치 급락은 미국 금리 인상과 중국 경착륙 충격에 대한 우려가 맞물리면서 불안 심리가 급등한 데 따른 것으로 향후로도 계속 이와 같은 수준이 지속되기보다는 시장 기대심리 변화에 따라 등락하는 상황이 반복될 것"으로 판단했다.

2015년에 이어 2016년에도 1000억달러를 넘어서는 경상수지 흑자가 예상되지만 2016년 원화는 2015년에 비해 한층 더 약세가 될 전망이다. 2015년 원달러 환율 평균이 1130원대였던 데 반해 2016년 원달러 환율 평균은 1150~1201원대까지 올라갈 것이란 예측이다(한국경제연구원 1157.5원, 국회예산정책처 1161원, LG경제연구원 1175원, 한국금융연구원 1201원).

원화 가치가 떨어지면서 그동안 원화 가치가 유로화나 엔화에 비해 상대적으로 높았던 흐름도 멈출 예정이다.

저성장·저물가 기조 지속
재정·통화 부양효과 더뎌

김병수 매경이코노미 기자

▼ 중국발(發) 경기 둔화 우려에 원자재 시장과 신흥국 경제가 요동치는 가운데 세계 경제에 먹구름이 드리우고 있다.

국제통화기금(IMF)은 매년 봄, 가을 두 차례 세계 경제 전망을 발표한다. IMF는 2015년 경제전망치를 2015년 7월 3.3%에서 10월에는 3.1%로 낮췄다. 2016년 전망치 또한 2015년 7월에는 3.8%를 예상했지만 10월에는 3.6%로 0.2%포인트 낮춰 잡았다. 이 같은 하향 조정에는 세계 경제의 하강 리스크가 뚜렷해지고 있다는 우려가 작용했다. 모리스 옵스펠드 IMF 수석이코노미스트는 "중국 경기 둔화와 미국의 금리 인상 가능성이 세계 경제에 리스크로 작용하고 있다. 2016년 세계 경제성장률이 3% 아래로 떨어질 가능성도 50%에 이른다. 이는 글로벌 경기 침체와 마찬가지"라고 경고했다.

세계 경제성장률 2016년 세계 경제성장률에 대해 예측기관들은 3% 중후반을 예상한다. 당초 3% 후반을 예상하던 기관들은 글로벌 경제성장을 저해할 수 있는 위협 요인이 증가하고 있다며 성장률을 조금 낮춰 잡는 모습이다. 선진국 경제는 회복세를 보이는 반면 신흥국 경제는 중국 경제성장 둔화, 원자재 가격 약세 등으로 성장 모멘텀이 약화되고 있다고 우려한 결과다.

세계은행은 IMF보다 조금 낮은 3.3%를 예상한다. 글로벌 경제의 불확실성 확대가 아태지역 신흥국 경제성장에 악재가 된 상황에서 세계 2위 경제대국인 중국의 성장 둔화와 미국 기준금리 인상 전망이 이들 국가의 성장세를 가로막는 요인이 되고 있다는 지적이다. OECD와 글로벌 인사이트의 전망치는 3.8%다.

국내 각 기관들도 2016년 세계 경제에 대해 우려하는 분위기다.

LG경제연구원은 세계 경제 저성장, 저물가 기조가 2016년에도 이어질 것으로 예상했다. 미국은 꾸준한 회복세를 보일 전망이지만 중국 경제성장 저하가 예상되면서 저유가로 원자재 생산 국가들도 어려운 경제 상황이 이어질 것이란 전망이다. 선진국의 수입 수요 위축, 글로벌 분업구조 약화로 세계 경제성장에 비해 교역이 더 부진한 모습을 보이면서 수출 중심 국가도 어려움이 지속될 가능성이 높다고 봤다. LG경제연구원이 예상하는 2016년 세계 경제성장률은 3.2%

수준이다. 이 경우 5년 연속 3% 초반 성장에 머물게 되는 셈이다. 이처럼 오랜 기간 성장의 변화가 작은 것은 IMF의 세계 경제성장 통계 발표 이후 처음 있는 일이다. 글로벌 금융위기 이후 각국 정부들이 재정 · 통화 부양책을 통해 위기 이전의 성장세로 돌아가기 위한 노력을 강화했지만 여의치 않은 모습이라는 게 LG경제연구원 측 분석이다.

한국은행 역시 비슷한 견해다. 세계 교역 신장률이 경기 불확실성, 중국의

구분	2015년		2016년	
	7월 →	10월	7월 →	10월
세계	3.3	3.1	3.8	3.6
선진국	2.1	2	2.4	2.2
미국	2.5	2.6	3	2.8
유로존	1.5	1.5	1.7	1.6
일본	0.8	0.6	1.2	1
한국	3.1	2.7	3.5	3.2
신흥개도국	4.2	4	4.7	4.5
중국	6.8	6.8	6.3	6.3
인도	7.5	7.3	7.5	7.5
브라질	−1.5	−3	0.7	−1
러시아	−3.4	−3.8	0.2	−0.6

IMF 세계 경제성장률 전망　　　단위:%

주:한국은 7월 전망 수정에는 미포함, 　　　　　자료:IMF
　　5월 한국−IMF 연례 협의 결과 반영

성장구조 변화, 글로벌 생산분업의 확장세 둔화, 신흥국의 구매력 약화 등으로 크게 높아지기 어렵다고 전망했다.

현대경제연구원은 글로벌 경기가 완만한 회복세를 보이겠지만 하방 리스크 역시 부상할 것으로 분석했다. 선진국 중심 회복세는 이어지겠지만, 신흥개도국의 수출 부진과 투자자본 유출이 위험 요인으로 지목됐다. 특히 중국과의 교역이 많고 원자재를 수출하는 국가를 중심으로 성장세 둔화를 우려했다. 주요 글로벌 투자은행들은 2016년 세계 경제성장률 전망치를 3.7% 안팎으로 예상한다.

선진국 2016년 세계 경제성장은 선진국이 주도할 가능성이 높다.

미국은 고용 확대로 가계소비 여력이 높아지는 선순환이 예상돼 세계 경제를 선도할 것으로 보인다. 2016년 미국 경제 호조를 예상케 하는 요인은 무엇보다도 미국 전체 GDP에서 68%의 비중을 차지하는 민간소비가 늘어날 것이라는 데 있다. 가처분소득 증가 덕분인데 대표적인 가처분소득 증가세는 내구재 특히 주택 구입에서 이미 본격적으로 나타나고 있다.

미국 상무부가 발표한 2015년 8월 신규 주택 판매는 55만2000채로 직전 달인 7월 대비 5.7%, 2014년 8월 대비 21.1% 각각 늘어나 금융위기 바로 직전인 2008년 2월 이후 가장 높은 판매 증가율을 기록했다.

물가 안정세도 민간소비 증가에 호재다. 다만 수출 여건 악화 등이 발목을 잡을 가능성이 있다. 한국은행은 신흥국 수요 둔화와 달러 강세 등으로 미국의 수출·제조업 부진이 성장세를 제약할 수 있다고 내다봤다.

유로지역은 완만한 회복세를 유지할 전망이다. 소비가 꾸준히 증가하고 제조업 가동률이 비교적 높은 수준인 가운데 체감경기지수 등 심리지표 개선세도 이어지고 있다. 현대경제연구원은 완화적인 통화 정책의 지속과 투자 확대 정책 시행 등으로 회복세가 전망되지만, 여전히 높은 실업률과 낮은 물가 상승률은 경기 확장의 장애 요인이 될 수 있다고 봤다.

LG경제연구원 역시 완만한 회복세 속에 중국과 개도국 경기 부진이 수출 활력을 떨어뜨리는 요인이 될 것으로 우려했다. 유로존의 중국 의존도는 2000년대 들어 줄곧 높아져왔다. 특히 독일은 역외 교역에서 중국이 차지하는 비중이 11%(2014년 기준)에 이른다. 그리스 역시 여전히 불안 요인이다. 긴축을 본격화하는 과정에서 그리스 국민들 불만이 확대되고 정치적 혼란으로 이어질 여지가 있다는 것. 채권단이 그리스 부채를 줄여줄 경우 포르투갈, 스페인 등 남유럽 국가들의 불만이 커져 유로존 전반적으로 다시 논란이 불거질 가능성도 있다. IMF의 유로지역 성장률 전망치는 1.6%, ECB는 1.7%다.

일본 경제는 일시적인 마이너스 성장에서 벗어나 성장 경로를 회복할 전망이다. 다만 민간소비가 회복 기미를 보이는 데 반해 수출과 제조업 경기는 불확실성이 잠재돼 있다. 중국 경기 둔화로 인한 수출 부진, 디플레이션 심리 지속 등으로 회복세는 미약할 수 있다는 것이다.

IMF가 예상하는 일본의 2016년 성장률 전망치는 1%다. LG경제연구원은 아베노믹스 약효가 점차 떨어지면서 미래에 대한 불안으로 저축을 늘리는 경향이 확대될 것으로 내다봤다. 저유가가 지속되면서 디플레이션 우려가 다시 확대될 가능성도 크다. 향후 일본의 경제성장세는 잠재성장률 수준인 0%대 중반으로 점차 낮아질 것으로 예상했다.

신흥국 2016년 세계 경제의 아킬레스건은 신흥국이다.

중국 경제성장세 둔화, 원자재 가격 약세, 미 연준 통화 정책 정상화 등으로 성장 모멘텀이 약화될 가능성이 높기 때문이다. 중국 경제는 수출 부진과 과잉 설비 조정 등으로 성장세 약화가 이어질 것으로 보인다. 경기 침체가 추세적으로 계속되지는 않겠지만, 최소 2016년까지 중국 경제는 '뉴노멀(신창타이)' 시대의 특징인 성장률 둔화와 점진적인 경제구조 변화가 일어날 가능성이 높다. 2016년에도 중국 정부는 '先성장안정-後구조조정'이란 경제 정책 기조를 이어갈 것이다. IMF는 중국의 경제성장률을 2015년 6.8%, 2016년 6.3%로 예상한다. 중국의 부진은 다른 아시아태평양지역으로 전이될 가능성이 높다. 세계은행은 아태지역 신흥국(한국 · 중국 · 일본 제외)의 2015년 성장률은 4.6%로 2014년과 동일한 수준이 될 거라 예상한다. 2016년과 2017년 성장률은 각각 4.7%, 4.9%로 전망했다. 글로벌 경제의 불확실성 확대가 아태지역 신흥국들의 경제성장에 악재가 된 상황에서 세계 2위 경제대국인 중국의 성장 둔화와 미국의 기준금리 인상 전망이 이들 국가들의 성장세를 가로막는 요인이 되고 있다는 설명이다.

반면 인도는 상대적으로 높은 성장세가 유지될 전망이다. 저유가로 물가가 안정되면서 소비 시장이 꾸준히 확대되고 경상 · 재정수지가 개선되며 정부의 인프라 투자도 이어질 것으로 보인다. 조충제 대외경제정책연구원 인도 · 남아시아팀장은 "2016년은 경제성장 속도를 더 높이고 모디노믹스 성과를 보다 구체적으로 달성하는 해가 돼야 한다. 다행히 거시경제 측면에서 2016년 경제성장률은 2015년보다 소폭 높은 7%대 후반으로 비교적 선방할 가능성이 높다. 최근까지와 같은 거시경제 상황이 지속된다면 투자와 소비가 지속 회복될 가능성이 크기 때문이다. 다른 신흥국에서 우려하는 소위 G2 불안도 인도 경제에는 그 영향이 제한적일 것 같다"고 내다봤다. 다만 모디노믹스의 핵심인 주요 법안 통과가 난항을 겪고 있는 점은 불안 요인이다. LG경제연구원은 모디 정부의 정치 장악력이 높지 않아 개혁에 실패할 것이라는 우려가 확산될 경우 빠르게 늘어나던 외국인직접투자가 위축되면서 경제상황이 급격히 냉각될 위험이 있다고 지적했다.

인도가 상대적으로 순항하고 있다면 러시아와 브라질은 외환위기가 우려되는 상황이다. 브라질은 원자재 가격 하락이 금융 시장과 실물경기에 충격을 주면서 정치 불안에까지 이른 상황이다. 2016년에도 헤알화 가치 급변동 등 위험 요인이 상존해 마이너스 성장이 이어질 것으로 전망된다. 러시아 역시 GDP의 20%를 차지하는 연료 수출이 반 토막 나면서 경제 충격이 단기에 사라지기 어려울 것으로 보인다. 원자재 의존 구조 개선을 위한 투자도 난항을 겪으면서 저성장 기조가 장기화될 공산이 크다. 유동성 위기 우려 또한 확대될 것 같다.

국제환율·금리 2015년 국제환율은 달러화 강세, 유로와 엔화 약세, 위안화 약세 전환으로 요약된다.

2016년에도 이런 기조는 이어질 것으로 보인다. 달러화는 미국 경기회복과 기준금리 인상 등으로 강세 흐름이 유지될 전망이다. 유로와와 엔화는 양적완화 정책 지속으로 약세가 예상되나 경기회복과 안전자산 선호 등으로 그 강도는 2015년보다 완화될 전망이다. 위안화는 약세를 이어갈 전망이다. 중국 경기에 대한 투자자들 우려가 높아 자금 유출 압력이 크기 때문이다. 중국 정부 역시 수출 경기회복을 위해 완만한 수준의 위안화 절하를 용인할 것으로 예상된다. LG경제연구원은 2016년 위안화가 2015년보다 3%가량 절하된 달러당 6.55위안 수준을 기록할 것으로 예측했다.

금융 시장 변동성은 2016년에도 2015년에 이어 불안 요인이 크다. 미국의 금리 인상, 유가 하락, 중국 경기 우려 등이 원인이다. 다만 미국의 금리 인상 속도는 글로벌 금융 시장에 미치는 영향을 고려해 과거보다 완만할 것으로 보인다. 반면 유로존은 2016년에도 통화완화 기조를 이어갈 전망이다. ECB는 2016년 9월까지 양적완화를 지속하겠다고 공언한 바 있으며, 대내외 불안 요인에 따라 추가 완화 가능성도 제기된다. 신흥국들도 경기 둔화에 대응할 수 있는 방안이 마땅치 않아 통화완화에 더욱 의존할 가능성이 높다.

글로벌 교역 역시 미약한 세계 경기회복세와 국제 원자재 가격 하락 등의 영향으로 증가세가 높기는 힘들 전망이다. 선진국에선 회복세가 보이나 제조업 회귀 등의 구조적 요인 등으로 자국 내 생산이 늘어나며 세계 교역 증가에 미치는 기여는 미미할 것으로 보인다. 신흥개도국 역시 수입 수요 감소, 국제 원자재 가격 약세로 인한 교역조건 악화 등의 요인으로 수출입 증가율은 뒷걸음질 가능성이 상존한다.

II

2016
매경 아웃룩

2016 5大 이슈

상반기 6자회담 타진 가능성
한반도 긴장완화 돌파구 기대

박종철 통일연구원 선임연구위원

2015년은 광복 70주년, 6·15 공동선언 15주년을 맞는 해다. 이를 계기로 남북한이 그동안 중단됐던 공동행사를 재개함으로써 남북관계를 전환시키려는 노력이 시도됐다. 그러나 남북한은 6·15 공동행사와 8·15 공동행사의 개최 장소를 둘러싼 이견을 해소하지 못함으로써 공동행사는 성사되지 못했다.

2015년 8월 북한의 목함지뢰 도발을 시작으로 남북한은 전쟁 직전의 일촉즉발 상황까지 이르렀으나 벼랑 끝에서 위기를 해소하고 평화의 실마리를 찾았다. 8월 위기는 한반도의 분단과 대립의 현실을 다시금 확인하게 했다. 분단 이후 북한의 도발, 대화, 잠정적 타협, 도발 재개의 상황이 반복됐다는 점을 고려할 때 8월 위기는 과거와 다른 몇 가지 특징을 지니고 있었다.

8월 위기는 미·중 경쟁으로 대변되는 동북아 질서 변화를 배경으로 발생했다. 더불어 8월 위기는 김정은 체제의 경제발전·핵 병진노선을 배경으로 발생했다는 점을 주목해야 한다. 목함지뢰 도발로 시작된 위기는 핵무기를 보유한 북한이 남한의 안보 의지를 시험하는 한편 한반도 안보 지형을 뒤흔들고자 한 배경에서 발생했다.

8·25 합의에 이르기까지의 협상 과정을 보면 남북관계 현주소를 파악할 수 있는 몇 가지 단초가 보인다. 8·25 합의는 남북한이 군사적 대결을 어느 정도 극단 상황까지 끌고 갈 수 있는가, 그리고 어느 정도 위험과 손실을 감수할 수 있는가를 압축적으로 보여줬다. 북한은 신중하게 제한된 형태의 저강도 도발을 감행했으며 준전시 상태를 선포했지만 더 이상 군사적 충돌을 확대하는 모험을 하지는 않았다. 남한도 북한의 도발과 확전 위협에 대해 단호하게 대응했으나 상황 악화가 초래할 부담을 고려하지 않을 수 없었다. 남북한은 위기 확대가 초래할 위험 요소를 감안해 전면 대결을 피하는 대신 대화와 타협의 방법을 택했다.

8·25 합의문은 당면 이슈에 대한 해결책과 함께 향후 상황관리, 과제 등을 내용에 담았다.

합의문 1항에서 후속 남북회담을 개최하겠다는 것을 명시한 점은 위기 해소를 위한 일회성 합의를 넘어 향후 남북관계를 진전시킬 수 있는 디딤돌을 마련했다는 점에서 중요하다. 2항에서 북한이 지뢰 폭발에 대한 유감을 표명한 것도 전례가 없는 것으로 중요한 의미가 있다. 3항과 4항은 위기 해소를 위한 남북한의 동시 이행 조치로 남한은 확성기 방송을 중단하고 동시에 북한은 준전시 상태를 해제하기로 한 내용이다. 5항과 6항은 이산가족 상봉과 다양한 분야의 민간교류 활성화에 대한 근거를 마련했다. 북한이 노동당 창건 70주년 기념일(10월 10일)을 전후해 장거리 로켓을 발사하고 국제사회의 제재가 강화될 경우 이산가족 상봉이 무산될 것이라는 우려도 있었다. 그러나 북한이 장거리 로켓을 발사하지 않음으로써 이산가족 상봉의 최대 걸림돌도 해소됐다.

북, 인민생활 향상 정책 전환 긍정 요인

2016년 남북관계에는 부정적 요인과 긍정적 요인이 교차한다. 우선 남북관계에 대한 부정적 요인이 산재해 있다.

핵심은 장거리 로켓 발사와 북한의 4차 핵실험 여부다. 북한이 국제적 압력이

나 대화 분위기 조성 등과 무관하게 자체 계획에 따라 장거리 로켓 발사와 4차 핵실험을 감행할 것이라는 전망도 있다. 그러나 북한이 미사일 발사, 핵실험 의도를 지니고 있다 하더라도 핵·미사일 시험의 시기, 규모 등은 국제 정세와 한반도 상황 등을 감안해 결정할 것이다. 만약 북한이 장거리 로켓 발

2015년 남북관계 주요 일지

· 2월 24일 : 북, 개성공단 최저임금 5.18% 인상 일방 통보
· 4월 2일 : 정부, 개성공단 임금 동결 공문 입주 기업에 발송
· 4월 27일 : 정부, 5·24 조치 이후 첫 대북 비료 지원 승인
· 5월 1일 : 정부, 민간·지자체 남북 교류 활성화 방안 발표
· 5월 22일 : 남북, 개성공단 임금 관련 확인서 문안 합의
· 7월 16일 : 6차 개성공단 남북공동위원회 임금 협의 불발
· 8월 4일 : 북한 비무장지대 목함지뢰 도발 사건 발생
· 8월 5일 : 南, 이산가족 상봉·금강산 관광 등 논의 고위급 회담
　　　　　 제안…北, 관련 서한 수령 거부
· 8월 18일 : 남측 개성공단관리위원회–북측 중앙특구개발지도총국
　　　　　 개성공단 최저임금 5% 인상 합의
· 8월 20일 : 경기도 연천서 北 서부전선 포격 도발 사건 발생
· 8월 22일 : 김관진 청와대 국가안보실장·홍용표 통일부 장관, 북측
　　　　　 황병서 군 총정치국장·김양건 노동당 대남비서와
　　　　　 판문점서 1차 고위급 접촉
· 8월 23일 : 남북, 2차 고위급 접촉 개시
· 8월 25일 : 남북, '무박 4일'에 걸친 마라톤협상 끝에 극적 합의 도출
· 10월 20일 ：이산가족 상봉

사와 4차 핵실험을 감행할 경우 남북관계는 물론 한반도 정세에 짙은 먹구름이 드리울 것이다.

또한 북한은 2016년 3월부터 실시되는 키 리졸브 한미합동군사훈련 등을 빌미로 군사적 동원 태세를 강화할 것으로 예상된다. 그리고 남북대화가 재개된다 하더라도 북한은 간헐적으로 서해 NLL, 군사분계선 일대 등에서 군사적 도발을 감행함으로써 남한의 대화 의지를 탐색하는 한편, 협상 입지를 강화하려고 할 가능성이 있다.

2016년 남북관계에 긍정적 요인을 미치는 요인도 존재한다. 김정은은 주민 지지 확보를 위해 인민생활 향상을 국가 목표로 내세웠다. 특히 경제 활성화를 위해 5개의 경제특구와 19개의 지방경제개발구 개발을 추진하고 있다. 그러나 북한이 자체 재원과 자원만으로 경제적 성과를 이루긴 힘들다. 또한 북·중 교역, 투자와 최근 북·러 경제관계의 진전에도 불구하고 국제사회의 대북제재가 실시되는 상황에서 해외 투자는 기대에 미치지 못하고 있다. 이렇게 볼 때, 북한은 경제 살리

기를 위해 남북관계 진전을 필요로 하는 측면이 있다. 또한 핵 문제·인권 문제로 인해 국제적 압박이 가해지고 있는 상황에서 북한은 국제적 이미지를 개선하고 대미·대일 접근을 위한 환경 조성을 위해서도 남북대화를 필요로 한다.

2016년 상반기 6자회담이 개최될 경우 남북관계에 긍정적 영향을 미칠 것이다. 김정은은 집권 이후 아직 중국을 방문하지 못했으며, 3차 핵실험 후 중국과 북한 간 냉기류가 흐르고 있다. 김정은은 중국 방문과 양국 관계 회복을 위해 중국이 요구하는 6자회담 복귀를 수용해야 할 필요성이 있을 것이다. 이런 요인에 힘입어 6자회담이 재개된다면 남북관계에 긍정적 환경이 조성될 수 있다.

이상과 같이 부정적 요인과 긍정적 요인이 교차하는 가운데 2016년 남북관계는 복잡한 양상으로 전개될 것으로 예상된다. 2016년 남북한은 신년사에서 남북관계의 돌파구 모색과 통일의 당위성을 강조하며 선제적 제안을 할 것으로 예상된다. 이런 분위기에 힘입어 신년 초에 남북대화를 위한 접촉이 이뤄질 가능성도 있다. 그러나 2016년 3월에 시작되는 키 리졸브 군사훈련 등 한미합동군사훈련과 북한의 군사훈련은 남북관계를 경색시키는 요인이 될 것이다.

한편, 2016년 상반기 한반도 위기 상황이 적절하게 관리될 경우 남북관계 진전을 위한 시도가 이뤄질 수도 있다. 남북 고위급 회담과 함께 인도적 문제 해결, 인도적 지원, 군사적 긴장 완화, 경제교류·협력 등을 위한 분야별 실무회담이 개최될 수도 있다는 얘기다.

남북회담이 개최되면 북한은 한미합동군사훈련 중지, 비난·중상 중지, 군사적 문제 해결 등 정치·군사 문제의 일괄 타결을 주장할 것이다. 아울러 북한은 5·24 조치 해제, 금강산 관광 재개 등 경제 실리를 위한 이슈를 제안할 수 있다. 반면 남한은 핵 문제의 해결과 함께 인도적 지원, 민생 인프라 구축을 위한 농업·축산업·환경 분야에서의 협력, 남북 사회문화 교류, DMZ 세계생태평화공원 조성 등을 주요 의제로 제시할 것이다. 그런 가운데 인도적 분야, 경제협력 분야, 문화교류 등에서 합의가 도출될 수도 있다.

역대 총선 결과 들여다보면
'정권심판론'은 약발 안 먹혀

신율 명지대 교수

2016년 4월 총선을 앞두고 정치권은 분주하다. 정치 신인들은 공천을 받기 위해 자기가 점찍어 둔 지역구에 얼굴 알리느라 분주하고, 국회의원들은 자신을 부각시키기 위해 국정감사장과 대정부 질문에서 어떻게든 한번 튀어보려고 한다. 그래서 정가는 벌써 총선 전쟁이 시작됐다고 봐도 무방하다.

총선 전쟁은 시작됐지만, 정작 싸움의 룰은 언제 정해질지 모른다.

2016년 총선 결과를 예측하자면 최소한 경우의 수를 둘로 나눠야 한다. 권역별 비례대표제를 실시하느냐 마느냐에 따라 결과가 달라질 것이기 때문이다.

먼저 권역별 비례대표제를 실시하지 못하게 되는 경우를 상정해보자. 이렇게 되면 기존 총선 방식으로 20대 총선이 치러질 것이다. 기존 방식으로 치러질 경우, 선거에 영향을 미칠 수 있는 몇 가지 변수를 먼저 생각해봐야 하는데 첫 번째 고려해야 할 요소는 투표율이다.

역대 총선 투표율을 보면, 하향 추세라는 것은 분명하다. 일반적으로 투표율이 낮으면 야당에 불리하다는 통설이 있다. 가장 낮은 투표율을 기록했던 18대 총선의 연령대별 투표율을 보면 20대 투표율은 28.1%, 30대 35.5%, 40대

47.9%, 50대 60.3%, 60대 이상 65.5%였다. 반면 18대 총선보다 높은 투표율을 보인 19대 총선의 연령대별 투표율을 보면 20대 41.65%, 30대 45.35%, 40대 52.6%, 50대 62.4%, 60대 68.5%였다. 두 총선을 비교해보면 투표율 제고와 20대, 30대 투표율이 일정 부분 관계가 있음을 알 수 있다.

20대 총선에서 젊은 층들을 움직일 이슈는 어떤 것이 있을까? 일부에서는 국사교과서 국정화 문제를 들지만, 이런 이슈는 젊은 층을 움직일 수 없다. 이미 국정교과서 문제는 이념화돼 버려, 탈이념과 실용을 지향하는 젊은 층 관심을 끌기에 역부족이다.

이념논쟁 여당에 유리할 수도

실용적 대책을 내놓지 못한 채 국정교과서 문제와 같은 이념적 문제만 계속 제기한다면 상황은 야당보다 여당에 유리한 국면이 펼쳐질 가능성이 높아진다. 이념적 문제가 계속 이슈화된다면 젊은 세대보다 오히려 이념에 민감한 50대 이상 세대 중 보수층이 상당한 결집력을 보일 가능성이 높기 때문이다. 이 점은 전략적으로 야당이 반드시 생각해야 할 부분이다. 특히 50대 이상이 전체 유권자 대비 39.2% 이상을 차지하고, 반대로 20대와 30대는 전체 유권자 대비 38.9%(19대 총선 기준)를 차지하고 있음을 감안하면, 이념적 문제에 대해 상대적으로 무관심한 20대와 30대가 이념 논쟁에서 야당을 지지할 것이라는 막연한 생각을 버리는 것이 중요하다.

20대 총선에 영향을 줄 수 있는 요소는 이른바 '정권 심판론'이다. 이런 심판론의 등장은 당연한 것이다.

그런데 우리나라는 이런 심판론적 특성이 잘 나타나지 않는다. 탄핵 역풍이 불었던 17대 총선에서도 당시 신생 여당이었던 열린우리당이 압승을 했고, 이명박 정권 초기에 실시됐던 18대 총선은 이른바 정권 허니문 시기에 치러졌다는 점 때문에 여당인 한나라당이 절대 과반을 넘는 의석을 차지하는 결과를 낳았다. 하지만 19대 총선은 이명박 정권 말기에 치러졌다. 일반적으로 정권 중반을 넘은 시기에 치러지는 총선은 정권 심판론적인 성격이 강하게 나타날 수밖에 없어 당연히 여당에 불리하다는 것이 정설이다. 더구나 정권 말기에 치러지는 선거는 말할 필요조차 없다.

이런 정설대로 19대 총선을 예측한다면 당연히 여당인 새누리당이 참패해야 했다. 그러나 낮은 지지율에도 불구하고, 새누리당으로 당명을 바꾼 여당은 절대 과반 이상 의석을 확보할 수 있었다. 한마디로 16대 이후 총선을 분석해보면 우리나라는 총선의 정권 심판론적 성격이 무척 약하다는 것을 알 수 있다.

왜 이런 현상이 일어날까? 일단 19대의 경우는 좀 특수한 요소가 있었다. 그 특수한 요소란 선거의 여왕으로 불리는 박근혜 당시 비대위원장의 존재를 의미한다. 2012년 당시 박근혜 위원장의 존재는 두 가지 의미를 가졌다. 하나는 가장 유력한 대선 후보로서의 박근혜라는 의미와 다른 하나는 선거의 여왕이라는 의미의 박근혜. 즉 19대 총선은 이명박 정권에 대한 심판의 의미보다는, 대선과 얽혀 있는 선거의 여왕에 의한 선거였다고 보는 것이 타당하다.

이런 19대 총선의 특수성 이외에도 18대 이후 지금까지 정권에 대한 심판적 성격을 약화시키는 또 다른 요인으로, 우리 사회의 보수화 경향을 들 수 있다. 우리 사회의 보수화 경향에 대해서는 여러 가지 분석이 있다. 예를 들어 경제 상황의 악화가 오히려 보수화 경향을 부추긴다고도 하고, 야당 친노 세력에 대한 거부감이 보수화 경향을 촉진시킨다는 분석도 있다. 고령사회로 접어들면서 나타나는 전형적 현상이 보수화라는 주장도 있고, 젊은 층이 이념에 무관심하고 중장년층은 여전히 이념적 지향성이 강해 전체 사회가 보수화된 것처럼 보인다는 분석도 있다.

어떤 분석이 맞든 중요한 점은 보수화 경향이 일정 부분 확인되고 있으며, 중도라 불리는 계층도 과거보다는 보수화된 중도라는 특성을 보인다는 사실이다. 때문에 보수화 경향이 이번 선거에도 나타날 가능성이 높다고 할 수 있다. 앞에도 언급했듯 이런 사회적 분위기에서 야당이 실용적 노선을 견지하지 못한다면, 그

권역별 비례대표가 실시될 경우 의석 수 시뮬레이션   단위:%

구분	새누리당		새정치민주연합 (민주통합당)		통합진보당		자유선진당		무소속	
	19대	20대	19대	20대	19대	20대	19대	20대	19대	20대
서울	16	27	30	25	2	7	–	1	–	–
인천·경기·강원	36	46	35	39	2	11	–	2	–	–
부산·울산·경남	36	29	3	14	–	5	–	1	1	1
대구·경북	27	23	–	5	–	2	–	1	–	–
광주·호남·제주	–	4	28	23	3	6	–	–	2	1
대전·충청·세종	12	12	10	11	–	3	3	5	–	–
계	127	141	106	117	7	34	3	10	3	2

리고 정권 심판론에만 매달린다면, 총선에서 상당히 어려운 처지에 놓일 수 있다.

이제는 권역별 비례대표제가 실시된다는 가정 아래서 선거 결과를 예측해보자. 표는 중앙선거관리위원회가 각 정당이 지난 19대 총선에서 득표한 것을 기준으로, 권역별 비례대표가 실시되면 어떻게 의석 수가 달라지는지 시뮬레이션한 결과다(현재 의석 수 300석 기준, 19대 기준 지역구 의석만 반영).

표를 보면 새누리당이나 새정치민주연합이나 전체 의석 수 감소 정도는 비슷하다. 우리가 주목해야 할 부분은 바로 영남과 호남 의석의 변화다. 새누리당은 PK와 TK지역에서 각각 90% 의석 점유율에서 58%로, 100%에서 85%로 떨어진다. 반면 새정련은 PK지역과 TK지역에서 각각 7.5% 점유율에서 35%로, 0%에서 19%로 증가한다. 호남과 제주의 경우 새정련의 의석 점유율은 84.8%에서 69.7%로 떨어지는 반면, 새누리당은 0%에서 12%로 늘어난다. 이를 기반으로 각 정당 지역 기반의 타격 정도를 판단할 때, 새누리당이 새정련보다 더 높은 강도의 타격을 받는다고 할 수 있다. 물론 이는 19대 총선의 득표율을 기준으로 계산한 것이어서, 앞에 언급한 요소들이 20대 총선에 어떤 영향을 미치는가에 따라 결과는 달라질 수 있다.

따라서 누가 이길 것이라고 단정 지어서 말하기는 불가능하다. 분명한 점은 역사는 인간의 손에 의해 창조된다는 사실이다.

땜질식 단기 처방 버리고
구조개혁에 역량 집중하라

김성태 한국개발연구원(KDI) 경제동향전망팀장

2016년 한국 경제는 그 어느 때보다 불확실성이 높다. 어려운 대외 여건 속에서도 부실 기업 정리, 노동 개혁 등 전반적인 구조 개혁이 얼마나 원활히 진행되느냐에 따라 '근혜노믹스'의 성공 여부가 결정될 전망이다.

2015년 한국 경제는 상반기 예상치 못했던 메르스 충격으로 성장세가 둔화됐으나 다행히 하반기부터 회복 조짐을 보이고 있다.

우선 민간소비가 소매 판매와 서비스업 생산이 예년 수준을 유지하면서 메르스 충격으로부터 벗어나는 모습이다. 설비투자는 기계류와 운송장비 모두 큰 폭으로 증가하고 있으며, 건설투자도 건축을 중심으로 양호한 흐름을 나타내고 있다. 내수에서는 나름 긍정적 신호가 감지되고 있지만 문제는 수출이다. 대부분 주력 품목에서 수출 감소가 이어지고 있으며, 지역별로도 중국 등 주요국 수출이 부진하다. 수출 부진의 영향으로 광공업 생산 증가세도 미약한 수준에 머물고 있다.

2016년 한국 경제는 어느 정도 성장할 수 있을까? 내수는 저유가에 따른 구매력 개선으로 2015년 하반기 회복세가 내년에도 이어질 가능성이 높다. 설비투자는 투자비용이 하락하는 가운데 최근 2~3년간 투자 부진에 따른 기저 효과로 서서히 개선될 것으로 예상된다. 건설투자도 부동산 시장이 양호한 모습을 보이면서 건축 부문을 중심으로 회복될 것으로 기대된다.

수출은 주요 수출 대상국 성장세 둔화, 수출 경쟁력 저하 등으로 인해 2016년에도 어려움을 겪을 것으로 예상된다. 수출은 부진한 반면, 수입은 내수 회복에 힘입어 완만하게 증가함에 따라 경상수지는 흑자 폭이 다소 축소된 1000억달러선에 유지될 전망된다. 중요한 것은 물가다. 소비자물가는 저유가 효과가 소멸되면서 반등할 것으로 보이지만 물가안정목표 수준(2.5~3.5%)에 안착할지는 여전히 미지수다.

부실 기업 정리와 노동 개혁 추진 필수

종합하면 2016년 우리 경제는 내수 활성화에 힘입어 3% 내외 성장을 기록할 것으로 예상된다. 수출이 단기간 내 큰 폭의 반등이 어렵다는 점을 감안하면 나쁘지 않은 수준이다.

문제는 이 같은 전망이 여러 불확실성을 내포하고 있다는 점이다.

한국 경제성장률 변화 〈단위:전기 대비, %〉

대외적으로는 세계 경제성장률이 예상보다 저조할 가능성이 높다. 최근 국제통화기금(IMF)은 2016년 세계 경제성장률을 2015년 3.1%보다 높은 3.6%로 전망했다. 그럼에도 금융위기 이후 IMF 전망치가 지속적으로 하향 조정된 바 있으며 미국 금리 인상과 중국 경제 불안 등 불안 요소가 많다는 점을 감안해야 한다. 중국 경제의 불안은 기본적으로 과잉투자에 따른 구조적 불균형에서 비롯됐다. 때문에 이를 조정하는 과정에서 중국 경제가 빠르게 둔화될 수 있다. 미국 금리 인상이 중국 실물경기에 악영향을 끼칠 가능성도 크다. 중국의 불안으로 인도네시아 등 기초 여건이 취약한 일부 신흥국의 위기 가능성은 어느 때보다 높아졌다.

대내적으로도 우리 경제에 누적돼 있는 구조적 문제들이 심화될 수 있다. 한국개발연구원(KDI) 연구에 따르면 국내 기업의 자원 배분 효율성 하락으로 인해 제조업 생산성이 약 0.6%가량 감소한 것으로 나타났다. 이런 가운데 잠재적 부실 기업이 전체 기업 자산에서 차지하는 비중은 무려 14%대까지 치솟았다. 1990년대 경기 불황을 겪으면서 15% 내외까지 급증한 일본과 비슷한 수준이다.

가계 부문은 소득 증가세가 정체된 가운데 50대 이상 고령층을 중심으로 평균적인 소비성향(소득에서 소비지출이 차지한 비중)이 하락하는 추세다. 특히 가계부채가 급격히 증가하고 있는 가운데 50대 이상 연령층이 차지하는 가계부채 비중이 높다는 점은 우려스럽다.

공공 부문의 기초 여건도 좋지 않다. 국세 수입 증가세가 과거에 비해 크게 낮아진 반면, 지출은 계속 확대되면서 재정수지 적자 폭이 상당히 늘어났다. 또 물가 상승률이 물가안정목표를 큰 폭으로 밑도는 현상이 장기화되면서 기대인플레이션이 하락하고 통화당국에 대한 경제 주체들의 신뢰도 떨어진 상황이다.

대내외 여건이 호의적이지 않은 상황에서 우리 경제는 어떤 처방책을 내릴 수 있을까.

금융위기 이후 떨어진 경제성장률을 회복하기 위해 강력한 단기 처방이 필요하다는 목소리도 있다. 하지만 지난 20여년간의 일본의 경험을 통해 이런 발상은 매우 위험할 수 있다. 일본이 '잃어버린 20년'을 경험한 이유 중 하나는 지속적인 경제성장률 하락을 일시적 경기 침체로 판단해 단기 부양정책을 반복했기 때문이다. 결과적으로 일본은 경기 침체 초기 대응에 실패

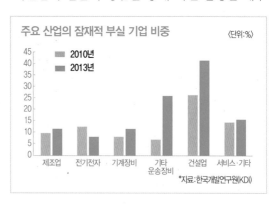

주요 산업의 잠재적 부실 기업 비중 (단위:%)

*자료:한국개발연구원(KDI)

해 20년이란 세월을 허비했다.

우리 경제는 이미 구조적 요인 이외에도 인구 고령화에 따른 노동력 감소와 투자 위축의 영향으로 잠재성장률은 점점 하락할 것으로 전망된다. 잠재성장률이 이미 3% 이하로 하락했을 가능성도 배제하기 어렵다.

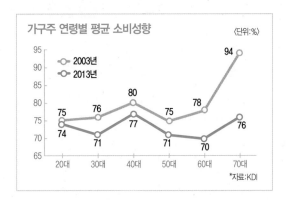

가구주 연령별 평균 소비성향 〈단위:%〉

- 2003년
- 2013년

75 76 80 75 78 94
74 71 77 71 70 76

20대 30대 40대 50대 60대 70대

*자료:KDI

결국 통화나 재정정책보다 중요한 것은 여러 부문에 산재된 비효율을 제거할 수 있게 구조 개혁에 역량을 집중하는 것이다. 이를 위해서는 먼저 부실 기업 정리가 중요하다. 부실 기업이 정책적 금융 지원에 의해 연명하면 한정된 금융자원 배분의 비효율을 초래할 수밖에 없다.

또 노동 시장 유연성 확대를 통한 인적 자원의 효율성 확대가 필요한 시점이다. 특히 대기업 정규직에 대한 고용 보호 수준을 완화하는 한편, 비정규직에 대한 차별을 점차 줄여나가야 한다. 정년 연장에 상응해 연공서열과 같은 경직적인 임금제도에서 성과 중심으로 개편하는 것도 필수적이다.

마지막으로 규제 합리화다. 시장이 왜곡돼 있으면 생산성은 하락할 수밖에 없다. 독과점과 담합 등 시장 지배력을 이용한 대기업의 불공정 거래 행위를 철저히 시정함으로써 공정하게 경쟁할 수 있는 환경을 마련해야 한다. 아울러 중소기업에 대해서도 일괄적인 보호나 지원정책을 지양하고 신규 중소기업을 중심으로 성장 가능성을 고려해 선별적으로 지원하는 것이 바람직하다.

구조 개혁 정책은 인기가 없다. 이해 당사자를 설득해 사회적 공감대를 얻는 것이 어려운 데다, 단기간 내 가시적인 성과를 낼 수 없기 때문이다. 그럼에도 구조 개혁이 지체될수록 1990년대 말에 경험한 외환위기와 같이 더 큰 비용을 치를 수도 있다. 2016년, 한국 경제는 거대한 갈림길에 서 있다.

뉴노멀 정치·사회 전분야 파급
시진핑식 '마오덩시' 이어질 듯

〈신권위〉

강준영 한국외국어대 중국정치경제학 교수

2015년은 중국이 '신창타이(新常態·New Normal)' 시기로 진입했음을 선언한 원년이다. 미국에서 나온 용어인 '뉴노멀'은 본래 2008년 글로벌 금융위기 이후 세계 경제가 저성장·저물가·저금리라는 3저 현상이 구조적인 장기 정체로 고착화된 상황을 지칭했다. 뉴노멀의 중국어 표현인 신창타이는 중국 경제가 과거의 고도 성장기를 마감하고 중속 성장기에 진입한 것이 이제 '새로운 정상 상태'가 됐음을 의미한다. 향후 경제 정책도 이를 기초로 끌고 나가겠다는 게 중국 정부의 복안이다. 그러나 일반적으로 경제 용어로 알려진 이 '새로운 정상 상태'를 비단 경제에만 국한해서 보는 건 바람직하지 않다. 중국의 신창타이는 시진핑식 통치 구현이라는 정치·사회적 뉴노멀도 내포한다. 과거 중국의 규율과 관례는 뉴노멀이라는 이름 아래 바뀔 수 있으며, 과거에는 불가능하다고 여겨졌던 일들이 '뉴노멀 시대'라는 이름으로 가능한 일이 될 수도 있을 것이다.

신창타이의 정치·사회적 의미는 지속적인 반부패 정책과 적극적인 민생 문제 해결을 통한 사회 통합이 핵심이다. 개혁개방 이후 중국은 경제적으로 무한할 것 같던 개발도상국의 노동력이 어느 순간 결핍돼 노동임금의 상승을 초래하는 루이스 변곡점(Lewisian turning point)을 맞았다. 이 연장선상에서 경제 발전 초기에는 높은 성장률을 기록하다 중진국 수준에 와서는 성장이 장기간 정체하는 현상, 즉 '중진국 함정(middle

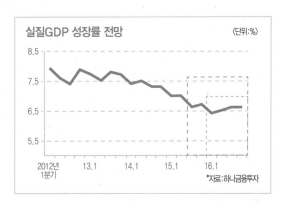

income trap)'에 빠질 위험에 노출돼 있다. 30여년 압축 성장의 이면에는 문제도 압축적으로 쌓여 있게 마련이다. 심화되는 빈부 격차, 지역 격차 그리고 부정부패의 만연 등은 이미 국민의 심리적 저항선을 넘어선 지 오래다. 사회적 불평등을 나타내는 지니계수도 이미 폭동 유발 단계인 0.5에 다다를 만큼 심각하다. 향후 중국의 국내 안정은 민생 문제의 해결에 있다고 해도 과언이 아니다.

중국은 2006년 6만건 정도였던 시위가 2015년에는 30만건으로 추산될 정도로 사회주의 정권의 통제력이 무색해지고 있다. 호적제도 개선, 취업 문제와 급여 인상, 양로제도 개혁 등에 대한 개선 요구도 매우 구체적으로 제시된다. 특히 과거의 시위가 농촌지역에서 많이 발생했던 데 비해 이제는 도시 노동자들이 시위를 벌일 뿐 아니라 폭력 양상까지 띠고 있다. 단순 민생형보다는 노동자의 인권 보장과 인간다운 삶을 살 권리를 보다 직접적으로 주장하면서 권력의 상징인 정부나 공공기관 건물을 직접 공격하는 방식으로 불만을 표출한다. 시진핑의 리더십이 경제적으로는 기존 덩샤오핑(鄧小平)식 개혁개방 노선을 견지하지만 정치적으로는 마오쩌둥(毛澤東)식 안정을 희구하는 '정좌경우(政左經右)'의 단면을 보이는 것도 이 때문이다.

시진핑 체제가 민심을 수습하고 국민적 공감대를 확보하는 가장 효과적인 방법으로 선택한 것이 바로 반부패 운동이다.

지난 30여년에 걸친 경제 호황은 개혁의 필요성보다는 현실 안주를 용인했다.

그 사이 정부와 국유기업은 유착했고 권력층의 비호를 받는 사람들이 기득권층에 편입됐다. 반부패 작업은 개혁 저항 세력이 된 이들을 솎아내는 작업이다. 시진핑 반부패 운동의 핵심은 '1인 권력 공고화'와 '당의 존속'이라는 이중 목표를 갖고 있다. 파벌 일소와 민심 수습을 위한 강력한 부패 척결 운동은 공산당과 시진핑 체제의 당위성을 담보하는 핵심 사항이다. 강력한 부패 척결 운동을 통해 이미 100여 명의 장차관급 인사가 낙마했다. 이를 통해 시진핑 체제는 대중의 강력한 지지를 확보한 것으로 평가된다. 반부패 운동 전개 과정에서 대거 숙청이 이뤄지고 후임자 인선이 여의치 않자 시진핑은 능력 중심 실용주의 원칙을 강조하면서 자신의 측근을 등용하고 있다. 중국 사회가 과거보다는 혈연, 지연, 민족, 성별 등의 제한이 많이 약화된 덕분에 이런 인사는 큰 구속을 받지 않고 이뤄질 수 있었다.

2015년 시진핑의 반부패 운동이 중앙 정치 무대를 중심으로 진행됐다면 2016년은 이제 국가 목표 달성을 위해 지방정부에까지 자신의 의도를 관철할 수 있는 측근 배치 작업이 본격적으로 전개될 전망이다. 2015년에 이미 많은 성의 당원 관리와 인사를 담당하는 조직부장에 측근이 대폭 기용됐다. 2015년 7~8월에는 한국의 장관급에 해당하는 성·부장급 고위직 인사 13명이 베이징에서 지방으로 전출됐다. 지방으로 전근한 13명의 중앙관리는 대부분 1960년 이후 출생한 리우링허우(60后) 세대로 기율검사, 감찰 관련 분야에 풍부한 경험을 지니고 있어 중국 정부의 반(反)부패 사정 드라이브가 지방정부로 이식될 것으로 예상된다.

권력 공고화를 위한 시진핑식 통치 본격화될 것

내부 안정을 위한 또 하나의 핵심 내용으로는 '소조(小組)정치'의 강화를 들 수 있다. 시진핑은 일사불란한 중앙의 정책 집행을 시도하기에 이르렀고 누구보다 강력한 권한을 행사하고 있다. 공산당 총서기이자 중화인민공화국 국가주석이며, 군을 통솔하는 중앙군사위원회 주석이라는 기존의 당·정·군 최고 수장직 외에 7개 영도소조(領導小組)와 위원회의 조장, 주석을 겸직함으로써 무려 10개의 핵심 정

2016 5大 이슈 ▌

책 결정 기구를 직접 관장하는 지휘 체계를 확립했다. 2015년에 시진핑은 개인적으로 충분한 정책적 성과를 거뒀다고 볼 수 있다.

이런 소조정치의 적극적 활용은 2016년에도 지속될 것으로 보인다.

민생 현안을 제외한 다양한 정치·사회적 통제도 지속될 전망이다. 중국의 권력은 군대와 무장경찰 그리고 공안·검찰·법원을 가리키는 공검법(公檢法) 계통과 이데올로기, 즉 선전·신문·출판 등 속칭 '붓자루'를 적절히 통제하느냐에 달려 있다. 시진핑은 기존의 정법 계통을 장악하고 있던 저우융캉 세력과 광범위한 군 영향력을 갖고 있던 쉬차이허우 세력을 부정부패 척결을 통해 정리하고 자신의 세력으로 대체하고 있다. 또 현재 이데올로기와 선전 계통을 장악하고 있는 류윈산(劉雲山)의 영향력도 감소시키고 있는 중이다. 지식인의 움직임을 통제하기 위해 민주주의와 인권 등을 서구식 사상으로 간주해 일부 학자와 변호사, 기자들에 대한 감시와 통제도 강화하고 있다. 2016년에도 이들에 대한 통제는 더욱 강화될 것이다.

2015년의 시진핑 체제는 분명히 개혁적 지도자의 이미지보다는 보수 강권 지도자의 색채가 더 커보인다. 시진핑이 향후 강력한 개혁 정책을 추진할 것인지, 아니면 마오쩌둥과 덩샤오핑을 합친 마오덩시(毛鄧習)라는 별명에서 나타나듯 '시진핑식 신권위(新權威) 체제'로 고착될 것인지는 더 지켜볼 필요가 있다.

2016년 시진핑 체제는 부정부패 척결 운동이 국유기업은 물론 사회 전방으로 확대 지속될 것임을 밝히고 있다. 하지만 이런 조치들이 단순한 시진핑 체제의 권력 공고화 차원으로 비친다면 국가 존립의 가장 기초인 민심을 얻을 수 없다. 중국의 환부를 철저히 도려낼 수 있는 개혁적 시스템 구축만이 중국의 최대 문제인 사회 양극화를 해소하고 명실상부한 세계적 국가 중국의 이미지 제고와 실질적 발전에 기여할 수 있는 단초가 될 것이다.

바이오·IoT·배터리···
재계 성장동력 찾기 안간힘

김경민 매경이코노미 기자

2015년 9월 독일 베를린에서 열린 유럽 최대 가전전시회 IFA. 지난 몇 년간 이 전시회에서 눈길을 끈 건 스마트폰, TV 제품이었지만 이번에는 달랐다. 모든 기기를 인터넷으로 연결하는 사물인터넷(IoT) 제품이 주를 이뤘다. 지멘스, 밀레 등 외국 가전 업체뿐 아니라 삼성, LG전자 등 우리 업체들도 저마다 첨단 사물인터넷 기술을 선보였다.

삼성·LG 등 사물인터넷 적용 제품 속속 선보여

삼성전자는 '시티큐브 베를린'이라는 건물에서 단독으로 전시장을 마련해 그 안에 사물인터넷 존을 마련했다. 개방성과 연결성, 자체 연산 능력을 높인 '삼성 스마트싱스 허브', 수면 패턴을 측정·분석하고 그 결과를 알려주는 '슬립센스' 등 사물인터넷을 일상생활에 접목한 제품들을 공개했다. 특히 전시장 안에 BMW i3 자동차를 전시해 삼성 스마트워치 기어S2와 연동하는 모습을 보여주기도 했다. 사물인터넷을 통해 자동차와 전자기기를 하나로 연결할 수 있는 점을 강조하기 위해서다. LG전자도 스마트 기능이 없는 일반 가전제품을 스마트가전으로 바꿔주는 '스마트싱큐 센서'를 선보여 눈길을 끌었다.

2016년 재계에서 눈길을 끌 만한 미래 먹거리 사업으로 사물인터넷이 꼽힌 다. 벌써부터 삼성, LG전자 등 주요 계열사마다 스마트홈, 스마트헬스를 기반 으로 사물인터넷 시장을 키우는 모습이다. 삼성그룹은 2017년까지 삼성전자의 TV, 2020년에는 모든 가전제품을 사물인터넷으로 연결할 계획이다. 이를 위해 2014년 8월 사물인터넷 플랫폼 기업 스마트싱스를 2억달러에 사들인 후 사물인 터넷 기술 연구에 힘쓰는 중이다.

SK텔레콤, KT, LG유플러스 등 통신사들도 저마다 사물인터넷 서비스 경쟁 에 나섰다. 2016년에는 스마트폰을 활용해 각종 가전제품을 제어할 수 있는 서 비스를 잇따라 내놓을 전망이다. 머지않아 사물인터넷 서비스는 자율주행자동차 로 이어질 거란 관측도 나온다. 지금보다 속도가 훨씬 빠른 5G(5세대) 네트워 크가 구축되면 자동차가 다른 자동차와 도로정보를 주고받으면서 자동으로 주행 하는 차량이 등장하는 식이다. 이 자율주행자동차는 스마트홈과도 정보를 주고 받아 집에 도착하기 전에 온도·습도를 조절하는 것도 가능할 전망이다. 황창규 KT 회장은 "5G가 상용화되는 2020년에는 자율주행자동차가 움직이는 사무실 이 되고 운전면허증은 사라질 것"이라고 강조하기도 했다.

사물인터넷 시장 전망도 밝은 편이다. 시장조사업체 마켓앤마켓에 따르면 글로 벌 홈 사물인터넷 시장 규모는 2015년부터 매년 17%씩 성장해 2020년 586억 8000만달러(약 70조원)에 달할 전망이다. 국내 시장 성장세도 가파르다. KT 경제경영연구소 자료를 보면 국내 홈 IoT 시장은 2015년 10조원을 넘어 2018 년 18조9122억원 규모로 성장할 것으로 기대된다.

사물인터넷 못지않게 재계에서 공을 들이는 분야는 바이오 사업이다. 2016년 한국의 차세대 먹거리 중 1순위가 바이오 사업이라는 전망이 여기저기서 나온다.

바이오 사업은 이미 삼성그룹이 2010년 발표한 5대 신수종 사업(태양광, 전기 차 배터리, LED(발광다이오드), 바이오제약, 의료기기)에 포함돼 있었다. 그동안 태양전지, LED 사업이 주춤한 사이 바이오제약 사업은 계속 성장해왔다.

삼성그룹은 통합 삼성물산 자회사인 삼성바이오로직스, 삼성바이오에피스를 주축으로 바이오 사업에서 점차 성과를 내는 분위기다. 삼성물산은 2020년까지 바이오 부문 매출을 1조8000억원으로 끌어올리겠다는 청사진을 내놨다.

바이오시밀러 제품을 위탁생산하는 삼성바이오로직스는 제2 생산설비를 완공해 연간 18만ℓ로 생산 능력을 늘릴 것이란 예상이다. 이를 통해 2016년 기준 글로벌 3위 수준의 바이오시밀러 제품 위탁생산 능력을 갖출 전망이다. 세계적인 제약사인 로슈, 머크와도 바이오의약품 장기 공급계약을 체결한 상태다.

탄소섬유 · 차세대 배터리 시장도 주목

삼성바이오에피스는 최근 유럽 의약국에 류머티즘관절염 치료제인 '엔브렐' 바이오시밀러 판매 허가를 신청했다. 이미 국내 식품의약품안전처에서는 이 제품의 품목 허가를 받았다. 이를 통해 2020년 매출 8500억원을 목표로 잡았다. 내년 중에는 삼성바이오에피스가 미국 나스닥에 상장할 거란 전망도 나온다.

SK그룹도 일찌감치 바이오 사업에 눈을 떴다. 2014년 말 허가를 받아 SK케미칼 제약 부문이 출시한 세포배양방식 독감백신 '스카이셀플루'는 100만도즈를 돌파하면서 인기몰이 중이다. 이와 함께 대상포진, 자궁경부암, 로타바이러스 등의 백신 개발도 한창이다. 혈우병 치료제 신약 개발도 진행 중인데 임상 3상을 완료한 상태다.

2016년에는 GS칼텍스가 신성장동력으로 키워온 바이오부탄올에서도 어느 정도 성과가 나올 거란 관측이다. 바이오부탄올은 바이오디젤, 바이오에탄올과 함께 3대 바이오에너지로 불리는 차세대 바이오 연료다. 바이오에탄올에 비해 에너지 밀도가 높으면서도 엔진 개조 없이 휘발유 차량용 연료로 사용이 가능하다. 그러면서 기존 연료 수송, 저장 인프라를 그대로 이용할 수 있는 것도 장점이다. 2007년부터 바이오부탄올 연구를 시작한 GS칼텍스는 바이오부탄올 생

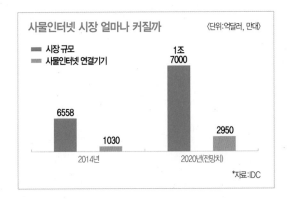

사물인터넷 시장 얼마나 커질까 〈단위:억달러, 만대〉

■ 시장 규모
■ 사물인터넷 연결기기

6558
1030
2014년

1조
7000
2950
2020년(전망치)

*자료:IDC

산 핵심기술인 미생물 발효 성능을 상용화가 가능한 수준으로 향상시켰다. 이 과정에서 40여건 이상의 국내외 특허를 출원했다.

하이브리드, 전기차에 쓰이는 차세대 중대형 배터리 제조 기술도 빼놓을 수 없는 미래 먹거리 사업으로 꼽힌다. 2020년까지 전 세계 차세대 배터리 시장 규모가 40조원대까지 성장할 거란 예측이 나올 정도로 전망이 밝다. SK이노베이션은 전극과 분리막 제조기술을 기반으로 셀과 팩 등 배터리 제조 전 과정에 걸쳐 고유기술을 보유했다. 실제로 메르세데스-벤츠의 전기 슈퍼카 모델인 SLS AMG E-CELL, 기아차 보급형 전기차인 레이와 소울에도 SK 배터리가 탑재된 상태다.

OLED(유기발광다이오드)와 탄소섬유 사업도 차세대 먹거리로 불린다.

LG화학은 최근 충북 오창에 위치한 OLED 조명 관련 패널 생산라인과 특허권 등을 LG디스플레이에 넘기기로 했다. 이를 통해 LG디스플레이 주도로 OLED 조명 사업을 차세대 성장동력으로 키울 예정이다. OLED 조명은 LED 이후를 주도할 차세대 조명으로 불리는 제품이다.

GS칼텍스는 정유, 석유화학 제품 생산공정에서 발생하는 찌꺼기인 피치를 섬유 형태로 만든 뒤 이를 탄화해 탄소섬유를 제조하는 연구를 진행 중이다. 이미 GS칼텍스가 개발한 탄소섬유 소재가 기아자동차 신형 쏘렌토의 파노라마 선루프 프레임에 적용되기도 했다. 머지않아 금속으로 된 자동차 차체, 부품을 탄소섬유로 대체한다는 목표다. 효성도 2014년 5월 전북 전주 친환경복합산업단지에 연산 2000t 규모의 탄소섬유 공장을 건립하면서 상업화를 시작했다. 탄소섬유는 산업계에서 소재 경량화를 위한 신소재로 널리 사용 중이다.

III

2016
매경 아웃룩

빅5 산업
미래는

내수는 판매호조 지속
수출은 여전히 먹구름

이항구 산업연구원 선임연구위원

▼ 2015년 완성차와 부품 수출은 글로벌 금융위기 이후 처음으로 감소했다. 완성차 수출은 미국, 서유럽과 태평양지역을 제외하고는 전반적으로 감소해 금액 기준 전년 대비 6% 감소한 460억달러, 물량 기준으로는 2.4% 줄어든 299만대를 기록했다.

완성차 수출이 줄어든 건 주력 수출 시장인 신흥 개발도상국 수요가 감소하고 엔저로 일본차와의 경쟁에서 밀린 영향이 컸다. 부품 수출은 전년 대비 5% 감소한 252억달러에 그쳤다. 국내 자동차 업체의 해외 생산공장 가동률 하락과 녹다운(KD · 자동차 핵심 부품을 제3국에 보내 현지에서 조립 · 판매하는 방식) 수출 감소, 엔저 영향에 따라 세계 시장에서 일본산 부품과의 경쟁이 심화된 탓이다.

반면 완성차 내수는 그야말로 날개를 달았다. 수입차 수요 증가세가 지속된 데다 국산 신차 효과와 개별소비세 인하, 노후차 교체주기 도래 등으로 사상 최고치를 기록했다. 국산차 내수는 전년 대비 1.8% 증가한 149만대를 기록했으나, 수입차 수요는 폭스바겐 사태에도 불구하고 전년 대비 20% 늘어난 24만대에 육박해 승용차 내수 시장점유율이 16%를 기록하면서 사상 최고치를 기록했다. 이에 따라 완성차 내수는 전년 대비 4.2%가 증가한 173만대에 달했다. 자동차 생산은 내수 호황에도 불구하고 수출 부진으로 인해 전년 대비 0.9% 감소한 448만대를 기록했다.

신흥 개도국 수요 감소로 자동차 판매·생산 증가율 둔화

2015년 전 세계 자동차 수요는 전년 대비 3.5% 증가한 9000만대를 기록했다. 세계 최대 자동차 시장인 중국의 수요는 2015년 3%가 증가한 2420만대에 그쳤다. 미국 수요는 3% 증가해 다시 1700만

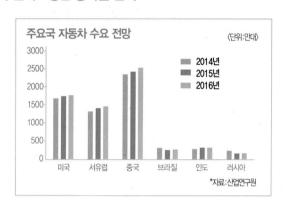

대 수준으로 올라섰고, 서유럽 수요도 6.2% 늘어나 1430만대에 달했다. 신흥 개도국 중에서는 인도 수요가 증가세를 유지했으나, 브라질과 러시아 수요는 경기 침체 탓에 큰 폭으로 하락했다.

2016년 자동차 내수 전망은 괜찮아 보인다. 수입차 수요가 폭스바겐 사태로 둔화되고 개별소비세 감면이 종료되면서 2015년 대비 2.5% 증가한 176만대를 기록할 전망이다. 국산차 내수는 0.7% 증가한 150만대, 수입차 내수는 8.3% 증가한 26만대에 달할 것으로 보인다. 완성차 수출은 폭스바겐 사태로 인한 반사이익으로 해외 수요가 증가하면서 금액 기준으로는 2015년 대비 3.6% 증가한 476억달러, 물량 기준으로는 3.6% 증가한 308만대로 회복될 것 같다.

자동차 부품 수출은 녹록지 않다. 유럽과 신흥 개도국에 대한 수출이 감소세를 보이면서 2% 감소한 245억달러에 그칠 것으로 보인다.

친환경자동차 수요는 정부가 구매 보조금 규모를 늘린 덕분에 큰 폭으로 증가할 전망이다. 특히 하이브리드차 수요는 보조금 확대와 디젤차 수요 전환에 따라

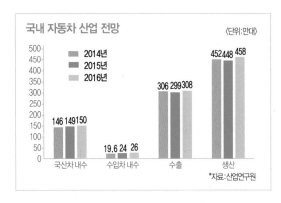

국내 자동차 산업 전망

〈단위:만대〉

- 2014년
- 2015년
- 2016년

	2014년	2015년	2016년
국산차 내수	146	149	150
수입차 내수	19.6	24	26
수출	306	299	308
생산	452	448	458

*자료:산업연구원

2015년 대비 30% 이상 증가할 것으로 보인다. 우리 정부는 2016년부터 환경, 연비, 안전 규제를 대폭 강화하기로 했다. 자동차 업체 수익성은 국내외 시장 경쟁이 심화되면서 2015년보다 낮아질 것이며, 대기업과 중소기업 간 성과 격차가 더 확대될 전망이다.

국제통화기금(IMF)은 2015년 세계 경제성장률을 3.1%로 추정했으며, 2016년 성장률을 3.6%로 하향 조정했다. 자동차 산업이 경기에 민감한 만큼 2016년 세계 자동차 수요 증가율은 2015년보다는 높아질 것으로 보이지만 큰 폭의 수요 증가는 기대하기 힘든 실정이다. 선진국 수요가 포화 상태에 진입하고, 신흥 개도국 수요 부진도 지속될 것으로 보이기 때문이다.

2016년 세계 자동차 수요는 2015년에 비해 4.4% 증가한 9400만대를 기록할 것으로 예상된다. 국가·지역별로는 중국 수요가 5% 증가한 2542만대를 기록할 전망이며, 미국은 2.4%, 서유럽 수요는 2.8% 증가해 각각 1776만대, 1470만대에 달할 것으로 보인다. 인도 수요는 증가세를 지속하겠으며, 브라질과 러시아 수요도 회복세로 돌아설 전망이다.

SUV · MPV 수요 증가세 이어질 듯

차종별로는 스포츠유틸리티차량(SUV)과 다목적차량(MPV) 수요 증가세가 이어질 것으로 보인다. 소득 양극화에 따라 고급차 수요와 저가차 수요가 함께 증가할 것으로 보인다. 유가가 낮은 수준에서 유지되겠지만 친환경자동차 수요도 지속적으로 증가할 전망이다. 중국의 신에너지 자동차 수요가 세계 친환경자동차 수요 증가를 주도할 것이며, 중국 자동차 업체들은 저가 소형 승용차와 SUV

시장에서 점유율을 확대할 가능성이 높다. 미국에서는 픽업트럭 수요가 꾸준히 증가하고, 서유럽 디젤자동차 수요는 소폭 감소할 것으로 예측된다.

2016년에도 주요국 정부가 연비, 환경, 안전 규제를 강화하고 신차에 대해 엄격한 시험기준을 적용함으로써 자동차 업체의 연구개발 투자 부담이 가중될 것으로 보인다. 이미 EU는 '유로6' 규제를 시행하고 있으며, 중국도 2016년 말 '6단계 배출가스 규제'를 본격 도입할 예정이다. 일본 업체들이 폭스바겐 사태를 계기로 세계 시장 지배력을 강화하기 위해 판촉 전략을 강화할 것으로 보인다. 독일 업체들도 고급차 시장 지배력을 강화하면서 판매 부진을 만회하기 위해 진정한 클린디젤 등을 앞세워 판매 공세에 나설 것으로 예상된다. 이에 따라 세계 자동차 시장에서의 가격 경쟁이 심화될 것이며, 이는 수익성 하락으로 이어질 수밖에 없다.

글로벌 금융위기 이후 GM의 파산, 토요타의 대규모 리콜에 이어 폭스바겐의 불법 행위는 자동차 산업의 양적 성장 전략에 제동을 걸었다.

이에 따라 자동차 업체 간 혁신 경쟁과 가격 경쟁이 본격화될 것이며, 자동차 업체들은 전기동력, 자율주행자동차 관련 기술 개발과 상용화에 박차를 가할 것으로 보인다. 정부의 규제 강화는 연구개발 투자 부담을 가중시키면서 기술 혁신을 촉진할 것이다. 선진국 자동차 업체들은 자동차 산업 패러다임 변화에 부응해 새로운 경쟁 전략을 수립하고 판매 물량과 세계 시장점유율 확대에 적극 나설 것으로 보인다.

특히 독일 업체들이 전기동력자동차 모델을 다양화하고 자율주행자동차 관련 기술 상용화를 적극 추진할 가능성이 높다. 일본 자동차 업체들은 엔저를 통해 축적한 수익을 연구개발과 국내외 설비투자에 쏟아부으면서 독일 자동차 업계와 세계 1위 경쟁을 펼쳐 나갈 전망이다. 국내 자동차 업계는 이런 세계 자동차 산업의 트렌드 변화에 능동적이며 선제적으로 대응해야 한다. 우리나라가 어느새 세계 5위의 자동차 생산국이자 4위의 수출대국으로 성장했지만, 전기동력 자율주행자동차 시대에 대한 대응 전략은 여전히 미진하기 때문이다.

반도체·디스플레이
좋은게 하나도 없구나

노근창 HMC투자증권 리서치센터장

◤ 2015년은 대부분의 전자제품 수요가 포화 상태에 이르면서 완제품 시장 규모가 2014년 대비 감소할 것으로 보인다. 우려했던 대로 중국 스마트폰 수요는 2014년 대비 3% 이상 감소할 것으로 예상된다. 태블릿PC는 2014년 대비 20% 이상 수요가 급감했으며, PC와 TV 수요 부진이 이어지고 있다. 2014년까지 IT 수요를 이끌었던 스마트폰이 반도체, 디스플레이, 카메라 등의 발전에도 불구하고 소비자들의 적극적인 교체를 유도하지 못하고 있다. 여기에 중국 등 주요 국가별 통신 사업자들이 스마트폰 구매 시 지급하던 보조금을 줄이면서 고가 스마트폰 수요는 지속적으로 감소하고 있으며, 스마트폰 가격도 가파르게 하락하고 있다. 지역별로 살펴봐도 인도와 인도네시아, 아프리카 등 초저가 제품 수요가 있는 시장만이 성장하면서 고가 제품 비중이 높은 한국 업체의 어려움이 가중되고 있다.

주요 제품의 높은 보급률을 감안할 때 2016년에도 수요 감소세는 이어질 것으로 보인다. 따라서 스마트폰, 태블릿PC, TV 등에 들어가는 메모리 반도체나 디스플레이 시장도 2015년 대비 줄 것으로 예상된다. 특히 2015년 국내 IT 산업의 버팀목이었던 메모리 반도체 시장은 매출과 이익 모두 2016년을 기점으로 감소할 가능성이 높다. 대형 디스플레이의 경우 TV와 PC 수요 부진으로 패널 업체의 수익성은 크게 악화될 것으로 우려된다.

전통 IT 제품의 수요 부진 속에서도 사물인터넷(IoT) 인프라가 구축되면서 스마트카, 드론, 로봇 등 신규 제품 수요가 빠른 속도로 성장 중이다. 애플, 구글 등이 새롭게 무인카와 스마트카 시장에 뛰어드는 가운데 테슬라나 중국 자동차 기업 'BYD' 등도 전기차 제품군을 확대할 것으로 보인다.

중국이 주도하는 드론 시장에서는 미국과 유럽 업체들이 제품군을 확대하면서 전체 수요를 견인하고 있다. 로봇은 일본의 휴머노이드 로봇, 미국의 물류와 농기계 로봇 수요가 급증하면서 새로운 수요처로 떠오를 전망이다. 전통의 IT 제품 수요가 위축되는 가운데 신규 제품 수요가 늘어난다는 점에서 2016년은 신성장동력 확보를 위한 제휴와 M&A가 범세계적으로 확산될 것으로 예상된다.

스마트폰 2016년 스마트폰 시장은 양극화가 점점 심해지면서 국내 업체의 어려움은 가중될 전망이다. 삼성전자는 삼성페이나 엣지 등 차별화된 디스플레이를 통해 잃었던 주도권 회복을 위해 노력하고 있다. 2016년 삼성전자는 접는 디스플레이와 같은 하드웨어 차별화를 통해 화웨이 등 중국 스마트폰 업체와의 격차를 늘릴 계획이다. 물론 2016년 선보일 것으로 예상되는 접는 디스플레이 스마트폰이 실적에 미치는 영향은 미미하다. 그럼에도 삼성전자의 하드웨어 혁신이 끝나지 않았다는 점을 시장에 보여준다는 점에선 긍정적인 요소로 작용할 전망이다. 소비자로부터 호평을 받고 있는 삼성페이 또한 삼성 스마트폰을 구매하는 작은 동력이 될 수 있다. 하지만 이

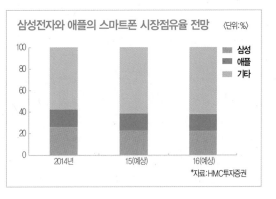

삼성전자와 애플의 스마트폰 시장점유율 전망 (단위:%)

■ 삼성
■ 애플
■ 기타

2014년 / 15(예상) / 16(예상)

*자료:HMC투자증권

같은 차별화 노력에도 불구하고 2016년 삼성 스마트폰 이익은 2015년 대비 감소할 것으로 보인다.

반면 LG전자의 고전은 2016년에도 이어질 가능성이 높다. 중국과 인도 업체들의 저가 공세가 이어지면서 어떤 해법을 찾느냐에 따라 LG전자 스마트폰 사업은 큰 갈림길에 설 수도 있다.

전체 스마트폰 시장 규모는 소폭 성장할 것으로 보이지만 이는 인도, 동남아 등에서 중저가 스마트폰 시장이 늘어난 데 따른 효과 덕분이다. 국내 업체가 주력으로 삼는 프리미엄 스마트폰 시장은 점점 줄고 있다. 애플이 여전히 건재한 가운데 국내 업체는 차별화 포인트를 계속 발굴하는 것이 숙제가 될 전망이다.

반도체　　2015년은 모바일 D램을 중심으로 메모리 반도체 시장의 성장세가 이어졌고 시스템 반도체도 스마트폰과 IoT 인프라 확대 속에 양호한 성적을 냈다. 하지만 2분기부터 PC 수요 급감 속에 PC D램 가격이 하락하면서 서버 D램과 모바일 D램 가격이 덩달아 떨어지고 있다. 2015년에는 신규 제품(LPDDR4) 수요가 늘면서 전체 D램 시장 규모가 소폭 늘었다. 하지만 2016년엔 이 같은 효과도 상쇄되고 공급과잉이 이어지면서 전체 D램 시장 규모는 2015년 대비 7.2% 감소한 440억달러를 기록할 전망이다.

낸드플래시는 SSD(솔리드 스테이트 드라이브)와 스마트폰용 eMMC(임베디드 멀티미디어 카드) 수요에 힘입어 시장 규모가 더욱 커질 것으로 보인다. 시스템 반도체는 주요 업체 간 14·16나노 경쟁이 치열해지는 가운데 10나노 공정에 대한 주도권 확보 싸움이 심화될 전망이다.

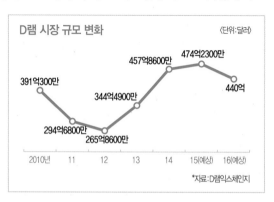

D램 시장 규모 변화　　〈단위:달러〉

391억300만
294억6800만
265억8600만
344억4900만
457억8600만
474억2300만
440억

2010년　11　12　13　14　15(예상)　16(예상)

*자료:D램익스체인지

전반적으로 2016년 반도체 시장은 D램 위축, 낸드플래시 호조, 시스템 반도체 기회 등으로 요약할 수 있다. 다만 국내 업체가 가장 강한 시장 지배력을 발휘하고 있는 분야가 D램인 만큼 반도체 전체 매출 규모는 줄어들 것으로 보인다. 따라서 2015년은 국내 반도체 호황의 최고 정점을 찍은 한 해로 기억될 수 있겠다.

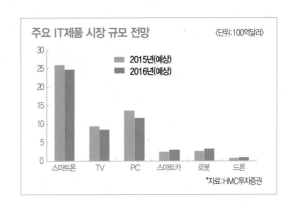

TV · 디스플레이   2015년 상반기 국내 TV 업체의 수익성은 신흥국 통화 약세와 수요 감소로 인해 크게 하락했다. 미국의 금리 인상으로 인해 신흥국 통화의 약세가 이어지면서 2016년에도 TV 업체 수익성은 회복하기 힘들 것으로 예상된다.

무엇보다 스마트폰과 태블릿PC로 TV를 시청하는 소비자가 증가함에 따라 TV 교체주기가 길어지면서 TV 시장 규모는 지속적으로 줄어들 가능성이 높다. 삼성전자는 퀀텀닷 TV, LG전자는 OLED TV를 강조하고 있지만 포화 상태에 이른 TV 시장에서 해상도나 두께 경쟁은 더 이상 소비자들에게 어필하기 힘들어 보인다.

TV와 PC 수요 감소 속에 대형 LCD 패널 업체의 어려움이 가중되는 상황이다. 일부 업체는 이미 2015년 하반기부터 실적 악화가 불가피할 것으로 보이며 2016년 상반기엔 상당수 중국, 대만 디스플레이 업체가 적자를 기록할 가능성이 있다.

그나마 2016년에는 브라질 리우데자네이루에서 열리는 올림픽이 있다. 2014년도 브라질 월드컵의 영향으로 TV 시장은 의외의 호황을 기록했다. 리우 올림픽 효과가 어느 정도 발휘될 것인지도 2016년 TV 시장을 전망하는 중요한 가늠자가 될 전망이다.

차이나쇼크 넘어야 사는데
낙관보단 비관적 전망 우세

공문기 포스코경영연구원 수석연구원

세계 철강 시장을 강타한 '차이나 쇼크(China Shock)'의 파괴력은 당초 예상했던 것보다 훨씬 컸다. 2015년 세계 철강 수요는 금융위기 때인 2009년 이후 처음으로 마이너스 성장을 기록할 것으로 보인다. 중국 수요가 2014년에 이어 2년 연속 큰 폭으로 감소한 것이 결정적인 영향을 끼쳤다.

2015년에는 유럽과 인도 등 일부 국가를 제외한 대부분 지역의 철강 수요가 동반 감소하면서 충격은 더 컸다. 중국 다음으로 큰 철강 소비국인 미국은 유가 하락에 따른 에너지용 강재의 부진으로 수요가 1년 만에 마이너스 성장으로 돌아섰다. 일본도 자동차, 조선 등 주력 산업의 침체로 큰 폭으로 수요가 줄었다.

때문에 2015년 세계 철강 산업은 수요 감소와 가격 하락의 이중고에 시달려야 했다. 대부분 국가가 내수 부진에 시달리는 가운데 가격 하락과 수입재 문제로 골머리를 앓았다. 2015년 철강 가격은 중국뿐 아니라 전 지역에 걸쳐 30%가량 급락했다. 특히 위안화와 루블화 가치 하락에 힘입은 중국산과 러시아산 초저가 공세는 세계 철강 시장을 혼란에 빠뜨렸다.

여러 요인으로 인해 세계 철강 경기는 금융위기 이후 가장 어려움에 빠지게 됐

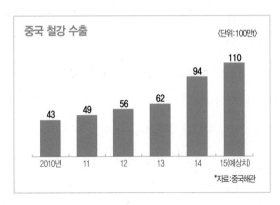

중국 철강 수출 〈단위:100만t〉

43 49 56 62 94 110
2010년 11 12 13 14 15(예상치)
*자료:중국해관

으며 관련 업계는 해결의 실마리를 찾지 못한 채 2016년을 맞이하게 됐다.

중국의 철강 수요는 예상보다 빠르게 정점에 도달해 세계 철강 산업은 점차 성장동력을 잃고 있다. 2016년도 마찬가지로 중국 철강 시장의 회복 여부가 최대 화두가 될 것이다. 철강 업계에서는 중국 철강 수요가 2013년을 피크로 하향세로 돌아섰다는 견해가 우세하다. 하지만 중국 철강 수요가 2016년까지 3년 연속 마이너스 성장을 기록할 것인지에 대해선 의견이 분분하다.

세계철강협회(worldsteel)에서는 2% 정도 감소할 것으로 예상했으며, 중국 내 주요 기관들도 비관적인 견해를 보이고 있다. 다른 한편에서는 2년 연속 감소에 따른 기저 효과와 정부의 경기 부양 효과 등을 고려할 때 2016년엔 중국 수요가 반등할 수 있다는 시선도 있다.

일례로 영국의 세계적 철강 전문지 메탈불레틴(Metal Bulletin)은 2016년 중국 철강 수요가 오히려 3% 증가할 것으로 전망했다. 조사기관별 전망 기조가 다른 것은 중국 철강 수요의 절반 이상을 차지하는 건설 부문 회복에 대한 견해가 서로 다르기 때문이다. 낙관적 전망의 기저에는 2015년 최악이었던 부동산 경기가 2016년에는 점차 회복될 것이라는 기대가 깔려 있다. 특히 2015년 중국 정부가 비준한 대규모 인프라 투자가 2016년에 실현되면서 건설 경기가 점차 회복할 것이란 주장도 제기된다. 그럼에도 아직까진 중국 건설 경기와 철강 수요에 대해서 비관론이 다소 우세해 보인다.

만약 2016년에도 중국 철강 수요 부진이 계속된다면 과연 이를 대체할 수 있는 수요처를 찾을 수 있을지가 관건이다. 일단 미국, 유럽 등 선진국은 경제 회복 기조와 함께 1~2%의 완만한 성장세가 예상된다. 인도, 동남아, 중동 등 신흥국도 4~7%의 견조한 성장이 기대되지만 문제는 '차이나 쇼크'가 이들을 대부분 상쇄시켜 버릴 정도로 강력하다는 점이다. 이에 따라 2016년 세계 철강 수요는 1% 미만의 미약한 증가에 그칠 가능성이 높다.

국내 철강 수요는 2015년에 건설용 수요를 제외한 자동차와 조선 등 제조업 부문이 부진하면서 소폭 감소한 것으로 보인다. 2014년에 누적됐던 사상 최대 규모의 재고 부담도 국내 수요 둔화의 요인으로 작용했다. 2016년 국내 수요는 자동차와 조선업에서 다소 회복되겠지만 전반적으로 기대에 못 미쳐 소폭 증가에 그칠 것으로 예상된다.

철강 수요 1% 미만 소폭 성장 그칠 듯

2016년에도 중국을 비롯한 주요 수출국들의 내수가 부진할 것으로 예상됨에 따라 자연스럽게 수출 경쟁은 더욱 치열해질 전망이다. 2015년 중국의 철강 수출은 드디어 1억t을 돌파한 것으로 추정된다. 전 세계 철강 교역량의 20%가 넘는 엄청난 규모다. 세계적인 수요 부진에도 불구하고 2014년보다 오히려 중국의 수출 물량이 늘어난 것은 낮은 가격을 앞세운 전방위적 수출 확대 전략 때문이다.

2015년 중국의 국가별 철강 수출 비중을 보면 주력 시장인 아시아가 56%고 중동·아프리카 지역이 약 20%, 유럽과 미주도 20%를 넘는 등 지역을 가리지 않고 물량을 쏟아내고 있다. 중국의 수출 공세로 인해 세계 2, 3위 수출국인 일본과 한국은 부진을 면치 못하고 있다. 2015년 일본 수출은 1%대 증가에 그쳤으며, 한국은 오히려 소폭 감소한 것으로 나타났다. 중국의 수출 공세는 다른 나라들의 자국 내 시황을 악화시키고 국제 철강 가격의 하락을 야기하는 가장 큰 요인이 되고 있다.

이에 따라 각국은 자국 시장 방어를 위해 무역규제를 강화하고 있다. 미국,

EU 등 선진국뿐 아니라 동남아, 인도 등 신흥국에서도 중국, 러시아 등 주요 철강 수입재에 대한 반덤핑 제소와 관세 인상 등이 잇따르고 있어 자칫 무역전쟁이 우려된다. 그럼에도 중국은 2016년에도 1억t 규모 이상 수출할 가능성이 높다. 내수가 부진한 상황에서 중국 철강사들의 생존을 위해서는 수출이 유일한 돌파구이기 때문이다.

세계 철강 수요 전망			단위:100만t, %
지역	2014년	2015년	2016년
EU28	148(5)	150(1.3)	153(2.2)
기타 유럽	37(0.1)	40(8.6)	41(1.3)
CIS	56(-4.6)	50(-10.9)	50(0)
NAFTA	145(11.4)	141(-2.7)	144(2.1)
중남미	49(-4.7)	45(-7.3)	46(2)
아프리카	37(3.6)	39(5.1)	41(6.2)
중동	52(4.5)	54(4)	56(4.3)
아시아·대양주	1017(-0.9)	995(-2.1)	993(-0.2)
중국	711(-3.3)	686(-3.5)	672(-2)
세계	1540(0.7)	1513(-1.7)	1523(0.7)
BRIC	855(-2.8)	828(-3.2)	820(-0.9)
MENA	70(5.7)	73(4.6)	77(5.2)
중국 외	829(4.5)	828(-0.2)	851(2.9)

주:( )안은 전년비 증감률임   자료:세계철강협회(worldsteel), 2015년 10월

한국 철강 수출도 비상등이 켜진 상태다. 최대 수출 시장인 동남아는 이미 중국에 주도권을 내준 상태고 미국 등 선진국 시장에서는 반덤핑의 역풍을 맞고 있다. 2016년에도 한국이 투자한 해외 현지 공장 소재용 수출을 제외하고는 별다른 수출 확대를 기대하기 어려울 것이다. 반대로 국내 시장에선 중국산 수입재의 공세가 더욱 거세질 것으로 보여 국내 철강 산업의 무역불균형은 심화될 가능성이 높다. 2015년 한국의 전체 수입은 감소했음에도 불구하고 중국산 수입은 오히려 늘어났으며 2016년에도 이런 양상이 유지될 것으로 보인다.

종합하면 2016년 세계 철강 경기는 2015년보다는 소폭 개선될 것으로 보이지만 중국발 리스크 수준을 가늠키 어려워 여전히 불확실성이 큰 한 해가 될 것이다.

2015년엔 중국의 100대 철강사 가운데 40% 이상이 적자를 기록한 것으로 추정된다. 2016년에도 저가 판매 경쟁이 치열해지면서 경영난이 악화될 경우 중국 철강사들의 생존과 구조조정이 새로운 화두로 떠오를 전망이다.

구조조정·체질개선
고통 감내 필요한 해

양종서 한국수출입은행 해외경제연구소 선임연구원

2015년 전 세계 조선 시황은 좋지 못한 상황이다. 세계 신조선 수주량(해양플랜트 포함)은 3분기까지 2014년 동기 대비 32.8% 감소한 2434만CGT에 그쳤다. 수주액은 41.9% 감소한 537억달러다. 2013년 에코십(eco-ship)의 수요 증가로 회복세를 나타내던 신조선 시장은 유가 하락 등의 악재로 크게 위축된 상황이다. 해양플랜트 시장은 사실상 휴업 상태에 가깝고 가장 수요가 많은 벌크선 발주도 75%나 감소했다. 그나마 2015년 시황을 이끌어온 선종은 유가 하락의 영향으로 수요가 증가한 유조선과 여전히 에코십 투자가 이어지고 있는 컨테이너선이다. 유조선과 컨테이너선의 발주는 2015년 3분기까지 2014년 동기 대비 각각 87%와 71%씩 증가했다.

2000년대 호황기 거품으로 발생한 선복량 과잉이 지속되고 있음에도 불구하고 꾸준히 선박이 발주되는 큰 이유 중 하나는 고연비 친환경 선박인 에코십에 대한 수요였다. 에코십이 등장하자 최상위 선사들은 기존에 비해 20~30% 절감된 연료비용을 전략적 경쟁 무기로 활용하기 위해 우선적으로 투자에 나섰다. 그러나 2014년 하반기 유가가 급락하자 에코십의 매력도 급감했다. 벌크선이나 탱커의 경우 연간 연료비 절감액이 에코십 선박 도입으로 발생하는 금융비용, 즉 이자비용에도 미치지 못하게 됐다. 연료 소모가 많은 특성상 저유가에서도 여전히 투자 매력이 있는 컨테이너선만이 꾸준한 수요가 이뤄지고 있다.

해운 시황의 극심한 침체가 지속되는 것도 조선업 부진의 한 요인이다. 해운 업계는 심각한 수준의 선박 공급과잉에도 불구하고 살아남기 위한 경쟁 전략과 해상 환경 규제 충족을 위해 에코십에 대한 투자를 지속해왔다. 이런 에코십 공급으로 인해 좀처럼 선복량 과잉 해소가 이뤄지지 않고 있다. 결과적으로 해운사들은 투자와 시황 침체의 이중고를 겪고 있다.

대외적인 상황이 악화된 가운데에서도 한국 조선업의 수주 실적은 상대적으로 선방한 듯하다. 한국 조선소의 2015년 3분기 누적 수주량은 전년 동기 대비 2.5% 감소한 수준인 877만CGT에 달한다. 같은 기간 수주액은 19.4% 감소한 191억달러다. 전 세계 발주량 감소 폭인 33%와 비교하면 한국의 실적은 상대적으로 양호한 수준이다. 한국이 거의 독점적 지위를 갖고 있는 심해용 해양플랜트 시장이 사실상 무너졌음에도 불구하고 상선 시장에서의 수주가 타 경쟁국에 비해 괜찮았다. 가장 심한 침체 상황을 보이고 있는 벌크선은 한국보다는 중국과 일본이 주로 수주하는 선종이다. 때문에 중국과 일본 두 나라의 타격이 더 크게 나타나고 있다. 유가 하락의 수혜를 유일하게 받고 있는 유조선 시장에서도 한국은 역시 상대적으로 타 경쟁국에 비해 유리한 국면을 맞았다. 한국이 유조선이 속한 대형선에서 강한 면모를 보이고 있기 때문이다.

2016년 시황 비관적…2017년부터 반등, 2018년 회복 국면 예상

2016년 전 세계 조선업은 더욱 어려운 상황이 될 것으로 예상된다. 시장을 주도할 만한 선종이 보이지 않기 때문이다. 2016년에도 저유가 기조는 유지될 것으로 예상되고 따라서 해양플랜트 시장이 개선될 것이라는 기대는 어렵다. 결국 상선이 주도하겠으나 상선 역시도 해운 시황의 어려움 속에 선박에 대한 투자가 더욱 위축될 것으로 전망된다.

2015년 시황을 주도했던 컨
테이너선의 경우 2011년부터
격년으로 투자 증감이 나타나
고 있다. 한 해에 발주가 몰리
면 다음 해에 발주가 크게 감
소하고 그다음 해에 다시 수요

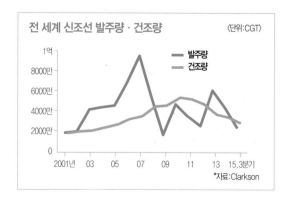

가 급증하는 경향이 있다. 2015년에 컨테이너선 발주가 급증했던 만큼 2016년
에는 발주가 다시 감소할 것이라는 것이란 예상이 가능하다.

하지만 이 같은 경향을 고려하지 않는다 하더라도 발주량이 크게 감소할 것이
란 결론을 내릴 만한 이유가 있다. 현재 유가가 하락하고 LNG 가격도 불확실
한 상황에서 컨테이너 선주들은 어떤 선박에 투자해야 할지 결론을 내는 데 어려
움을 겪고 있다. 점차 해상 환경 규제가 시간이 갈수록 강화되고 있기 때문이다.
전 세계를 정기적으로 항해해야 하는 컨테이너선은 해상 환경 규제에 가장 예민
하다. 규제 기준을 충족하면서도 연료 효율성이 좋은 선박에 투자하려 하다보니
고민이 많다. 해운 시황이 좋지 못한 상황이므로 선주들이 추세를 지켜보기 위해
2017년 이후로 선박 투자를 연기할 가능성이 높다는 얘기다.

2015년도 시황을 주도했던 유조선 역시 2016년까지 발주 수요가 이어질 것
으로는 보이지 않는다. 9월 들어 유조선의 용선료가 하락 반전해 시황의 정점이
지났음을 암시하고 있다. 유가 하락의 영향으로 중국이 비축유 구매를 증대시키
는 등 일부 해운 수요 증가가 나타난 것은 사실이다. 하지만 원유의 연간 물동량
증가율이 2% 내외임을 감안하면 2015년의 발주 수요 증가는 과한 면이 있다.

2011년 이후 불황기에서 한국 조선소에 적지 않은 물량을 제공했던 LNG선
역시 당분간 다량의 발주를 기대하기는 어려워 보인다. 그동안 셰일가스 운송 수
요에 대한 기대감 등으로 호황기보다도 더 많은 선박 발주가 이뤄졌다. 그러나

실질 수요에 비해 너무 많은 투자가 이뤄진 것으로 평가된다. 향후 수년간은 투자의 휴식기가 될 것 같다.

시황을 주도할 선종을 기대하기 어려운 상황에서 해운 시황마저도 더욱 악화될 가능성이 높아 투자심리는 경색될 것으로 예상된다. 중국 경제성장률마저 둔화돼 해운 수요 둔화 추세가 지속될 것으로 예상된다. 또 2013~2014년에 발주된 많은 양의 선박이 시장에 출하되면서 수급 상황을 더욱 악화시킬 것으로 전망된다.

그러나 너무 부정적으로만 볼 이유는 없다. 2016년 시황은 대단히 비관적이지만 이때가 바닥일 것으로 전망된다. 2017년부터 반등이 시작되고, 2018년부터는 선가도 인상되면서 본격적으로 회복 국면에 들어갈 것으로 예상한다. 2015년의 선박 발주가 적은 수준이기 때문에 2018년 시장에 공급될 신규 선박량이 제한적이고 해운 시황도 다소간의 안정을 찾을 것이다. 또 2020년부터 발효될 글로벌 황산화물(SOx) 규제 등 환경 규제로 인해 2018년경부터는 컨테이너선 업계를 중심으로 본격적인 신형 선박투자 등의 대응이 시작될 예정이다.

결론적으로 조선 업계는 2016~2017년을 버텨내는 힘이 필요하다. 세간에는 한국에서 조선업이 사양 산업이라는 견해와 결국 중국으로 주도권이 넘어갈 것이라는 의견이 팽배하다. 하지만 중국의 위협에 대해선 과장된 측면이 있다. 여전히 한국은 종합적인 선박 개발 능력에서 가장 앞서 있고, 시장의 요구에 가장 잘 적응하고 있으며 품질과 경쟁력 역시 세계 최고다.

문제는 오히려 외부가 아닌 한국 조선 업계 내부에 있다. 특히 대형 3사 간의 과당경쟁이 가장 심각한 문제라 할 수 있다. 대형·고부가 시장은 사실상 과점 시장이다. 그 와중에 3사 간의 과당경쟁 행태는 도무지 이해하기 어렵다.

2016년은 조선 업계로서는 상당히 고통스러운 한 해가 될 것으로 보인다. 그러나 이런 어려움 속에서도 합리적 구조조정과 체질 개선을 이뤄내야만 앞으로 다가올 시황 개선을 이용해 위기에서 벗어날 수 있을 것이다. 힘든 한 해지만 황무지에서 시작해 세계 1위로 올라선 우리 조선 업계의 저력을 믿으며 지켜보기로 하겠다.

석유화학 수익성 악화
정유 정제마진은 강세

유가 반등 기대감·신재생에너지 관심 지속

이충재 KTB투자증권 애널리스트

2010년부터 배럴당 100달러 수준에서 움직였던 국제유가가 50달러 수준까지 하락했다. 정유·석유화학은 유가가 제품 가격을 결정하는 기초가 된다. 구매심리 역시 유가 움직임에 큰 영향을 받는다. 유가에 대한 불확실성이 여전히 높은 상황이다. 2016년에도 유가의 방향성에 대한 고민은 계속될 전망이다. 당연히 정유·석유화학의 방향성도 불확실하다.

국제유가는 2015년 3분기에 바닥을 확인했다고 본다. 2015년 3분기 이후 미국 셰일오일 업계의 자금 조달이 어려워지고 있다. 미국의 석유 생산량이 줄어들면 국제유가를 누르던 공급 부담이 크게 줄어든다. 세계 석유 생산량의 30%가량을 차지하는 석유수출국기구(OPEC) 회원국 역시 유가 하락으로 재정 상황이 크게 나빠졌다. 2016년에는 미국뿐 아니라 OPEC 회원국의 석유 감산 관련 움직임이 나타날 가능성이 높다.

유가 하락에 따라 석유 수요는 빠르게 늘고 있다. 국제에너지기구와 OPEC 모

두 2016년 세계 석유 수요 증
가량이 2014년의 2배 수준인
하루 140만~150만배럴이 될
것으로 전망한다. 석유 생산
량은 줄어들고 수요는 늘어난
다면 2016년 국제유가는 반
등할 가능성이 높다. 2016년

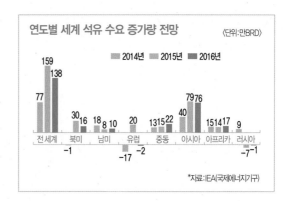

국제유가는 두바이유 기준 배럴당 65~70달러가 될 것으로 전망한다.

　전 세계 대부분 지역에서 석유 수요가 늘어나고 있지만 정유 업체들은 매출 감소로 석유 정제설비에 대한 투자를 줄이고 있다. 석유를 정제할 수 있는 설비가 점점 부족해지면서 2016년 정제마진은 2015년보다 강세를 보일 가능성이 높다. 정유 업체의 주요 수익원인 윤활기유는 2016년에도 2015년 수준의 수익성을 유지할 것으로 생각된다.

　석유화학 업계와 전망은 썩 좋지 않다. 유가와 함께 제품별 수급 상황이 수익성에 영향을 미칠 것으로 예상된다. 우선 국내 석유화학 업체들이 가장 많이 생산하고 있는 에틸렌 계열 제품은 2014년 이후 공급부족 현상이 지속되면서 2015년에 수익성이 크게 개선됐다. 2016년에도 최소한 현재 수준의 수익성은 유지할 것으로 기대된다. 다만 2015년 2분기에 나타난 사상 최고 수준의 에틸렌 수익성이 2016년에 다시 나타날 가능성은 희박하다.

　에틸렌과 달리 프로필렌은 중국, 미국 등에서 공급량이 늘어나고 있다. 프로필렌은 정유설비에서도 생산되기 때문에 정유 업체 수익성 개선에 따른 가동률 상승으로 2016년에 생산량이 더 늘어날 가능성이 있다. 2015년 하반기 들어 나빠진 프로필렌의 수익성은 2016년에 소폭 개선되는 수준에 그칠 것으로 예상된다.

　합성고무의 전망은 좋지 않다. 2012년 이후 중국의 대규모 설비 증설에 따라 몇 년째 수익성이 계속 악화되는 중이다. 세계 타이어 수요를 고려할 때 현재 상황이 단기간에 해소되기는 어려울 것으로 보인다. 이에 따라 부타디엔(합성고무의 원료)과 합성고무의 수익성 역시 회복되는 데 긴 시간이 필요할 것으로 예상된다. 최근 우리나라의 승용차용 타이어 수출 가격이 합성고무 가격보다 더 빠르게 하락하고 있다는 점도 염두에 둬야 한다.

방향족(BTX)의 대표 석유화학 제품인 벤젠은 유가 하락에 따른 영향으로 최근 스프레드가 크게 나빠졌다. BTX 계열 제품의 특성상 유가나 정제마진이 제품 스프레드에 미치는 영향이 크다. 따라서 2016년 유가가 반등하는 모습이 나타나면, 벤젠의 수익성 역시 개선될 것이다. 벤젠과 달리 스프레드가 손익분기점 수준에서 몇 달째 정체돼 있는 PX(파라자일렌)는 지난 몇 년간 있었던 대규모 증설과 중국 수요 부진으로 한동안 업황 개선을 기대하기는 어려울 것으로 생각된다.

2015년 9월 불거진 폭스바겐의 배출가스 조작 사태 역시 2016년 국내 석유화학 업체들 수익성에 부정적으로 작용할 수 있다. 경유 수요 감소가 휘발유 수요 증가로 이어지는 건 시간문제기 때문이다. 디젤 차량이 휘발유 차량으로 교체될 경우 휘발유 수요는 디젤 수요 감소량의 1.2~1.3배가량 늘어난다.

유럽은 1990년대 이후 디젤 차량 비중이 높아지면서 경유를 순수입하고 휘발유를 순수출하고 있다. 특히 유럽의 나프타는 아시아로 수출돼 아시아 나프타 가격 안정에 큰 도움을 줬다. 이런 상황에서 폭스바겐 사태로 유럽에서 경유 수요가 휘발유 수요로 대체되면, 유럽의 나프타 수출 물량 역시 줄어들 수밖에 없다. 나프타 크래커 가동률 변동과 무관하게 나프타 가격이 오를 수 있다는 얘기다. 이는 결국 석유화학 업체들의 수익성에 부정적 요인으로 작용한다.

국제유가가 크게 하락했지만 신재생에너지 산업에 대한 관심은 꾸준히 커지고 있다. 태양광 발전은 이제 화석 연료와 비교할 수 있을 정도의 가격 경쟁력을 갖췄다. 이에 따라 2016년 세계 태양광 발전 산업은 2015년보다 더 빠른 성장을 보일 것으로 기대된다. 밤에 전력을 생산할 수 없는 태양광 발전의 단점을 보완하기 위한 2차 전지 역시 전기자동차와 함께 빠르게 수요가 늘어나고 있다.

이승규 한국바이오협회 본부장

바이오 　　중국 추격 맞서 바이오 생태계 구축 절실

2015년은 바이오 산업의 새로운 도약기였다. 메르스(중동호흡기증후군)와 내츄럴엔도텍 사태 등 여러 가지 악재에도 불구하고 바이오 산업은 그 어느 때보다 많은 관심과 애정을 받았다.

무엇보다 바이오 기업의 IPO(기업공개)가 눈에 띄게 증가한 한 해였다. 바이오헬스 분야는 벤처캐피털 업계에서 ICT를 제치고 1위를 차지할 만큼 투자가 집중됐다. 활발한 기술이전 사례가 속속 등장해 바이오 기업에는 용기를, 투자자에게는 과감한 투자를 할 수 있게 만드는 강장제 역할을 했다. 정부도 발 벗고 나섰다. 3년 내 개발이 완료되고 세계 시장에서 상용화가 가능한 제품을 보유한 기업을 4곳 선정해, 3년간 총 400억원을 지원하는 첨단바이오 의약품 기술개발 사업을 추진 중이다.

2016년 바이오 산업은 중국의 도약, 바이오시밀러, 기술이전 활성화, 제약·벤처기업의 협력 정도의 키워드로 정리해볼 수 있다.

중국의 도약은 많은 전문가가 점치는 것이다. 중국 바이오 산업은 중국 정부의 전폭적인 지지에 힘입어 괄목할 만한 성장세를 보여주고 있다. 특히 R&D 투자 속도는 한국을 뛰어넘는다. 중국 바이오 업계의 매출 대비 R&D 투자 비중은 2009년 3.9%에서 2014년 6.9%로 5년 만에 3%포인트 상승했다.

현재 임상 중인 바이오시밀러 제품들은 2016년 본격적인 시장 진입을 앞두고 있다. 2016년 상반기에는 삼성바이오에피스의 나스닥 상장, 코오롱생명과학의 티슈진과 바이로메드의 VM-202 등의 미국 임상 3상 진입, 추가적인 신약 기술이전 가능성 등 올해 상반기와 같은 이벤트들이 있을 것으로 기대된다.

무엇보다 자체 파이프라인이 부족한 제약 업체와 바이오 벤처기업 간의 협력이 활발해지면서 바이오 생태계 구축이 주요 이슈로 떠오를 것이다. 기술에 대한 보호와 파트너 간의 동반 성장이 보장돼야 바이오 산업의 지속 발전이 가능하기 때문이다.

IV

2016
매경 아웃룩

지표로 보는
한국 경제

담뱃값 인상 효과 사라지면
소비자물가 1%대 상승률

강중구 LG경제연구원 연구위원

저유가 등 비용 요인과 경기 부진이 겹쳐지면서 2015년 소비자물가는 담뱃값 인상 요인을 제외하면 0% 내외의 매우 낮은 상승률이다. 2014년 4분기부터 유가가 급락했다는 점을 감안할 때 2015년 4분기부터는 전년 동기 대비 효과가 사라지면서 소비자물가는 1%대 상승률로 높아지겠지만, 연간으로는 0.8%를 기록해 낮은 수준에 머물 전망이다.

저물가의 원인을 요인별로 분석해보면 가장 큰 요인은 저유가 등 비용 요인이다. 유가 하락만으로 2015년 소비자물가 상승률이 1.1%포인트 낮아진 것으로 추정된다. 반면 통화가치가 하락하면서 환율 요인은 물가 상승률을 약 0.2%포인트 높인 것으로 나타난다. 표면적으로 비용 요인이 물가 변동의 주요인이다. 물론 수요 측 요인도 물가를 낮게 유지시키는 원인이다. 소비 부진이 이어지는 반면 자영업자 수 증대 등 공급 경쟁이 커지면서 기업들이 가격 인상에 나서기 어려운 상황이다. 수요 압력은 물가 상승률을 약 0.1%포인트 낮추는 것으로 추정된다.

이런 요인들은 2016년에도 같은 방향성을 유지할 것으로 전망된다.

무엇보다 저유가 기조가 이어질 것이다. 낮은 유가에도 불구하고 석유 수요가 크게 늘어나지 않는 데다 공급 여력은 계속 확대될 것으로 예상된다. 2016년 평균 유가는 두바이유 기준 50달러대로 전망된다. 2016년 소비자물가의 상승 요인은 환율일 것이다. 원달러 환율이 2015년 평

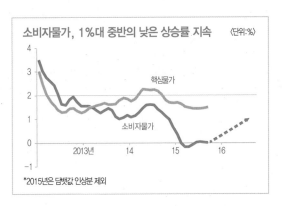

소비자물가, 1%대 중반의 낮은 상승률 지속 〈단위:%〉

핵심물가

소비자물가

2013년   14   15   16

*2015년은 담뱃값 인상분 제외

균보다 높은 수준을 유지하면서 수입물가를 높이는 요인으로 작용할 것이다. 미국의 금리 인상이 예상되는 가운데 다른 선진국의 통화정책과 차별화가 지속되면서 달러는 강세 흐름을 보일 전망이다. 다만 2015년만큼 달러의 추가 강세 폭은 크지 않을 것으로 보인다. 공공요금, 집세 등도 오름세를 보일 전망이다.

그렇지만 경기 부진으로 수요가 위축되는 데 따른 물가 둔화 압력은 2016년에도 이어질 전망이다. 2015년에 이어 2016년에도 우리 경제의 성장률이 3% 내외의 미진한 성장에 머물 가능성이 크다. 기업의 노동 수요가 개선되기 어렵다는 점을 감안할 때 명목임금의 상승 폭은 크지 않을 것으로 판단된다. 서비스업 부문의 인력 유입 집중 등 공급 경쟁도 지속되면서 인상 요인을 가격에 반영하기 쉽지 않은 상황이 계속될 것이다. 상당 기간 저물가가 지속되면서 경제 주체들의 기대인플레이션도 낮아져 있어 수요 측면에서의 인플레이션 유발 요인을 찾기 어려운 상황이다.

2015년 물가에 영향을 미쳤던 주요 비용 요인들이 올해만큼 큰 교란 요인으로 작용하지는 않을 것이다. 2016년에는 담뱃값 인상 효과도 사라질 것이다. 현재 상승률에서 국제유가 등 비용 요인에 따른 하향 효과와 담뱃세 인상에 따른 상향 효과를 제외해보면 실질적인 소비자물가 상승률은 1%대 중반이 될 것으로 판단한다.

2016년에는 단기적인 변동 요인이 줄어들면서 점차 정상적인 흐름에 근접해 갈 것으로 보인다. 다만 물가 오름세가 가파르기보다는 1%대의 상승률에 머무는 안정적인 흐름이 될 것으로 보인다.

소득은 정체 부채는 증가
소비에 볕 들 날 없네~

이용화 현대경제연구원 연구위원

▼ 2015년 민간소비는 저금리 기조 지속과 유가 하락에도 불구하고 가계소득 증가세 미약, 중동호흡기증후군(MERS · 메르스) 등 경제 외적 충격에 따른 소비심리 악화 등으로 회복세가 지연되고 있다.

2016년 민간소비는 기저효과에도 불구하고 실질임금 상승률 둔화, 가계부채 누증으로 인한 원리금 상환 부담, 노후 불안 문제 등으로 미약한 회복세를 보일 것으로 전망된다.

첫째, 가계소득 정체가 2016년에도 지속될 것으로 보인다. 2003~2014년 기간 가계소득(명목 기준)은 연평균 5.3% 증가해 국민총소득 증가율 5.8%보다 낮았다. 이에 따라 국민총소득 대비 가계소득 비중이 2003년 65.1%에서 2014년 61.9%로 큰 폭으로 하락했다. 한편 2015년 2분기 명목 국민총소득도 전기 대비 0.5% 감소해 전반적인 국민소득 수준이 낮아졌다. 다가올 2016년에도 고용 둔화 지속 등으로 가계소득 정체 현상은 지속될 것으로 예상된다.

둘째, 2016년에도 가계부채 누증으로 인한 원리금 상환 부담은 지속될 것으로 보인다. 가계부채(가계신용 기준)는 2014년 1000조원 시대 진입 이후 지속적

으로 증가해 2015년 2분기에
는 가계부채 1130조원(전 분
기 대비 32.2조원 증가)을 기
록했다. 특히 2016년부터 가
계부채 급증 방지를 위한 가계
부채 종합 관리방안이 시행될
예정이지만 이미 누적된 가계

가계 소비성향 〈단위:%, 만원〉

— 평균소비성향(좌) 가처분소득(우) 소비지출(우)

*자료:현대경제연구원

부채는 소비심리 약화 요인으로 작용할 것으로 예상된다.

  셋째, 3대 불안 요소(노후 · 주거 · 일자리 불안) 심화 등으로 소득이 소비지출로
연결되는 힘이 약화되면서 민간소비 증가율은 미약한 회복세를 보일 것이다. 노
후 불안, 주거 불안, 일자리 불안 등의 이유로 가처분소득 대비 소비지출의 비중
을 나타내는 평균소비성향이 2012년 1분기 77.1%에서 2015년 2분기 71.6%
까지 급락(2인 이상 전국 가구 기준)한 바 있다. 특히 급속한 고령화에 따른 노후
문제, 전월세난으로 대표되는 주거 문제, 청년 고용 등으로 대표되는 일자리 문제
는 사실상 단기간에 해결되기 어렵다. 따라서 3대 불안 요소는 2016년뿐 아니라
앞으로도 상당 기간 소비심리를 약화시키는 요인으로 작용할 것으로 보인다.

  종합적으로 볼 때, 2016년 민간소비는 저유가 지속에 따르는 구매력 상승 등의
개선 요인이 있지만 가계소득 둔화세 지속, 주택담보 중심의 가계부채 누증, 노
후 · 주거 불안 확대, 이전 연도의 낮은 증가세에 대한 기저효과 측면이 강해 회복
세는 미약할 것으로 보인다. 2016년 민간소비 증가율은 상반기 2.2%, 하반기
2% 증가하면서 연간 2.1% 증가할 것으로 예상된다.

  앞으로 민간소비가 경제성장의 견실한 버팀목이 되기 위해선 우선 양질의 일자
리 창출로 가계소득 증대 방안을 마련하는 노력이 시급하다. 다음으로 대출총량
규제를 통한 가계부채 관리, 연금 강화를 통한 노후 불안 문제 해결, 임대주택
공급 확대를 통한 주거 불안 개선 등의 노력이 필요할 것으로 판단된다.

2015년 상반기 반짝했던
기업 설비투자 다시 뒷걸음

김창배 한국경제연구원 연구위원

▼ 2015년 상반기 설비투자는 5.4% 증가했다. 전년 하반기 4.2%보다 높다. 연초 국내외 경제 회복에 대한 기대감이 작용했다. 비메모리 반도체, 스마트 자동차, 에너지 등의 분야에서 글로벌 수요 증가에 선대응해야 할 필요성도 있었다. 또한 2015년 확장적인 재정 운용, 기준금리 인하 등 우호적인 정책 여건도 투자심리 개선에 일조했다.

하지만 예상과 달리 하반기로 갈수록 상황은 여의치 않게 흘렀다. 세계 경제성장률은 2014년 수준 미만으로 하향 조정되고 국내 성장률로 이젠 2%대 중반이 대세다. 특히 설비투자와 강한 상관성을 갖는 수출은 상반기 −5.1%에서 3분기 −9.4%로 마이너스 증가율이 오히려 확대됐다. 결국 2015년 설비투자 증가율은 5%대를 유지하겠으나 2014년에 비해서는 둔화될 전망이다.

2016년 설비투자 증가율은 2015년에 이어 둔화될 전망이다.

우선 설비투자 회복의 전제라고 할 수 있는 '경기 전망'에 대한 불확실성이 크다. 국제통화기금(IMF), 경제협력개발기구(OECD)가 2016년 세계 경제성장률을 기존 3.8%에서 3.6%로 낮춘 것도 불확실성을 반영한 결과다. 문제는 미국 기준금리 인상, 중국 경제 불안 등 글로벌 리스크 요인들을 감안하면 세계 경제성장률 하향 조정은 앞으로도 지속될 가능성이 적지 않다는 점이다.

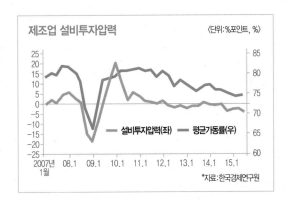

더구나 투자 수요, 투자 여력, 자본조달비용 등 투자 여건이 2015년보다 좋지 않다. 기업의 투자 수요를 보여주는 설비투자압력지수(생산 증가율에서 생산능력 증가율을 차감해 계산하며 이 수치가 높을수록 투자 수요가 큼을 의미)와 평균 가동률이 개선되고 있지 않다. 설비투자는 2014년 하반기 이후 마이너스 폭이 더욱 확대되고 있고 제조업 평균 가동률은 2014년 76.1%, 2015년 1분기 74.4%, 2분기 74.2%로 하락세를 이어간다. 잉여 생산력이 존재한다는 의미로 추가적으로 투자할 유인이 크지 않다는 점을 보여준다. 기업 투자 여력도 여의치 않다. 투자 여력의 지표가 되는 비금융업 상장회사의 성장성과 수익성이 2014년 이후 지속적으로 악화되고 있어서다.

설비투자 증가율 4% 넘기기 힘들어…건설투자는 회복세 기대하나 1.6% 수준

매출 증가율(전년 동기비)은 2014년 하반기 -3.5%, 2015년 상반기 -6.3%로 마이너스 폭이 더욱 커지고 있다. 영업이익 증가율(전년 동기비)은 2014년 하반기 -8.3%에서 2015년 상반기 -1.7%로 개선됐지만 여전히 마이너스다. 우리의 주력 업종인 석유화학, 조선, 철강 등은 중국발 공급과잉에 어려움을 겪으면서 구조조정이 예고된 상태다. 미국 기준금리 인상도 악재로 작용할 것이다. 이미 실적 부진으로 기업신용등급이 줄줄이 하락하고 있는 상황에서 글로벌 금리 상승은 우리 기업의 자본조달비용 부담을 한층 높일 것이기 때문이다. 2016년 설비투자 증가율은 4%를 넘기 어려울 전망이다.

2015년 건설투자 증가율은 1.6%로 예상된다. 2013년 이후 3년 연속 플러스 증가율을 이어가고 2014년(1%)에 비해 0.6%포인트 높은 수치다. 주택 시장 심리가 개선되고 사회간접자본(SOC) 예산이 확대된 것이 긍정적으로 작용했다. 2014년 하반기 이후 총부채상환비율(DTI), 주택담보대출비율(LTV) 등 금융규제 완화, 재건축 완화, 부동산 관련 3법 국회 통과 등 정부는 적극적인 부동산 활성화 정책을 추진했다. 주택 매매 심리가 개선되며 2014년 하반기 이후 전국 아파트 매매 가격 증가율은 플러스로 돌아섰다. 2015년 8월 기준 전년 동월비 4.5%의 상승세를 이어가고 있다. 이의 영향으로 민간주택 건설이 활기를 보였다. 또한 감소 추세를 이어온 SOC 예산이 2015년에는 증가하면서 공공건설도 호조를 보였다.

2016년에는 다음 세 가지 요인이 건설투자 회복세를 다소 제약할 것으로 보인다. 첫째, 정부의 주택 시장 수급안정정책 가능성이다. 사실 주택 시장은 고령화, 저출산 문제, 주택 주 수요층인 35~54세 인구 감소, 주택 소유 인식 약화, 노후 준비가 미흡한 베이비붐 세대의 은퇴 등 구조적인 수요 위축 요인이 그대로인 상황이다. 이는 최근의 주택 건설 증가가 자칫 공급과잉으로 이어질 수 있음을 의미하며 일부에서는 이미 우려의 소리가 나오고 있다. 결국 정부도 주택 시장 수급 안정을 위해 주택 건설 인허가 물량을 축소하게 될 것이고 이에 따라 건설투자 증가가 조정을 받을 가능성이 높다.

둘째, 2016년 SOC 예산(23조3000억원)이 전년 대비 6% 축소되게 편성됐다는 점이다. 이는 전체 건설 발주의 약 30%(2014년 기준)를 차지하는 공공 부문 발주의 감소로 이어지며 시차를 두고 건설

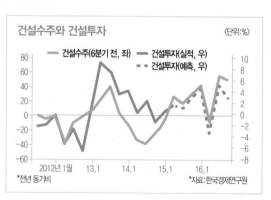

건설수주와 건설투자 〈단위:%〉

건설수주(6분기 전, 좌) 건설투자(실적, 우)
건설투자(예측, 우)

*전년동기비   *자료:한국경제연구원

투자 위축 요인으로 작용하게 될 것이다.

셋째, 2016년 한국도 기준금리 인상이 시작될 것이라는 점이다. 중국 경제 불안, 내수 부진 등 경기 대응 차원에서의 기준금리 인하 필요성이 제기되고 있지만 사실상 어렵다고 보인다. 미국 기준금리 인상이 시작되면 한·미 간 실질금리 역전이 확대돼 국내 기준금리 인상이 불가피하다. 기준금리 인상으로 국내 대출금리가 상승하면 경기와 주택 가격 상승에 대한 불확실성이 해소되지 않는 한 주택 수요는 약화될 수밖에 없다.

하지만 최근의 건설 수주 흐름을 고려할 때, 2016년 건설투자 증가율이 급격히 둔화되지는 않을 것으로 보인다. 건설 수주는 건설투자의 대표적 선행지표다. 시차 상관계수를 분석해본 결과 대체로 약 6분기 정도 시차가 있는 것으로 나타난다. 즉 현재의 건설 수주가 약 6분기 후의 건설투자와 가장 밀접한 상관성을 가진다는 의미로 비교적 장기간에 걸쳐 이뤄지는 건설 공사의 특성과 관련된다. 그런데 2014년 3분기~2015년 2분기 중 건설 수주는 비교적 높은 증가세를 보였다. 이를 감안해볼 때 앞에 언급한 부정적 요인에도 불구하고 2016년 건설투자는 적어도 약 1%대 증가율은 유지할 것이란 추정이 가능하다.

문제는 2015년 하반기 이후 약화되고 있는 건설 수주가 2017년 건설투자의 약화로 이어질 수 있다는 점이다. 건설투자 회복이 단기에 그치지 않도록 하는 정책적 노력이 필요하다.

기준금리 올리기 힘들어도
시장금리 상승압력은 커질듯

허문종 우리금융경영연구소 수석연구원

▼ 2015년 국내 기준금리와 시장금리는 전반적으로 하락세를 지속했다.

2015년 1~2월 월평균 2%대 초반대를 유지했던 국고채 3년물 금리는 3월과 6월 기준금리 인하로 사상 최저치를 경신하는 하락세를 계속했다. 이후 10월 들어 기준금리 추가 인하에 대한 기대가 강화되며 월평균 금리가 1.5%대까지 낮아졌다.

2015년 3월 한국은행이 기준금리를 사상 최초로 1%대(1.75%)로 인하하기 전까지만 하더라도 기준금리 1%대 '초저금리'가 과연 현실화될 수 있을 것인가에 대한 의구심이 일부 존재했다. 하지만 부진한 경제지표와 0%대 소비자물가 상승률 지속으로 디플레이션 논란이 가중되자 여론은 달라졌다. 통화당국이 보다 적극적으로 정책 대응에 나서야 한다는 목소리가 커졌다. 더욱이 6월에는 예상치 못했던 메르스 충격이 내수 전반에 확산되자 한국은행은 기준금리를 1.5%까지 전격 인하했다.

2016년 국내 기준금리와 시장금리 추이는 다소 차이를 보일 것으로 예상한다. 기준금리의 경우 2015년 4분기 한 차례 추가 인하할 수 있다고 내다본다. 이후

2016년 내내 동결하는 반면 시장금리는 제한적이지만 상승할 것으로 전망한다.

기준금리 추가 인하 후 동결 전망의 대표적인 근거로는 부진한 국내외 경기 상황과 낮은 물가 상승률을 들 수 있다. 이 때문에 한국은행은 2015년 4분기 한 차례 더 기준금리 인하를 할 수 있는 여력이 생겼다.

채권 시장 수급 상황도 낮은 금리가 계속 유지될 것이란 전망에 힘을 보탠다. 일부에서는 정부가 경기 부양을 위해 국채를 계속 발행하고, 이는 곧 금리 인상의 요인이 될 것이라는 시각도 있다. 실제 2016년 국채 발행 예상액은 약 110조원으로 역대 최대치다. 하지만 이는 2015년 총 발행 물량(추경 반영) 109조원과 비교해 크게 다르지 않다. 지난 3년간 국채 발행 규모가 매년 10~13%씩 증가했음을 감안하면 오히려 증가율은 1% 내외에 불과할 뿐이다. 즉, 2016년 발행 물량이 시장에 크게 부담을 주지는 않는 수준인 셈이다.

2016년 국고채 예상 순증 규모 역시 46조원대(상환용 약 64조원)로 지난 5년간 국고채 순증 평균인 36조원보다는 많지만 2015년(약 52조원)에 비해서는 12% 축소된 규모다. 특히 거시경제 상황과는 별개로 국민연금이나 보험사 등 장기투자기관들이 기본적으로 국채를 연간 40조원 이상 사갈 것으로 예상되는 만큼 2016년 국채 발행에 따른 금리 인상 부담은 크지 않을 전망이다.

한편에서는 미국이 금리를 인상하면 우리도 따라 기준금리를 올려야 하는 것 아니냐는 주장도 있다. 하지만 이마저도 국내 기준금리 결정에 큰 영향을 미치지는 못할 것으로 내다본다. 금리 인상이 완만하게 진행될 가능성이 높기 때문이다. 과잉 생산, 과잉투자에 따른 중국 경제의 경착륙 우려, 미국 금리 인상에 따른 일부 신흥국의 경제 불안 확산 가능성 때문에

기준금리 · 국고채 3년물 금리 〈단위:%〉

국고채 3년물
기준금리

2.5
2.25
2
1.75
1.5

2014년 1월 4 7 10 15.1 4 7 10

*자료:한국은행, 금융투자협회

미국은 쉽사리 급격한 금리 인상에 나서지 못할 것이다.

또 미국이 금리 인상을 한다 해도 한국은행 통화정책은 글로벌 통화완화 기조에 더 크게 영향을 받을 것으로 보인다. 미국이 '나 홀로 회복'으로 금리 정상화를 고려하고 있는 반면 EU, 일본, 중국 등은 추가적인 통화완화를 통해 적극적으로 경기 방어에 나설 것으로 예상되기 때문이다. 더딘 경기회복 속도를 고려할때 이들 국가의 통화완화 기조는 상당 기간 지속돼 미국 통화정책 변화에 따른 영향을 희석시킬 가능성이 크다.

정리하자면 회복 국면에 들어선 미국 경제와 달리 저성장, 저물가가 지속되고 있는 국내 경제와 여타 국가의 회복이 더딘 점을 고려할 때 한미 간 통화정책, 시장금리의 동조화는 과거보다 느슨해질 가능성이 크다.

오히려 중국 경제의 경착륙, 미국의 금리 인상, 신흥국의 경제 불안 등 경기 하방 위험이 예상보다 확대된다면 한국은행이 2016년에 기준금리를 추가로 인하할 가능성 역시 배제할 수 없다.

미국보다 글로벌 통화완화 기조 영향받을 듯

2016년 시장금리는 기준금리와는 좀 다른 양상을 보일 것으로 전망된다.

2015년 연말까지는 시장금리가 떨어졌다. 글로벌 금융위기 이후 저성장의 늪에서 벗어나지 못하고 있는 우리 경제의 현실을 고려할 때, 구조 개혁과 같은 근본적인 대책과 함께 보다 적극적인 통화·재정정책이 필요하다는 목소리가 커지면서 시중에 돈이 많이 풀릴 것으로 보이자 시장금리가 하락한 것이다.

2016년에는 양상이 다를 것으로 예상된다. 대표적인 시장금리의 바로미터인 국고채 3년물 기준 2016년 연평균 시장금리는 1.68%로 오를 것이다. 미국 금리 인상 등 국제금리 상승 영향을 부분적으로 받기 때문이다. 참고로 2015년 말엔 1.5%대였다.

다만 국내 경제 상황이 전반적으로 저성장, 저물가 기조를 벗어나지 못할 것으

기준금리·국고채 3년물 금리 전망　　〈단위:%〉

─○─ 기준금리　　─○─ 국고채 3년물

2.87　2.82
　　　　2.51
2.5　2.5
　　　　2.17
　　2.25　　1.97
　　　　2　　　1.79　1.74
　　　　　　1.75　　　　　1.58　1.59　1.64　1.7　1.78
　　　　　　　　1.5　1.5
　　　　　　　　　　　1.25　1.25　1.25　1.25　1.25

2014년　2　3　4　15.1　2　3　4　16.1　2　3　4
1분기
*자료:한국은행, 금융투자협회, 우리금융경영연구소

로 보여 금리 상승 폭은 제한적일 것으로 예상된다.

국내 금리에 영향을 미치는 펀더멘털(기초여건) 측면에서 살펴보면, 국내 경제는 내수·수출 회복세가 미약한 가운데, 2년 연속 2% 중반대의 부진한 GDP 성장세가 예상되기 때문이다. 향후 우리 경제는 2%대 저성장이 고착화되는 '뉴노멀(New normal)' 상태가 현실화될 가능성을 배제할 수 없다.

시장금리 상승에 영향을 주는 물가 역시 2015년보다 상승 폭이 확대되겠지만 기저효과를 제외할 경우 상승 압력은 제한적일 것이다. 저유가, 국내외 수요 부진 등이 계속될 것으로 예상되기 때문이다. 2016년 연간 소비자물가 상승률은 1.4%에 그칠 전망이다.

국고채 3년물 금리는 2016년 연초에는 2015년 수준(1.77%) 대비 낮을 것이나, 기말 수준은 1.78%로 2015년 수준(1.58%)보다 오를 것으로 예측한다.

원화 약세기조 우세 예상
'들쭉날쭉' 변동성은 확대

이종우 IBK투자증권 리서치센터장

◥ 2015년 원달러 외환 시장은 한마디로 원화 약세로 요약된다.

2015년 9월 말 기준 원달러 환율 최저점은 1069.5원이었다. 이를 기준점으로 삼을 경우 9월 말까지 원화가치는 달러 대비 12% 낮아졌다. 원화가치는 엔화, 유로화에 대해서도 각각 10%, 12%가량 낮아졌다. 원화가 세계 주요 통화 모두에 대해 약세였다는 의미가 된다. 이는 2014년 4분기 때와는 다른 모습이다. 당시에도 1014.3원이었던 원화 환율은 석 달 만에 1118.3원까지 오르며 원화가치가 10.3% 하락했다. 같은 기간 유로화에 대해서는 2.6% 낮아졌지만, 엔화에 대해서는 반대로 6.2% 올랐다.

원화 약세는 2016년에도 계속될 전망이다.

우선 미국 금리 인상의 영향을 무시할 수 없다. 오랜 시간 노출된 재료지만 여전히 상당한 역할을 하고 있다. 여러 통화 중에서 달러가 가장 강한 걸 보면 알 수 있다.

일단 미국과 다른 선진국 사이에 경제 격차가 여전하다. 금융위기 이후 미국은 과거 수준 성장을 회복하는 데 성공했다. 금리 인하에서 양적완화로 이어지는 과정을 성공적으로 수행했기 때문이다. 이에 비해 유럽은 재정위기가 한창이던 2013

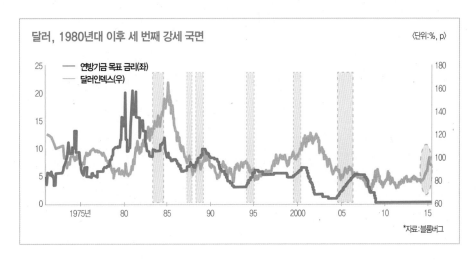

달러, 1980년대 이후 세 번째 강세 국면 〈단위:%, p〉

— 연방기금 목표 금리(좌)
— 달러인덱스(우)

*자료:블룸버그

년에 완화정책을 거둬들였다. 일본도 2년 전 아베노믹스를 통해 겨우 유동성 공급을 시작해 경기회복이 늦게 시작됐다. 이에 따라 소비 여건이 달라졌다는 평가다.

　미국은 금융위기 직후 10.2%까지 올라갔던 실업률이 5.1%로 낮아져 소비가 안정될 수 있는 최소한의 여건을 만든 반면, 유럽은 여전히 10% 초반의 실업률을 기록하고 있다. 미국과 일본, 유럽 간 경제구조가 다른 모습을 보이고 있는 만큼 경제 격차가 빠르게 해소되기는 힘들다. 이런 상태에서 미국이 금리를 인상할 경우 인상 규모와 시기에 관계없이 일정 기간 달러의 강세가 계속될 수밖에 없다.

　미국 금리 인상은 신흥국 통화에 악영향을 줄 수밖에 없다. 이미 금리 인상에 대한 우려로 주요 신흥국 통화가 과거 외환위기 수준으로 떨어졌다. 사상 가장 낮은 환율을 기록하고 있는 곳도 상당수 있을 정도다. 중앙은행이 외환보유고를 풀어 환율 약세를 막고 있지만 만족할 만한 결과를 얻지 못했다. 1997년 IMF(국제통화기금) 외환위기 때보다 변동환율제를 채택한 국가가 늘어 환율 변동을 흡수할 수 있는 여지가 생겼고 외환보유고도 확충돼 위기에 대한 내성이 생겼지만 아직 상황이 진정되지 않고 있다.

　2015년 중반까지 원화가 강세였던 영향도 무시할 수 없다. 원화는 2012년 중반부터 3년간 달러 대비 약세가 되지 않은 통화 중 하나다. 2012년 2월 엔화가 76.1

엔으로 사상 최저를 기록했을 당시 원달러 환율은 1126원이었다. 엔화가치가 달러 대비 60% 낮아진 2015년 6월에도 원달러 환율은 1140원대에 머물고 있었다. 다른 통화에 비해 원화가 오랜 시간 강세를 계속했기 때문에 우리 기업의 가격 경쟁력이 떨어졌다. 환율이 갖고 있는 자율적인 조정 기능에서 본다면 원화 강세로 인한 악영향이 나타난 것으로 볼 수 있다.

정부의 환율정책도 바뀌었다.

그동안 우리 정부는 환율을 별로 신경 쓰지 않았다. 내면으로는 어떤지 모르지만 표면적으로는 그랬다. 경상수지 흑자 규모가 GDP의 8%를 넘는 상황에서 섣불리 원화를 건드렸다 환율 조작국으로 지정될 수 있기 때문이다. 원화 절하에 대한 기업의 요구도 많지 않았다. 중국 특수로 기업들이 상당한 자금을 비축한 데다, 금융위기 직후 원엔 환율이 750원에서 1500원까지 올라 원화 강세를 흡수할 수 있는 여력도 갖고 있었다.

이제 사정이 달라졌다. 경제 사정이 정부가 환율이란 변수를 무대응으로 일관해도 될 만큼 한가하지 않다. 지금 우리 정부는 금리를 추가로 내리고 통화를 무제한으로 풀 수 있는 여력이 없는 상태다. 재정적자가 커 재정정책을 강화할 형편도 아니다. 이런 상황을 감안하면 정부가 환율을 통해 정책 효과를 얻고자 하는 게 당연하다.

경상수지 흑자가 원화 강세에 미치는 영향 감소

그동안 원화 강세 요인이 약해질 수 있는 점도 주의해야 한다. 경상수지가 대표적이다. 우리나라 경상수지 동향을 보면 월간 20억달러 정도였던 흑자 규모가 2012년 중반을 지나면서 지속적으로 늘어나 2015년 3월에 80억달러대로 올라섰다. 5월에는 더욱 커져 100억달러에 육박했다. 원화 환율은 이런 흑자 규모에 맞춰 변해왔는데, 2012년 중반 1170원대였던 원달러 환율이 계속 내려와 2014년 5월에 1010원대로 떨어졌다. 원화가치가 상승하던 기간에 다른 통화들의 가치는 달러 대비 낮아졌음을 감안하면 원화가 얼마나 강한 통화였는지 짐작할 수 있다.

　때문에 앞으로는 경상수지 흑자가 늘어나더라도 반대로 그 사실이 원화 약세 요인이 될 수도 있다. 강세가 심했던 데 따른 역작용에다 무역수지 흑자 폭이 더 이상 늘어나지 않을 거란 전망이 더해지면서 최근에는 원화가 약세로 전환하는 추세다. 무역 흑자가 수입 감소에 의한 불황형 흑자인 것도 원화 약세에 영향을 미친다. 2000년 이후 데이터를 보면 불황형 흑자일 때는 원화가 약세를 기록하는 게 일반적이었다. 무역수지 흑자의 질적인 측면이 환율에 반영되기 때문이다. 2014년 4분기 이후 우리나라 무역수지는 수출 증가보다 수입 감소에 기인하는 불황형 흑자의 형태를 보여주고 있다.

　불황형 흑자는 과거 일본의 경우에서 봤듯 경제 기초체력에 비해 환율을 지나치게 고평가되게 만듦으로써 수출 경쟁력 약화와 실물경기 침체의 원인이 될 수 있다. 현재 나타나고 있는 수입 감소 주도의 무역수지 개선이 일본처럼 장기화될지, 아니면 지난 2009년처럼 일시적 개선에 그칠지 단언하기 힘들지만 원화 방향이 바뀌기 위해서는 무역수지의 질적인 개선 조짐이 전제돼야 한다는 점은 부인할 수 없다.

　결국 관건은 원화 약세가 된다면 어느 정도로 진행될지다.

　원화 약세가 달러 강세 때문이라면 미국의 금리 인상 효과라는 틀 안에서 생각하면 된다. 지난 3년 동안 달러가 일방적으로 강세를 보였기 때문에 금리를 실제 올리더라도 환율에 미치는 영향은 크지 않을 것이다. 그러나 원화 약세가 원화만의 문제라면 전망이 달라진다. 원화가 오랜 시간 강세를 계속했기 때문에 이 흐름이 꺾이면 1200원을 넘는 게 어렵지 않다. 이후 흐름도 원화가 다시 강세가 되기 쉽다. 1200원 위에서 추가 약세를 모색할 가능성이 높다.

　환율만큼 추세가 중요한 변수가 없다. 한번 방향을 잡으면 몇 년 동안 같은 방향으로 움직이는 속성을 가진다. 2014년부터 원화 약세가 시작됐다. 그리고 2016년은 3년째 되는 해다. 시간이 흐를수록 원화가 약해질 요인이 많아지고 있다. 현재 원화 수준은 이런 약세 요인을 충분히 반영한 것 같지 않다. 당분간 원화 약세가 계속될 가능성이 높다.

中 성장둔화로 흑자 축소
유가·美 금리인상도 변수

김성훈 한국경제연구원 부연구위원

한국은 2015년 1~8월 사이 이미 700억달러의 흑자를 기록했다. 이런 추세라면 한국은행 2015년 전망치인 960억달러를 넘어서 1000억달러 흑자 달성도 가능하다. 2014년 기록했던 892억달러를 훌쩍 뛰어넘는 사상 최대 흑자 폭이다.

경상수지의 향배를 결정하는 핵심 구성요소는 상품수지다. 2015년 1~8월 사이 상품수지의 흑자 규모는 791억달러에 달한다. 특히 흑자와 적자 구도가 지역별로 매우 뚜렷하다는 점이 특징이다. 2015년 한국은 미국(172억달러), 중국(308억달러), 동남아(363억달러), 중남미(107억달러) 등에서 큰 폭의 흑자를 기록했다. 반면 일본과 중동에 대해선 각각 138억달러와 286억달러의 적자를 보이고 있다.

이처럼 선명한 지역 간 대비는 2015년 한 해에만 나타나는 일시적 현상이 아니다. 한국이 경상수지 흑자 행진을 시작한 1998년 이후, 거의 예외 없이 나타난 패턴으로 우리나라의 산업구조와 원유 의존도를 반영한 결과다. 오직 유럽연합(EU)을 대상으로 한 경상수지만 2013년을 전후해 소규모 흑자에서 적자로 전환했다.

때문에 지역별로 자세히 들여다보면 2016년 한국의 경상수지 향배를 가늠하는 데 도움이 될 수 있는 몇 가지 단서를 찾을 수 있다.

먼저 1998년 28억달러에 불과했던 중국 대상 경상수지 흑자 규모는 2005년 127억달러, 2014년 561억달러로 빠르게 늘었다. 2015년 1~8월 사이만 놓고 봐도 전체 상품수지 흑자의 39%가 중국으로부터 얻은 것이다. 2016년 중국 경제의 성장 속도가 한국 경상수지 규모를 가늠하는 중요한 잣대가 되는 이유는 여기에 있다.

국제통화기금(IMF)은 중국 경제성장률이 2015년 6.8%로 처음 7%대가 무너지고, 2016년에는 6.3%로 그 성장 속도가 더욱 더뎌질 것으로 전망했다. 여기에 중국 정부가 내수 중심의 '뉴노멀(New Normal)' 성장 전략을 채용하게 되면 중국 대상 우리나라 경상수지는 2015년을 정점으로 2016년부터 감소 추세로 돌아설 것으로 예상된다.

2001년부터 동남아에 대한 우리나라 경상수지 흑자 규모는 연평균 21% 속도로 지속적으로 성장해왔다. 같은 시기 동남아 대상 상품 수출은 연평균 14%, 상품 수입은 연평균 11%를 기록했다. 수출 증가율이 수입 증가율을 지속적으로 웃돈 것이다. 예외적인 해가 있다면 세계 금융위기 기간이었던 2008년과 2010년, 두 해에 불과했다. 이는 2016년 한국의 경상수지를 전망하는 데 중요한 의미를 담고 있다.

최근 낮게 유지되고 있는 국제 원자재 가격, 미국 금리 인상, 중국 경제 불안 등은 동남아 국가들을 포함한 주요 신흥국들의 경제위기 가능성을 높이고 있다. 이를 고려하면 한국의 동남아 상품 수출은 예상보다 큰 폭으로 줄 수 있다. 따라서 2016년 동남아 대상 한국의 경상수지는 IMF의 2016년 아세안 5개국 경제성장률 전망치인 4.9%를 반영하더라도 2013년과 2014년에 비해선 줄어들 것으로 예상된다.

중동에 대한 한국의 경상수지 적자 폭은 대체로 우리 경제의 성장과 원유 가격 흐름을 반영한다. 2000년 이후 지속적인 오름세를 보이던 원유 가격은 2005년 중반 배럴당 60달러, 2007년 중반 80달러를 넘어섰다. 이후 2008년 세계 금융위기 발발 이후로 급격한 변동을 겪으며 2011년에는 100달러 선에 진입한다. 이에 따라 중동에 대한 한국의 경상수지 적자 규모도 2011년 794억달러, 2012년 811억달러, 2013년 902억달러로 늘어났다가 2014년 하반기 이후 유가가 급락하면서 그 폭도 790억달러 규모로 줄었다.

지역별로 흑자와 적자 구도 매우 뚜렷

2014년 경상수지 흑자 규모가 2013년을 넘어선 것은 이 같은 유가 하락과 관련이 깊다. 이처럼 2015년에 이어 2016년의 한국 경상수지 규모를 가늠하는 또 다른 중요한 요소는 국제 원유 가격의 흐름이다.

미국에너지정보청(US EIA)은 2016년 미국 서부텍사스원유(WTI) 가격을 배럴당 50~60달러 사이로 전망하면서 현재 저유가 흐름이 지속되거나 미세하게 오를 것으로 예상했다. 이와 더불어 IMF의 2016년 한국 경제성장률 전망치(3.2%)를 고려하면 중동에 대한 2016년 우리나라 경상수지는 2015년과 비슷한 수준을 보일 것으로 예상된다.

일본과의 경상수지는 다른 지역과 달리 상대적으로 변화가 적다. 특히 2003년 이후 연평균 230억달러 수준 적자를 기록하면서 상당히 안정적인 모습을 보였다. 일본 대상 경상수지 흐름을 가늠할 때 추가적으로 고려해야 할 점은 엔달러의 향배다. 최근 일본 경제는 한 분기 좋고 한 분기 나빠지는 등의 반복이 지속되는 특징이 있다. 일본중앙은행(BOJ)의 발언 등을 고려해봐도 2016년 엔저 기조는 지속될 가능성이 높다. 때문에 일본과의 경상수지 적자 규모는 2016년에도 큰 변화가 없을 것으로 예상된다.

EU의 경우, 사정이 다소 복잡하다. 2012년까지 한국은 이들 국가와의 교역에서 대체로 소폭의 흑자를 이뤘다. 이런 흐름은 2013년에 소폭 적자로 바뀌었

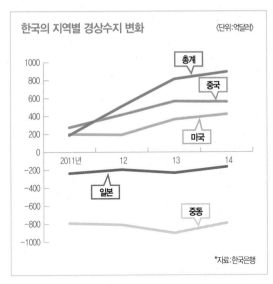

한국의 지역별 경상수지 변화 〈단위:억달러〉

*자료:한국은행

다. 적자 규모를 보면 2013년 48억달러, 2014년 131억달러로 커졌다. EU에 대한 이 같은 흐름의 변화는 2005년을 전후해 폭발적으로 늘어난 유럽 관광 수요 등에 따른 것이다. 유럽연합 서비스수지 적자 규모는 2013년 100억달러에서 2014년 103억달러로 소폭 늘었다. 여기에 더해 유럽중앙은행(ECB)의 양적완화 기조가 더해지면서 2016년 유럽 대상 한국의 경상수지 적자 규모 역시 소폭 증가가 예상된다.

한국은 전체 무역에서 미국과 교역 비중이 상대적으로 줄고 있다. 하지만 수출보다는 수입 비중이 더 빠른 속도로 줄면서 우리의 경상수지 흑자 규모를 키우는데 일조했다. 이 추세는 당분간 지속될 것으로 전망된다. 미국의 경기회복과 금리 인상에 따른 강달러 기조가 2016년 계속된다면 미국 대상 한국의 경상수지 흑자 규모도 조금 더 늘어날 것이다.

2016년 경상수지는 중국과 동남아 대상 흑자 규모는 줄어들 가능성이 큰 반면 미국 대상 흑자 규모는 역시 소폭 늘어날 것으로 예상된다. 반면 중동과 일본 대상 적자는 비슷한 수준에서 형성될 것으로 보이며 유럽 대상 적자는 소폭 늘어날 것이란 전망이 우세하다. 결국 이를 종합해보면 2016년 경상수지는 2015년보단 흑자 규모가 다소 줄어들 전망이다.

물론 이런 결론은 앞서 기술한 여러 가정을 전제한 것이다. 이 중 2016년 경상수지 규모를 결정할 수 있는 가장 중요한 가늠자는 중국과 동남아를 포함 신흥국 경제의 구조적 변화와 성장률이 될 것으로 보인다.

정년 연장·수출 위축에 청년 일자리 창출 비상

변양규 한국경제연구원 거시연구실장

▼ '노동 시장의 양적·질적 악화.'

2015년 우리나라 노동 시장을 한마디로 정리하면 이렇다. 2014년 노동 시장을 지탱했던 임시직 일자리 숫자는 2015년 들어 큰 폭으로 감소했다. 그렇다고 좋은 일자리가 많이 늘어난 것도 아니다. 대학을 졸업한 소위 고학력자 청년 취업자 숫자는 오히려 감소했다. 결과적으로 2015년 노동 시장은 상당히 암울했다.

지난 10년간 우리나라 15세 이상 인구(노동가능인구)는 매년 48만명씩 증가했다. 이에 따른 일자리도 연평균 30만4000개씩 늘었다. 하지만 2014년은 지극히 이례적이었다. 노동가능인구는 평균보다 6만명 이상 적은 41만7000명 증가했지만 일자리는 53만3000개나 늘었다. 이런 비정상적 상황은 2015년 들면서 조금씩 사라졌다.

2015년 1월부터 8월까지 노동가능인구는 50만8000명 증가했지만 일자리는 32만1000개 증가했다. 거의 평균치에 근접한 수치다. 2015년 일자리 증가량이 대폭 감소한 것은 2014년 상반기 무려 59만7000개의 일자리가 생긴 것에 따른 기저효과 덕분이다. 하지만 근본적으로 경기 침체 장기화, 인구 고령화에 따른 민간소비 위축도 일자리 증가 부진의 요인으로 판단된다.

2015년 고용 시장은 몇 가지 특징이 있다.

우선 고령층과 20~24세 청년층이 취업자 증가를 주도했다는 점이다. 50대 취업자는 2015년 1~8월 사이 평균 15만6000명 증가했다. 60세 이상도 같은 기간 17만2000명 증가해 전체 취업자 증가를 주도했다. 이는 10대와 30~40대 생산가능인구가 모두 감소한 것에 비해 50대 이상 생산가능인구가 급증했기 때문이다. 고령층의 노동 시장 여건이 개선돼 일자리가 증가한 것이 아니라 고령층 인구 자체가 늘어난 데 따른 인구구조 변화로 취업자가 증가한 것이다.

2015년 청년 노동 시장은 회복세를 유지하고 있으나 여전히 불안정한 상태다. 청년층(15~29세) 생산가능인구는 2014년 1~8월 평균 1만9000명 감소했음에도 불구하고 같은 기간 취업자는 5만3000명 증가해 1~8월 평균 고용률은 41.4%를 기록했다. 하지만 2014년 대비 2015년 인구 감소 폭은 줄었지만 취업자 증가 폭은 8만8000명에서 5만3000명으로 오히려 감소했다. 고령층과 마찬가지로 청년층 취업자 증가세도 둔화되고 있는 것이다.

고학력자를 위한 일자리가 여전히 부족하다는 점도 아쉬운 대목이다. 20대 청년층 취업 현황은 연령대별로 엇갈렸다. 20~24세 청년층의 경우 인구가 5만

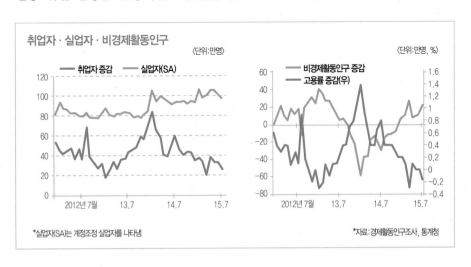

취업자 · 실업자 · 비경제활동인구
〈단위:만명〉

취업자 증감 실업자(SA)

*실업자(SA)는 계정조정 실업자를 나타냄

〈단위:만명, %〉

비경제활동인구 증감
고용률 증감(우)

*자료:경제활동인구조사, 통계청

1000명 증가한 반면 취업자는 6만5000명 늘어 취업자 증가에 기여했다. 반면 25~29세 청년층 인구는 4000명 증가했지만 취업자는 1만1000명 감소했다. 이들은 주로 대학을 졸업한 그룹으로 청년층 취업난이 고학력층을 중심으로 심화되고 있다는 사실을 알 수 있다.

2014년 급속히 늘었던 임시직 근로자가 대폭 감소한 것도 주목해야 한다. 2015년 1~8월 임시직 근로자는 2만8000명 증가했는데 2014년(13만2000명)과 비교하면 크게 줄어든 수치다.

고학력자 청년 취업자 점점 줄어

2016년 고용 시장은 저성장 장기화로 내수 침체가 지속되면서 단기간 회복되긴 어려울 전망이다. 우선 내수 침체는 서비스업 취업자 증가에 부정적인 영향을 끼칠 것으로 예상된다. 우리나라 가계의 경상소득은 2006~2013년 사이 31.6% 증가했다. 반면 소비지출은 이보다 크게 낮은 22% 증가에 그친다. 같은 기간 경상조세(44%), 사회보장(76.5%), 이자비용(55.1%) 등 비소비지출은 36.9% 증가했고, 부채 감소를 위한 지출(79.3%) 등 기타 지출도 47.2% 늘었다. 가계가 소득이 증가한 만큼 소비를 늘리지 않는 것이다. 노령화에 대비해 다양한 형태로 미래를 대비하고 가계부채 부담을 줄이기 위한 노력이 늘고 있기 때문인 것으로 분석된다. 이 추세는 구조적인 현상으로 단기간에 바뀔 가능성은 거의 없다. 때문에 2016년에도 내수 위축에 따른 일자리 창출 부진이 지속될 것으로 보인다.

2016년 노동 시장의 또 다른 핵심 키워드는 '정년 60세 의무화'다. 한국경제연구원의 분석에 따르면 2016년 정년 연장으로 인해 노동 시장에 잔류하게 될 정규직 임금근로자는 약 20만명이다. 이 숫자는 해가 갈수록 늘어 2021년에는 약 92만명의 추가적인 근로자가 노동 시장에 남을 것으로 예상된다. 청년 고용에 부정적인 영향을 끼칠 수밖에 없는 요소다. 노동 시장으로 신규 진입할 청년층은

전년 동기 대비 연령별 취업자 · 생산가능인구 증감									단위:1000명
구분	취업자 증감						생산가능인구 증감		
	2012년	2013년	2014년	2013년 1~8월	2014년 1~8월	2015년 1~8월	2013년 1~8월	2014년 1~8월	2015년 1~8월
전체	437	385	533	318	585	321	536	407	508
15~19세	4	-7	20	-12	26	-1	-28	-72	-74
20대	-40	-43	56	-86	62	54	60	33	55
20~24세	89	29	81	16	87	65	152	89	51
25~29세	-129	-72	-25	-101	-25	-11	-92	-56	4
30대	-30	-21	-21	-12	-17	-35	-63	-114	-87
40대	11	22	38	12	52	-25	32	-21	-17
50대	270	253	239	240	261	156	265	212	191
60세 이상	222	181	200	174	201	172	269	369	439

자료:경제활동인구조사, 통계청

2019년이 돼야 감소할 전망이다. 신규 진입할 청년층과 노동 시장에 남을 고령층 규모를 비교하면 적어도 2022년까진 일자리를 찾는 사람이 더 많이 증가할 것으로 보인다. 때문에 최소한 2022년까진 청년층 고용 시장이 현재보다 크게 개선될 가능성은 없어 보인다.

경기회복에 대한 노동 시장의 반응은 상당히 뒤늦게 나타난다. 2015년 들어 수출은 계속 감소하고 있으며 세계 경제는 여전히 회복세를 보이지 않고 있다. 여기에 정년 연장으로 인한 고령자 취업자 증가로 인해 청년층 일자리 창출은 더욱 크게 위축될 것으로 전망된다.

2015년 고용 시장은 장기 침체에 따른 내수 위축, 수출 부진 등 여러 요인으로 취업자 증가세가 크게 위축됐다. 게다가 미국 금리 인상이 가시화되면서 2016년 들어 민간소비는 더욱 위축될 것으로 보인다. 때문에 2016년 우리나라 취업자 증가는 24만~26만명 수준에 그칠 전망이다. 실업률은 비경제활동인구 증가로 지금과 비슷한 3.8% 수준을 유지할 것으로 예상된다. 결국 2016년 노동 시장은 수출과 민간소비 침체에 따른 '취업자 증가세 위축'과 정년 연장에 의한 '청년층 일자리 창출 부진'이 핵심 키워드가 될 전망이다.

9·15 노사정 대타협 그 후…
시장 패러다임 둘러싼 각축전

장홍근 한국노동연구원 노사관계연구본부장

▼ 2015년 9월 15일 마침내 '노동 시장 구조 개선을 위한 노사정 합의—사회적 대타협(이하 9·15 대타협)'이 이뤄졌다. 1년여에 걸친 대화와 진통 끝에, 앞으로 다가올지 모를 경제사회 위기를 내다보며 노사정이 공동의 노력을 기울이기로 결단한 것이다.

노사정은 노와 사, 현세대와 미래세대의 상생과 협력의 정신에 입각해 노동 시장 개혁의 방향과 주요 내용에 대해 합의를 도출했다. 9·15 대타협은 '청년 고용 활성화' '노동 시장 이중구조 개선과 노동 시장 활성화' '사회안전망 확충' '노동 시장 3대 현안(통상임금, 근로시간, 임금피크제)의 해결을 통한 불확실성 제거' 등 방대한 내용에 걸쳐 있다. 타결 과정이나 사안의 중요성, 범위 면에서 1998년 '경제위기 극복을 위한 2·6 사회협약' 이후 17년 만의 대타협으로 평가받기에 손색이 없다.

하지만 9·15 대타협은 노동 시장 구조 개혁을 위한 첫발을 뗀 것에 지나지 않는다. 앞으로 이어질 후속 논의와 실천이 어떻게 전개될지 예측하기 어렵다. 일반해고제 도입과 취업규칙 변경 등 일부 핵심 쟁점들은 중장기 과제로 돌려졌고 추후 계속 논의키로 한 상황이다. 이 문제들이 합의의 정신을 잘 살려 순조롭게 이뤄질 가능성도 물론 있다. 하지만 그보다 핵심 쟁점들을 둘러싸고 치열한 힘겨루기가 이어질 가능성이 더 커 보이는 게 사실이다.

이 같은 전망은 9·15 대타협에 대한 각계의 평가에서 이미 예견된다. 일부 전문가나 여론, 정부는 대타협 성사와 전반적인 내용에 주목하며 9·15 대타협에 대해 긍정적으로 평가하지만, 노사 일각에선 핵심적 이해가 걸린 사안의 처리방식과 내용에 대해 비판과 불만을 강하게 드러내고 있다.

노동계 싸늘한 시선, 일각에선 실질적 성과 없다 비판

노동계를 대표해 대타협에 합의한 노총은 일반해고제와 취업규칙 변경 관련 내용이 합의문에 포함됐다는 점에서 일정 부분 실패를 자인한다. 동시에 정부의 일방적인 행정지침 시행 시도를 막았다는 점, 그리고 사회안전망의 확충과 비정규직 고용 개선 등의 면에서 의미 있는 결과를 냈다는 점에 대해선 차선의 성과를 거둔 것으로 자평한다. 그러나 민주노총을 비롯한 현장 노동자들 시선은 싸늘하다. 합의의 결과는 결국 일반해고제의 도입이라든가 취업규칙 불이익 변경 요건

9·15 노사정 합의문 중 후속 논의 과제와 합의 내용

쟁점	합의 내용
근로계약 해지 기준·절차 명확화 (소위 '일반해고제')	노사정은 인력 운영 과정에서의 근로 관행 개선을 위하여 노사 및 관련 전문가의 참여하에 근로계약 전반에 관한 제도 개선 방안을 마련한다. 제도 개선 시까지의 분쟁 예방과 오남용 방지를 위하여 노사정은 공정한 평가체계를 구축하고, 근로계약 체결 및 해지의 기준과 절차를 법과 판례에 따라 명확히 한다. 이 과정에서 정부는 일방적으로 시행하지 않으며 노사와 충분한 협의를 거친다.
취업규칙 변경 기준·절차 명확화	노사정은 임금피크제 도입을 비롯한 임금체계 개편과 관련하여 단체협약 및 취업규칙 개정을 위한 요건과 절차를 명확히 하고 이를 준수한다. 이 과정에서 정부는 일방적으로 시행하지 않으며, 노사와 충분한 협의를 거친다.
기간제·파견근로자 규제 합리화	노사정은 관련 당사자를 참여시켜 공동실태조사, 전문가 의견 수렴 등을 집중적으로 진행하여 대안을 마련하고, 합의 사항은 정기국회 법안 의결 시 반영토록 한다.
최저임금제도 개선	과학적이고 합리적인 최저임금 결정을 위하여 저임금 근로자 실태조사를 토대로 통계 기준, 산입임금범위, 15시간 미만 근로자 문제, 지역별·업종별 결정 등 제반 쟁점 사항에 대한 종합적인 개선방안을 2016년 5월 말까지 노사정위원회에서 논의하여 마련한다.

과 절차의 완화를 위한 물꼬를 터준 것이며 이는 장차 노동자들에게 큰 재앙이 되리라는 것이 비판의 골자다.

경영계는 일반해고제나 취업규칙 변경 등 핵심 쟁점들이 명쾌하게 정리되지 못한 불완전한 타협이라는 점을 지적하면서도 노동 시장 구조 개혁을 위한 대타협이 성공했다는 점을 높이 평가한다. 또 합의 내용의 조속한 이행을 촉구하는 입장이다. 그러나 보수 진영 일각에서는 사회적 대화와 타협이라는 방식 자체를 못마땅해한다. 합의 내용에 있어서도 실질적 성과가 거의 없다고 비판하는 동시에 정부 주도로 노동 개혁을 밀어붙여야 한다고 주장한다.

정부 여당은 대타협 이후 발 빠른 행보를 보였다. 당정협의와 여당 의원총회를 거쳐 5대 노동 개혁 관련 법률의 개정안을 마련해 국회에 발의했다. 5대 노동 개혁 법안 중 기간제 근로자 사용기간 연장과 파견 허용 확대 등 일부 내용들은 추후 실태조사나 노사 협의를 거치도록 합의한 것이어서, 노동계로부터 합의 위반이라는 비판과 함께 강한 반발을 사고 있다. 9 · 15 대타협에도 불구하고 여전히 쟁점으로 남아 있는 후속 논의 과제들(표1 참고)이 수두룩하다는 얘기다.

노사 합의 이행에 필요한 신뢰 부족이 가장 큰 걸림돌

우여곡절 끝에 9 · 15 대타협이 이뤄졌지만 앞으로의 노사관계를 낙관하긴 어렵다. 정부와 경영계는 사회안전망과 이중구조 개선에 대한 일정한 양보를 담보로 공공 부문과 대기업의 노동 시장 유연성 제고를 조속히 관철하려고 한다. 반면 노동계는 사회안전망과 노동기본권의 확충에 중점을 둔다. 일반해고제 도입이나 취업규칙 불이익 변경 요건 완화가 초래할 위험한 결과를 들어 정부의 제도화 시도를 저지하거나 최대한 지연시키려고 할 것이다. 9 · 15 대타협에도 불구하고 합의 내용 해석과 이행을 둘러싼 제2 라운드의 각축이 전개될 가능성이 높다고 보는 까닭이다.

기본적으로 합의문 내의 핵심 쟁점들에 대한 노사정의 시각차가 크고 그 외에도 여러 장애물이 가로놓여 있다. 노사정 서로 간의 합의 이행에 필요한 신뢰가 부족하다는 점이 가장 큰 걸림돌이다. 최대한 빨리 성과를 내려고 하는 정부나 경영계의 의욕이 일을 그르칠 수도 있다. 지난 1996년 말의 노사관계 개혁 시도는 무리한 일방주의가 파국적 결과로 이어

내용상 이견이 해소된 주요 합의 사항들

· 청년 고용 확대를 위한 공동의 노력과 사회적 지원
· 원·하청, 대·중소기업 동반성장을 위한 성과 공유 활성화
· 하청 기업에 대한 적정 납품단가 보장
· 공공 조달에 있어 종합심사낙찰제 적용 확대
· 상시 지속적 업무에의 정규직 고용 노력
· 차별시정제도의 실효성 제고
· 경영상 고용조정 시 고용 안정 노력
· 사회보험 사각지대 해소, 취약근로자 보호와 소득 향상, 최저임금제도 개선
· 일·가정 양립 지원 강화, 고용복지 서비스 강화, 직업 능력 개발 활성화
· 3대 현안 해결을 통한 노동 시장 불확실성 제거 등

질 수 있음을 생생하게 보여준 바 있다.

그럼에도 불구하고 노사정이 진정성을 갖고 장기적 관점에서 한국 노동 시장과 노사관계의 올바른 변화 발전을 지향한다면 대타협은 기대 이상의 성과로 이어질 수 있다. 또 그렇게 되는 것이 바람직하다. 그러기 위해서는 노사정 모두 노동 개혁의 성격을 제대로 이해해야 한다. 단기성과주의 유혹에서 벗어나 합의 이행 순서와 완급을 잘 조절하는 것이 무엇보다 중요하다. 일반해고제나 취업규칙 요건 변경처럼 첨예하게 이견이 맞서는 쟁점들은 시간이 필요한 부분이다. 관련 사실에 대한 치밀한 조사와 연구, 이해당사자들의 의견 수렴을 거쳐 노사정 간의 심도 있는 협의를 통해 접점을 찾는 것이 순리다.

이견이 없는 사안들은 이른 시일 안에 실행에 옮겨 대타협의 성과를 가시화할 필요가 있다. 청년 고용 확대를 위한 공동 노력이나 사회보험 확충 등을 들 수 있다. 내용상 이견이 해소돼 합의에 이른 사안(표2 참고)들을 눈여겨볼 필요가 있다. 핵심 쟁점에 가려 제대로 조명되진 못했지만 이들은 중요한 의미를 갖는다. 하나하나 착실하게 합의를 이행해 간다면 신뢰를 회복하고 전향적인 대화와 타협을 이끌 수 있는 매개고리로 삼을 수 있을 것이다. 날로 격화되는 글로벌 경쟁과 저출산·고령화·저성장 시대에 부합하는 새로운 노동 시장과 노사관계 패러다임 형성은 노사정 간 신뢰와 리더십, 그리고 국민적 지지에서부터 싹트게 될 것이다.

눈덩이처럼 불어나는 국가부채
법인세·금융소득세 더 걷어야

김유찬 홍익대 세무대학원 교수

▼ 2015년 경제성장에 대한 전망이 계속 하향 조정되고 있다.

2014년에 2015년 재정적자를 전망하는 매경아웃룩에서 낙관적인 전망으로 6.4%의 명목성장률, 그리고 다소 비관적인 전망으로 4.4%의 명목성장률을 가정하고 몇 가지의 시나리오를 제시했으나 정부는 이 비관적인 전망에도 미치지 못하는 수정치인 4%의 명목성장률을 2015년 7월에 제시했고 그 이후 3.1% 까지 하향 조정했다. 2016년의 경제 전망에 대해서는 3.5% 명목성장률을 전 망했으나 이마저도 최경환 경제부총리가 2015년 9월 중국의 경기 둔화로 당초 3.5%에서 3.3%로 하향 조정하고 말았다.

당초 3.5%의 경제성장률 전망에 바탕을 두고 정부는 2016년의 총수입을 전 년 대비 2.4%, 총지출은 3% 증가하는 세입·세출 예산안을 마련했다. 경기회 복 지연으로 총수입이 2.4%의 낮은 수준으로 증가할 것으로 전망하면서 경기 활성화와 민생 안정, 구조 개혁 이행을 위한 재정의 역할을 지속하기 위해 총지 출은 3% 증가하는 수준으로 정했다는 것이다. 이 전망대로 이뤄진다고 보면서 정부는 국가채무가 2016년에 40%대에 진입하게 될 것으로 본다. 즉 2016년에 재정수지는 2015년 대비 0.2%포인트 악화(국내총생산 대비 2.1% → 2.3%)되고 국가채무는 국내총생산 대비 40.1%가 되는 것이다.

정부가 경제 전망을 계속 수정할 뿐 아니라 경제 운용, 특히 재정 운용과 관련해 제시하는 메시지도 불확실하고 내용이 엇갈리고 있다. '적극적 재정정책'을 추진하는 것인지, 혹은 '재정 건전성 회복을 위한 재정규율 강화'를 추구하는 것인지, 아니면 이 두 가지 정책 목표를 동시에 추구하겠다는 것인지 명확하지 않다. 정부가 제시하는 예산안 숫자보다 정책 담당자들 말을 중심으로 들여다보면 '재정 건전성 확보에 중점을 두고, 동시에 적극적인 재정정책을 수행하겠다'는 의미를 전달하고자 애쓰는 것을 발견할 수 있다. 그러나 재정 건전성 확보에 중점을 둔다는 말은 대체로 지출 증가율을 낮춘다는 것이고 이런 경우 일반적으로 적극적 재정정책이라는 표현을 사용하지 않는 것이 보통이다.

복지 지출 급증하는데 증세 더뎌 적자 불가피

현 국내 경제 상황이 적극적 재정정책을 필요로 하는 국면이라는 점은 부인하기 어렵다. 경제성장률 저하, 내수 부족, 복지 수요, 고령화, 청년실업, 노동 시장 상황 등은 정부의 강력하고 적극적인 재정정책을 필요로 한다고 보인다. 그러나 2015년에 비해 3% 증가한 2016년의 세출 예산은 정부가 전망하는 경제성장률인 3.5%(수정 전망은 3.3%)에도 미치지 못하는 낮은 수준에 머물고 있다.

재정 건전성을 해치는 적극적 재정정책은 물론 큰 리스크를 지닌다. 현재 국제 비교를 통한 우리나라 국가부채비율은 상대적으로 높지 않다 해도 가계부채가 높기 때문에 세계 시장 이자율 변화에 따라 높은 가계부채가 금융기관 부실로 이어져 국가 리스크 증가와 국가부채로 이어질 가능성이 존재한다. 가계부채가 높고 공기업부채가 숨겨진 상황에서 우리 재정의 리스크는 다른 나라와 수평 비교하기 어렵다. 국가부채 문제는 통제 가능한 수준에서 아주 순식간에 통제 불가능한 수준이 돼버릴 수 있다. GDP 대비 국가채무 규모가 우리나라 정도의 수준이었다

2016년 재정수지와 국가채무 전망

단위:원

구분	2015년 예산 (A)	2016년(전망치) (B)	증감 (B-A)
총수입	382조4000억	391조5000억	9조1000억
총지출	375조4000억	386조7000억	11조3000억
재정수지 (국내총생산 대비)	-33조4000억 (-2.1%)	-37조 (-2.3%)	-3조6000억 (-0.2%포인트)
국가채무 (국내총생산 대비)	595조1000억 (38.5%)	645조2000억 (40.1%)	50조1000억 (1.6%포인트)

자료:기획재정부

가 수년 만에 현재 수준으로 올라간 스페인의 예를 숙고해야 한다. 현재 경제 상황이 재정 건전성을 해치지 않는 제약조건 아래서 적극적 재정정책을 요구한다면 선택할 수 있는 정책 수단은 증세를 우회할 수 없다.

경제개발 시기에 정부는 지금보다 더 열악한 가계경제 부문에서 저축을 장려해 그 재원이 기업 부문으로 가도록 유도한 바 있다. 당시의 경제 상황에서 그런 정부 정책이 효율적이고 합리적이었던 것만큼 현재에는 증세를 통한 재정지출 확대 정책이 합리적이다. 경제개발 시기 한국 경제는 자본과 기술 부족이 문제였다면 지금은 국내 자본 시장에서 공급이 수요를 초과하는 상황이며 마찬가지로 상품, 노동 시장에서도 공급 초과 현상이 지배적이다. 소비 수요의 확대가 절대적으로 필요하다.

그럼에도 불구하고 박근혜정부는 서민에게 부담을 주는 담배소비세 증세 이외에 의미 있는 증세를 위한 노력을 하지 않고 있다. 심지어 이명박정부에서 이뤄진 감세를 되돌려 놓으려는 시도도 안 한다. 또한 개별 사안마다 정부가 제공하는 증세 혹은 감세의 명분은 매우 작위적이고 선택적이다. 담배소비세 인상에서는 국민 건강을 보호한다면서 경기에 미치는 부정적 효과는 언급하지 않고 소득세와 법인세 분야 증세에 대해서만 부정적 경기 효과를 이유로 반대하고 있다.

예산구조 측면에서는 세출 예산의 구조 개혁이 시급한 현실을 외면하고 사회간접자본(SOC) 예산, 산업·중소기업·에너지 예산, 연구개발(R&D) 예산을 높은 수준으로 유지하고 있다. 연구개발 분야의 예산 지출은 효율성이 떨어지고, 공공 분야가 아니라 기업에 집행을 위임하는 예산도 많다. 이는 지출 과정에서 부정한 사용의 사례가 많이 나타나 구조조정이 필요한 분야다. 정부의 사회 인프라 예산 지원 때문에 온존하고 있는 우리나라의 건설 산업 비중은 다른 나라에 비해 지나치게 비대하며, 경제가 고속성장 단계를 넘어 고도화 단계에 들어가기 위해서는 마찬가지로 구조조정이 필요하다. 고령화와 저출산, 양극화로 인한 복지 예산의 확대 필요성에 비춰 이 분야의 예산 축소는 피할 수 없는 일이다.

정부는 재정 건전성 관리 방안으로 '페이고(PAY-GO · 의무지출정책 추진 시 재원 확보를 위한 대책을 함께 검토하는 것)' 원칙의 도입 등 재정준칙 강화를 주장하고 있다. 그러나 복지지출을 더욱 엄격히 통제하려는 의도로 페이고 제도가 논의되고 있다는 점은 매우 유감스럽다. 복지 수준이 높지 않음에도 불구하고 미래의 재정에 대한 우려를 갖게 되는 것은 복지지출의 증가가 빠르게 진행돼서가 아니라 저출산, 고령화로 인한 것이다. 복지지출 증가를 억제해 재정 안정성을 기하려는 시도는 사회안전망 부실이 불안을 야기해 저출산, 고령화를 오히려 조장할 수 있다는 점을 감안하지 못하는 근시안적 사고에 지나지 않는다.

재정 건전성과 관련해 가장 우려스러운 점은 증세를 터부시하는 박근혜정부의 요지부동의 자세다. 증세가 경제 활성화에 부담을 준다고 하지만 그 경제적 근거는 매우 취약하다. 증세를 통해 조성된 재원을 정부가 적소에 활용하면 경기에 나쁠 이유가 없다. 문제는 어디서 세금을 징수하느냐에 달렸는데 민간 분야, 특히 대기업과 자산소득가들이 적극적 경제 활동에 사용하지 않고 쌓아두고 있는 재원의 규모가 수백조원에 달하는 것은 이미 잘 알려진 바다.

기본적으로 법인세와 금융소득에 대한 과세 강화, 그리고 임대소득과 종교인에 대한 과세는 굳이 세수 부족이 아니더라도 형평성 차원에서 이뤄져야 하는 일이다. 현재 소득세 최고세율에 비해 법인세율은 20%포인트나 격차가 날 만큼 너무 낮아서 형평성이 심각하게 훼손된 상황이다.

건설 경기 호황·부진에
웃고 우는 슬픈 자화상
〈2015년〉　〈2016년〉

김준한 대구경북연구원장

2016년 지방 경제는 다소 어려울 것으로 전망된다. 중국 경제의 불확실성 증대, 미국의 기준금리 인상, 재정수익 악화에 따른 원자재 생산국들의 수요 감소, 유로존의 금융 불안 지속 등 글로벌 저성장의 그늘이 한국 경제에도 부정적인 영향을 미치고 있기 때문이다. 그중에서도 특히 지방 경제에 더 크게 영향을 미치는 외부 요인들이 있다. 세계 무역의 둔화와 중국 경제 불확실성이 대표적이다. 우리 경제 전체의 수출의존도는 41.2%나, 비수도권 지역의 경우 그 비중이 53.1%로 수도권(28.7%)보다 2배 가까이 높다(2013년 기준). 지역별 수출의존도는 산업이 밀집된 울산이 141%로 가장 높고, 그다음으로 전남 70%, 충남 68.3%, 경북 63.5% 순이다. 2016년도 세계 무역이 4% 증가에 그칠 것으로 전망되는 만큼 지방 경제는 상대적으로 더 큰 어려움을 겪게 될 전망이다.

그뿐 아니라 중국에 대한 수출의존도가 특히 높아서 중국 경제가 기침을 하면 우리 경제는 감기에, 그리고 지방 경제는 독감에 걸려버린다. 2015년 1~8월 중 우리나라의 대중국 수출이 3.6% 감소했는데 수도권만 보면 오히려 3.4% 증가한 데 반해 비수도권 지역의 경우 감소율이 8.5%에 달해 극심한 어려움을 겪었다.

지역별 GRDP 규모와 비중

구분	GRDP 규모(조원)			전체 GRDP 대비 비중(%)		
	1985년	2005년	2013년	1985년	2005년	2013년
전국	90.3	920.1	1430.3	100	100	100
수도권	39.6	450.2	696.9	43.9	48.9	48.7
지방	50.7	469.9	733.4	56.1	51.1	51.3
영남권	27.3	250	372.2	30.2	27.2	26
호남권	10	88.8	134.6	11	9.6	9.4
충청권	8.9	99.3	178	9.9	10.8	12.5
강원·제주권	4.5	31.8	48.6	5	3.5	3.4

주:서울, 인천, 경기를 수도권으로 분류하고 나머지 지자체는 지방으로 분류
자료:통계청, 지역소득(당해년 가격)

비수도권 지역의 대중국 수출 주요 품목이 소재·부품이어서 중국의 수출 부진으로 인한 영향을 고스란히 받기 때문이다.

2016년 지방 경제의 전망을 어둡게 하는 또 다른 요소는 건설 경기 부진 가능성이다. 우리 경제에서 차지하는 건설 산업의 비중은 점차 낮아지고 있으나, 건설업은 지방에서는 아직도 중요한 산업이다. 특히 주력 산업이 여의치 않은 지방 대도시의 경우는 더욱 그렇다. 2015년에는 아파트를 중심으로 한 부동산 가격의 상승, 전세난에서 비롯된 청약 열풍으로 지방의 건설 경기는 모처럼 기지개를 켰다. 수도권보다 비수도권, 그중에서도 대구와 광주 등 지방 광역시의 2015년 9월 말까지 2014년 말 대비 주택 가격 상승률이 각각 9.2%, 5.6%로 두드러졌고, 이로써 일부 지역에서는 건설 경기가 과열 상태에까지 이르렀다. 이런 현상은 2015년 1~9월 중 전국의 아파트 분양 물량이 2011년 이래 최대치인 25만1736호에 달한 데서도 잘 나타난다.

한·중 자유무역협정도 지방 경제에는 타격

문제는 2016년이다. 이미 포화 상태로 평가되는 지방 주택 시장에서 추가적인 수요가 과연 어느 정도 있을지, 있다손 치더라도 2015년 활황과 대비되는 기저효과로 인해 피부로 느끼는 수준은 극히 미미할 것이다. 정부의 사회간접자본(SOC) 투자 또한 감소할 전망이다. 중앙정부는 2016년 예산에서 SOC 분야에 대한 지출 규모를 2015년보다 6% 축소된 23조3000억원으로 편성해 국회에 제출했다. 지방 경제가 기댈 언덕이 그만큼 낮아진 셈이다.

한·중 자유무역협정(FTA)도 2016년 지방 경제에 추가적으로 어려움을 줄 전망이다. 2014년 11월 타결된 한·중 FTA가 늦어도 2016년 초에는 발효될 것으로 보여 국내 농업 부문에 대한 본격적인 피해가 예상된다. 전체 경제에서 차지하는 농업 비중이 수도권은 0.6%인 데 반해 비수도권 지역에서는 6.7배나 높은 4%여서 피해 정도가 비수도권 지역에 집중될 것이다. 정부는 한·중 FTA 에 따른 국내 농업의 부정적 영향을 최소화하기 위해 다수 농산물을 시장 미개방 대상인 '초민감품목'에 포함시키고, 추가적인 농업 지원 대책도 수립한다고는 하나 농민들이 받게 될 피해는 불가피하다. 지역별로는 국내 전체 농산물의 30% 정도를 생산하고 있는 경북이 타격을 크게 받게 될 것이다.

수도권 규제 완화 추진도 지방 경제 활력 회복에 독소적 요인이다. 수도권 과밀 현상을 억제하고, 지역균형발전을 도모한다는 목적으로 오랜 기간 동안 수도권 규제가 시행돼왔다. 수도권 지역을 과밀억제권역, 성장관리권역, 자연보전권역 으로 구분해 토지의 활용을 엄격히 제한하고, 공장 총량제를 통해 생산시설 신·증설을 최대한 억제하는 것이 정책의 골자다. 정부는 우리 경제의 잠재성장률이 3%대로 낮아진 데다 저성장 기조가 고착화됨에 따라 2015년 경기 활성화 대책 의 일환으로서 수도권 규제 제도를 완화하기로 방향을 잡았다.

수도권에 소재한 기업이 지방으로 이전하면 정부와 지방자치단체에서 보조금 을 지급하고 지방세 감면 조치를 적용하고 있다. 그럼에도 불구하고 최근 5년간 수도권에 서 지방으로 이전한 기업은 매년 평균 38% 씩 줄어들고 있다. 이는 기업들이 수도권 소 재에 따른 메리트가 적지 않아 수도권 선호 현상이 점점 커지기 때문이다. 또 그린벨트 해제도 지방이전 기피에 한몫을 하고 있다. 역시 지난 5년간 전국적으로 963km²의 그린

지역별 고용률(2014년) 단위:%

구분	전체 (15~64세)	청년층 (15~19세)
전국	65.3	40.7
수도권	65.8	42.8
지방	64.9	38.6
영남권	64.4	38.2
호남권	64.1	35.6
충청권	66.7	43
강원·제주권	65	35.8

자료:통계청, 경제활동인구

벨트가 대상에서 제외됐는데 이 중 절반 정도가 경기도에 집중됐다.

전체 경제에서 비수도권 지역경제의 비중이 낮아지고 있다는 것은 비수도권 경제가 상대적으로 저성장했음을 의미한다. 1985~2013년간 연평균 경제성장률이 수도권은 6.4%인 데 반해 비수도권은 5.8%에 불과했다. 다만 충청권의 경우 7%의 높은 성장률을 기록했다.

물론 2016년 지방 경제에 긍정적인 영향을 미치는 요인들도 있다. 2014년부터 17개 광역자치단체마다 개설된 창조경제혁신센터가 얼마나 활성화되느냐에 따라 지역경제의 활력소로 작용할 전망이다. 창조경제혁신센터는 박근혜정부의 창조경제 정책을 실현하는 새로운 수단이다. 다만 창조경제의 범위를 ICT를 융합해 신제품을 창출하는 수준에서, 기존 산업 내에서도 이종 부문 간 결합을 통해 새로운 산업을 일으키는 단계로까지 확대해 나가야 할 것이다. 이를 위해서는 지역 내 경제 주체 간, 중앙정부-지방자치단체와 후원 기업인 대기업과 지역 내 중소기업 간 연계와 협력이 강화돼야 한다. 동시에 발굴된 혁신 아이디어를 사업화하는 데 걸림돌이 되는 규제를 과감히 혁파하는 전향적인 자세도 요구된다.

2016년부터 본격화될 지역행복생활권 사업이 정착되면 이 또한 지역경제에 도움이 될 것이다. 동일 생활권 내에서 주민들이 공유할 수 있는 기초 인프라를 조성하고 교육·문화·복지 서비스 등을 확충하게 되면 주민의 생활 만족도는 크게 향상될 수 있다고 본다. 이 과제 역시 파급효과가 큰 선도 사업 과제를 발굴해 성과가 극대화되도록 사업을 효율적으로 추진해 성공 사례를 만드는 것이 중요하다.

2016년 우리 경제의 성장률 전망치는 3% 내외에 수렴돼 있으나 시간이 경과할수록 비관적인 견해가 많아지는 추세다. 이를 극복하기 위한 대외 여건의 개선에는 분명 한계가 있다. 반면 국내 경제 환경·지역경제 활성화를 위한 노력은 우리 힘만으로도 가능하다. 아무쪼록 어두운 전망이 다소나마 밝아질 수 있도록 우리 모두의 역량을 결집해 나가야 할 것이다. 그럼에도 불구하고 2016년의 지방 경제는 우리나라 전체 경제 모습보다 나은 수준이 될 것으로 보기는 어려운 형편이다.

선진국은 완만한 회복세
신흥국은 둔화 이어질듯

박수호 매경이코노미 기자 강내영 국제무역연구원 연구원

▼ 2015년 상반기 글로벌 교역량은 6년 만에 처음으로 감소했다.

세계 교역 규모가 2014년보다 3.3% 늘어날 것으로 예상했던 WTO는 2015년 4월 전망치에서 0.5%포인트 하향 조정한 2.8%로 전망치를 바꿨다. 중국의 경제성장, 수입 수요 둔화로 아시아의 수출, 수입 증가율도 각각 1.9%포인트, 2.6%포인트 하향 조정된 3.1%, 2.6%로 예측했다.

이는 과거 9·11테러, IT 버블위기, 글로벌 금융위기 기간을 제외하면 1990년대 이후 최저 수준이다. 또 반기 기준으로 글로벌 교역 규모가 감소한 것은 글로벌 금융위기 직후인 2009년 상반기 이후 처음이다.

주요 이유는 신흥국의 교역량 감소다.

2015년 선진국 교역은 완만한 회복 추세(2015년 1~7월 누계, 전년 동기 대비 3.6%)를 보였다. 하지만 신흥국은 2015년 들어 감소세(-0.8%)로 전환했다.

특히 신흥국 중 중국은 2015년 3분기 경제성장률이 6%대로 떨어지며 전 세계의 '수출공장'이란 명성에 빛이 바래지고 있다. 중국 정부도 더 이상 수출 위주 고성장보다 이제 6%대 중속(中速) 성장 시대를 인정하기 시작했다. 이를 '신창타이(新常態 · 뉴노멀)'라 부르며, 일자리만 생긴다면 7% 성장에 집착하지 않는다고 강조한다. 즉 내수에 신경 쓰기 시작한다는 중국으로 인해 대중국 의존도가 높은 국가들의 교역량이 급속도로 줄고 있는 셈이다.

대표적인 예가 한국이다. 대중국 수출 비중이 높은 한국은 2015년 3분기까지 누적 무역액이 약 7279억달러로 2014년 같은 기간 대비 12% 정도 줄었다. 4년 연속 무역 1조달러 달성을 해왔지만 5년 연속은 힘들 것이란 전망이 나오는 주요 이유다.

2016년에도 이런 양상은 계속될 것으로 보인다.

선진국은 상대적인 호조를 보이겠지만 개도국의 경제 둔화 현상으로 전체 교역량은 감소 추세를 이어갈 것이다.

경기 측면에서 보면 당분간 세계 경제는 선진국을 중심으로 완만한 회복세를 이어가겠으나 브라질, 러시아 등 신흥국 경제는 미 연준의 통화정책 정상화 추진, 중국의 경기 둔화 우려, 원자재 가격 하락 압력, 금융 시장 변동성, 기업 대차대조표 외환 노출 증가 등에 따른 불확실성 지속 등으로 상황이 계속 좋지 않을 전망이다.

특히 중국과 대중국 의존도가 높은 신흥국을 중심으로 수입 유발 효과가 큰 투자 수요의 불확실성이 높아지고, 국제 원자재 가격의 경우 수급 여건상의 초과공급, 달러화 강세 등의 영향으로 2015년과 같은 무역량 감소 현상은 계속될 것으로 예상된다.

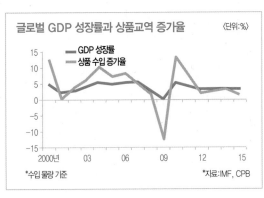

자원 수출을 중심으로 한 신흥국 역시 교역량은 크게 줄어들 것으로 예상된다.

국제 원자재 가격은 2016년에도 반등할 여지가 보이지 않는다. 이럴 경우 해당 국가의

구매력은 떨어진다. 자연스레
수입액도 줄어들 수밖에 없다.

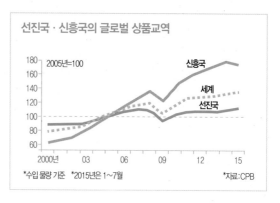

선진국·신흥국의 글로벌 상품교역

따라서 미국, 영국 등 일부
선진국 경제가 좋아져 세계 경
제성장률은 2015년에 비해
약간 높아질 수 있다 해도 경
기 순응성을 보이는 글로벌 교
역이 같이 늘어날 것으로 기대하기 어려운 상황이다.

TPP는 세계 교역량 증가에 도움 안 돼

IMF 등 세계 경제 전망기관들은 2016년 세계 교역량은 0.1%포인트 하향 조
정된 3.9% 증가할 것으로 전망한다. 이는 지난 20년간(1995~2015년)의 평
균 증가율(5%)을 여전히 밑도는 수준이다.

2016년 한 해만 놓고 볼 것이 아니다. 글로벌 교역량 감소 현상이 당분간 지속
될 것이란 전망이 힘을 얻는다.

구조적 측면에서 보면 중국의 성장 패러다임이 제조업·수출·투자 중심에서
교역 확대 효과가 상대적으로 작은 서비스업·소비 주도로 바뀌고 있기 때문이
다. 최근 몇 년간 글로벌 교역 성장세에 대한 중국의 기여도가 미국보다 높았던
점을 감안하면, 미국 경제를 비롯한 선진국 경제의 회복세가 강화되더라도 글로
벌 교역의 신장세는 크지 않을 가능성이 높다. 이 외에도 신흥국과 선진국 간 기
술 격차 축소 등으로 2000년대 중반 이후 글로벌 공급 체인의 확장세가 둔화돼
글로벌 생산 분업에 따른 교역 확대 효과 약화가 예상된다.

미래학자 토마스 프레이 다빈치연구소장은 "1인당 소득 3만달러 이상 선진국
의 경우 3D프린터 등 다품종 소량생산이 가능한 효율성 높은 생산도구들을 갖춰
나가면서 전통적인 비교우위를 통한 선진국과 후진국 간 무역의 필요성이 줄어든

다. 미국이 '나 홀로 성장'을 지속하는 배경도 이와 무관하지 않다"고 말했다.

여기에 더해 다자간 무역협정이 늘어나는 것 역시 '그들만의 리그' 현상을 강화할 뿐, 전 세계 교역량 증가에 기여하지 못할 것이란 전망이 우세하다.

한국의 가입 여부가 이슈가 된 환태평양경제동반자협정(TPP)은 2016년 출범이 예상된다. 이 기구가 본격 가동될 경우 세계 국내총생산(GDP)의 36.8%에 달하는 '세계 최대 자유무역 경제권'이 탄생한다. 하지만 향후 글로벌 교역 증가율(상품 수입 물량 기준)은 금융위기 이전 수준(2001~2007년 연평균 6%)보다 상당 폭 떨어질 것으로 보인다. 선진국 위주 교역이 활발해지면서 신흥국과의 격차가 더 벌어져 구매력이 떨어진 신흥국의 수입액은 점차 줄어드는 양극화 현상이 강화될 수 있기 때문이다.

이를 근거로 국제무역연구원, 한국은행 등은 2015년과 2016년 글로벌 교역 신장률(상품 수입 물량 기준)이 2~3% 수준에 그칠 것으로 전망했다. 앞으로 세계 교역 신장률은 금융위기 이전 수준(2001~2008년 연평균 6%)에 크게 미달하고 세계 국내총생산 성장률(2015년 3%대 초반 전망)을 넘어서기도 쉽지 않을 것으로 판단한다.

5·24 조치 해제돼도
경협 활성화까진 먼길

양운철 세종연구소 부소장

◥ 2015년은 남북경협이 침체를 겪은 한 해였다.

가장 큰 이유는 핵개발 같은 북한의 도발 행동 때문이다. 금강산 관광객 피살, 천안함 폭침, 연평도 포격, 개성공단 임시 폐쇄, 목함지뢰 사건 등 북한은 지속적으로 한국을 자극해왔다. 그 결과 남북경협을 제한하는 5·24 조치가 지속되고 있다. 남북 간에 금강산 관광 사업과 같은 대규모 투자 사업은 이뤄지지 않고 있다. 소규모 물자교역이나 위탁가공 사업과 같은 단순 상거래 정도가 이뤄지고 있을 뿐이다. 5·24 조치 이후 많은 위탁가공 업체들이 생산지를 베트남과 같은 제3국으로 이전해 남북경협 규모는 더욱 축소됐다. 남북경협 중 유일하게 명맥을 이어오는 사업은 개성공단뿐인데, 그마저도 북한은 개성공단의 통행을 수차례 제한한 바 있다. 2013년의 경우 북한이 한시적으로 개성공단의 출입을 봉쇄해 반입액과 반출액이 모두 급감했으나 2014년엔 그나마 개성공단 사업이 상대적으로 활성화돼 남북교역액이 소폭 증가한 게 남북경협의 현실이다.

남북경협은 앞으로도 활성화에 많은 애로가 있을 것이다.

설사 북한 핵 문제가 해결돼 5·24 조치가 해제되더라도 한국 기업이 북한에서 수익을 얻기는 쉽지 않다. 북한 경제가 매우 취약해서다. 북한의 열악한 산업 인프라시설 개선 없이는 대규모의 대북 투자나 현지 생산이 불가능하다. 북한에서 개성공단을 제외하고는 현대적인 생산기반시설을 갖춘 곳은 존재하지 않는다. 많은 중국 기업도 북한의 낙후된 인프라시설 때문에 투자에서 실패했다.

이런 이유로 북한이 야심 차게 공표한 19개 경제개발구에 대한 한국의 투자도 전무하다. 물론 북한이 국제사회의 경제제재를 받고 있기 때문이기도 하지만 근본적으로는 북한의 취약한 산업 인프라와 경제 마인드의 부족 때문이다. 한국 기업 입장에서는 높은 불확실성과 경제외적 부담을 안고 투자하기 어렵다. 북한이 시장경제와 계획경제를 연계시켜 경제를 성장시킬 수 있는 정책 변화가 시행될 때 남북이 윈윈하는 경제협력이 가능할 것이다.

2016년 4월 총선이 변곡점…북한 인프라 투자 병행돼야

그렇다면 정책 변화 가능성은 어느 정도일까.

현 박근혜정부의 한반도 신뢰프로세스나 드레스덴 선언 등에 나타난 대북정책은 기능주의적 접근에 기초한 조건부 지원정책이다. 반대로 북한은 한미합동 군사훈련 중단 요구와 같은 정치·군사적 의제에 집착한다. 이처럼 상대방에 대한 인식과 정책이 다르기 때문에 남북 간에 경제적 의제와 관련해서도 합의를 도출하기는 어려울 것으로 예상된다. 남북경협과 관련해서 한국이 원하는 개방유도형 방식과 북한이 원하는 체제수호형 방식은 절충하기 어려운 점이 많다.

한국 기업이 북한에 진출하거나 규모가 큰 경협 사업을 진행시키기 위해서는 높은 경제적 위험을 감수해야만 한다. 추가로 경협이 성사될 때까지 상당한 거래비용이 수반된다. 지금까지 현대, 대우, 삼성, LG와 같은 대기업도 큰 손실을 입었다. 중소기업은 높은 투자 위험도와 거래비용으로 인해 남북경협 사업에서 손실을 얻게 될 가능성이 더욱 높다. 따라서 한국 기업들은 정치적 위험도가 가장 낮은 상호주의, 조건부 대북 지원(특히 인도적 지원) 방식을 앞으로도 선호할

유형별 남북교역액 현황										단위:1000달러
구분	남북교역 유형	2005년	2006년	2007년	2008년	2009년	2010년	2011년	2012년	2013년	2014년
반입	일반교역·위탁가공	320	441	646	624	499	334	4	1	1	–
	경제협력(개성공단·금강산 관광·기타·경공업협력)	20	77	120	308	435	710	909	1073	615	1206
	비상업적 거래	–	1	–	–	–	–	1	–	–	–
	반입 합계	340	520	765	932	934	1044	914	1074	615	1206
반출	일반교역·위탁가공	99	116	146	184	167	101	–	–	–	–
	경제협력(개성공단·금강산 관광·기타·경공업협력)	250	294	520	596	541	744	789	888	518	1132
	비상업적 거래(정부·민간 지원·사회문화협력·경수로 사업)	366	421	367	108	37	23	11	9	3	4
	반출 합계	715	830	1033	888	745	868	800	897	521	1136

자료:통일부

수밖에 없다.

정리하자면 남북경협은 한국 입장에서는 일방적 대북 지원의 의미를 갖는다. 북한의 관심은 오직 한국의 지원을 최대로 받아내는 데 있다. 그동안 남북경협은 경제적 합리성보다는 북한에 대한 시혜적 지원, 북한의 일방적 요구로 귀결됐다. 대북 투자 기업들도 정부 보조금이 없으면 사업이 유지되기 어렵다. 이런 현상은 2016년에도 계속될 것이다.

다만 변수는 있다.

2016년 총선이다. 한국에서는 이즈음 대북정책을 둘러싸고 정쟁이 치열하게 전개될 가능성을 배제할 수 없다. 지난 수십 년 동안 대북정책을 둘러싼 갈등은 높은 사회적 비용을 양산했다. 북한 핵 문제가 해결되지 않은 상황에서 남북경협이 활성화될 가능성은 매우 낮다. 그러나 장기적으로 남북 경제공동체를 완성해 통일을 달성해야 하는 한국 입장에서는 정치권에서의 부분적인 합의와 민의를 반영해 적합한 경제협력 모델을 구축하는 것이 필요하다.

예를 들어 개성공단 사업 확장, 북한 지하자원 공동개발처럼 북한 경제에 큰 파급효과를 줄 수 있는 경제협력 분야 개발을 적극 모색하는 식이다. 아울러 북한 경제를 성장시키기 위해 북한을 하나의 저개발 시장으로 간주하고 식량 지원, 기초 생필품 보급, 도로·철도망 확충과 같은 경제개발 차원에서의 투자를 할 수도 있다. 정치적으로 덜 민감한 농림·수산 분야 협력부터 시작해도 된다. 남북한 농업경협 사업은 2015년 말 기준 전무하지만 이미 농림축산식품부는 '남북농업협력추진협의회'를 2014년부터 발족, 운영 중이기 때문에 언제든 협력은 가능하다.

2016년 북한이 6자회담에 성실히 임하고 핵 포기에 대한 의지를 보인다면 남북경협은 상당히 큰 폭으로 진전하게 될 것이며 북한체제의 선진화를 위한 진정한 경제협력이 가시화될 수 있다. 그러나 2015년 노동당 창건 70주년 기념식에서 나타난 것처럼 북한이 핵과 경제발전 병진 전략을 고수한다면 2016년 남북관계는 다시 긴장 상태로 돌아갈 것이다.

이 경우 한국 정부가 대북 인도적 지원을 시행하고자 해도 여론의 지지를 얻지 못할 가능성이 높다. 그렇게 되면 남북한은 다시 국력을 소진하는 힘겨루기를 하게 된다. 곧 남북경협은 다시 긴 어둠의 터널로 진입하게 된다는 의미다. 북한의 변화가 수반되지 않는다면 2016년의 남북경협은 2015년처럼 한국 정부의 일방적인 지원 외에는 성과를 거두지 못할 것이다.

V

2016
매경 아웃룩

흔들리는
세계 경제

强달러 속도 조절
엔화·유로화 약세

배준희 매경이코노미 기자

2015년 국제 금융 시장의 최대 이슈는 단연 미국의 기준금리 인상 여부였다. 물가, 고용, 성장률 지표 등이 전반적으로 호조를 보이면서 2015년 상반기만 해도 연내 기준금리 인상을 의심하는 이는 거의 없었다. 당초 미국이 2015년 9월 FOMC(연방공개시장위원회)에서 금리 인상을 공식화할 것이란 전망이 대세를 이뤘지만 같은 해 8월 중국 주식 시장 급락과 그에 따른 실물경제 경착륙 우려가 맞물리면서 판도가 달라졌다. 금리 인상 기대감에 2015년 9월 초 1200원까지 올랐던 원달러 환율도 10월 기준 1120원대까지 내려왔다.

김중원 메리츠종금증권 애널리스트는 "지난 2004년 미 연준의 금리 인상 충격으로 글로벌 증시와 코스피는 1개월 반가량 조정을 기록했는데, 2015년에도 연내 금리 인상 우려가 부각되며 달러화지수가 급등하는 등 금융 시장 불안 가능성이 고조되는 모습을 보였다"고 진단했다.

2016년 국제 환율 시장에서도 미국의 기준금리 인상 여부는 달러화의 향방을 결정짓는 핵심 변수다.

결론부터 말하면 강달러라는 큰 흐름이 뒤집힐 가능성은 거의 없다는 게 전문가들 중론이다. 그러나 달러 강세의 정도나 속도 등에 있어서는 미국 또한 신중하게 접근할 수밖에 없다는 분석이 나온다. 달러가 지나치게 빠른 속도로 강세를 띠면 미국 수출 기업들의 가격 경쟁력이 상대적으로 약화될 수밖에 없어서다.

'닥터 둠'으로 잘 알려진 누리엘 루비니 뉴욕대 교수는 2015년 10월 22일 서울 장충체육관에서 열린 세계지식포럼의 마지막 날 세션에서 "글로벌 경제 상황을 종합해볼 때 미국은 금리 인상 시기를 더 늦춰야 한다. 미국 연방준비제도(Fed)의 금리 인상 시점은 올 12월보다 내년 3월이 될 가능성이 높다"며 "미국이 금리를 올리면 달러 강세로 미국 경상수지가 악화하고 이로 인해 미국의 경제 회복 흐름이 꺾일 수 있다"며 우려를 표했다.

2015년 강달러가 지나치게 빠른 속도로 전개되면서 미국 경제체력이 크게 훼손될 우려가 있다는 징후는 이미 속속 나타나는 중이다. 금융정보업체 마켓워치와 비즈니스인사이더에 따르면 뉴욕 지역의 제조업 동향을 반영하는 엠파이어스테이트 제조업지수는 9월 -14.67, 10월 -11.36 등으로 위축을 의미하는 마이너스 상태가 3개월째 이어졌다. 이는 대침체 이후 최장기라고 마켓워치는 진단했다.

이상원 국제금융센터 연구원은 "예상 금리 인상 시점이 2015년 12월 혹은 2016년 3월 등으로 미뤄진 가운데 미 달러화 강세가 금리 인상을 제약할 수 있는 요인으로 대두됐다. 연준의 비둘기파적(금리를 미뤄야 한다는 쪽) 입장 표명에도 불구하고 중기적으로는 달러화 강세 여건이 유지되고 있다. 이 같은 달러 강세 기조가 유지되는 가운데 연준의 정책 불확실성으로 인해 환율 변동성이 확대될 소지가 높아 보인다"고 내다봤다.

위안화는 한 차례 더 평가절하(화폐가치의 수준을 낮춤)될 가능성이 높다는 견해가 많다. 2015년 8월 3차례에 걸쳐 전격적으로 단행된 인민은행의 위안화 평가절하(4.5%) 조치에 힘입어 같은 해 9월 수출은 다소 안정된 모습을 보였다. 하지만 그해 10월 중국 국가통계국이 발표한 3분기 GDP(국내총생산) 성장률은

6.9%를 기록해 2009년 이래 최저치를 기록했고, 고정자산투자(FAI), 산업생산 등도 모두 직전월보다 하락했다.

이승호 자본시장연구원 선임연구원은 "중국 정부의 지난 8월 위안화 평가절하는 경기 부양, SDR 구성통화 편입 지원, 단기 자본 유출 방지 등을 배경으로 한 조치로 당분간 추가 절하 가능성은 낮아 보인다. 하지만 경제 경착륙과 미국 금리 인상 등 대외 여건이 악화되면 환율을 정책 변수로 사용할 가능성을 배제하기 어렵다"고 내다봤다.

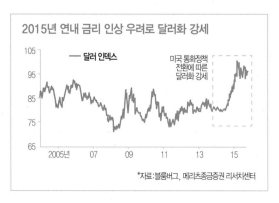

2015년 연내 금리 인상 우려로 달러화 강세

— 달러 인덱스

미국 통화정책 전환에 따른 달러화 강세

*자료: 블룸버그, 메리츠종금증권 리서치센터

2016년 위안화 추가 절하 가능성도 열려 있어

유로화와 엔화는 2016년에도 약세를 이어갈 것이란 전망이 지배적이다. 글로벌 경제 저성장으로 유럽중앙은행(ECB)과 일본은행(BOJ)이 또 한 차례 돈 풀기에 나설 것이란 관측이다.

유로화의 경우 현재로선 추가 양적완화 조치를 취할 수 있는 환경이 만들어졌다. 중국을 비롯한 신흥국 경제성장 둔화가 유럽 경제 회복을 위협하고 있고 유로존(유로화 사용 19개국) 인플레이션이 마이너스(−) 영역에 빠져 디플레이션 공포도 되살아나고 있다. ECB는 2016년 9월까지 매달 600억유로 규모의 국채를 매입하는 방식의 양적완화를 시행 중이다. 그러나 역내 경제성장을 촉진하기에는 역부족이라는 평가도 나온다. 이에 따라 ECB가 국채 매입 규모를 확대하거나 시행 기간을 2016년 9월 이후로 연장하는 방안이 논의될 것이란 전망이 나온다.

일본은행도 금융완화 기조를 이어갈 것으로 보인다. 막대한 국가부채로 시장금리 상승에 따른 이자 부담 상승을 억제해야 하고, 2015년 말로 갈수록 경기가 둔화될 조짐마저 뚜렷해지고 있어서다. 중국발 경기 둔화 등 대외 여건 악화로 2015년 9월 일본의 무역수지는 1145억엔 적자로 6개월째 적자에서 벗어나지 못했다. 같은 해 9월 일본 수출도 2014년 9월보다 0.6% 증가하는 데 그쳐 시장 예상치(3.8%)와 전월(3.1%)에 크게 못 미쳤다.

김유겸 LIG투자증권 애널리스트는 "일본은행은 디플레이션과 경기 둔화 조짐 탈출, 시장금리 상승 억제 등을 위해 추가 금융완화 정책을 시행할 수밖에 없을 전망이다. 2016년 7월 참의원선거가 예정돼 있는데, 아베 정부의 지지율이 하락하고 있어 정부는 기존보다 강화된 정책을 압박할 가능성이 높다. 추가 금융완화는 2016년 회계연도가 시작되는 2016년 4월 이전에 시행될 것으로 보인다"고 짚었다.

이외 주요 신흥국 통화도 약세를 보일 공산이 커 보인다. 세계 경기가 좀처럼 살아나지 않는 가운데 자국 통화가치 하락을 통해 수출 경쟁력을 높이려는 움직임이 활발해지고 있어서다. 2015년 10월을 전후로 브라질, 말레이시아, 터키, 남아공 등 상대적으로 위기 우려가 높았던 신흥국 통화가 글로벌 금융 시장에서 달러화 대비 강세를 지속하고는 있지만 이는 단기적 현상에 불과하다는 시각이 강하다.

허진욱 삼성증권 애널리스트는 "신흥국의 높은 역내 교역 의존도를 감안할 때, 신흥국 수요 확대에 대한 글로벌 정책 공조와 신흥국 스스로의 구조 개혁이 가시화되기 전까지는 위기 우려가 쉽게 완화되기 어렵다. 때문에 신흥국 통화 강세는 단기적 현상에 그칠 가능성이 높다"고 진단했다.

결론적으로 2016년 국제 금융 시장은 추세적 강달러 속 주요국 통화의 전반적인 약세로 요약된다. 대외 여건이 크게 호전되지 않는 한 이 같은 흐름은 상당 기간 지속될 가능성이 높아 보인다.

미국·영국은 금리 올리고
유로존·일본은 동결 지속

최문박 LG경제연구원 책임연구원

2015년 글로벌 금융 시장은 높은 변동성을 보였다. 미국의 첫 금리 인상 시점이 다가오면서 투자심리가 위축됐고, 경제 여건이 취약한 국가들은 적잖은 자본 유출을 경험했다. 2013년 버냉키쇼크 이후 미국 금리 인상에 대한 기대가 금융 시장에 어느 정도 선반영돼 있었던 것은 사실이지만 러시아, 그리스 등 기존 취약국을 둘러싼 갈등과 유가 하락에 따른 자원수출국들 불안이 동시다발적으로 확대되는 속에서 금융 시장이 잠잠하기는 어려웠다.

여기에 더해 중국의 경착륙 우려까지 겹치면서 혼란이 더욱 가중되는 모습이다. 중국과 경제적 연관성이 높은 국가들은 물론, 원자재 가격 하락 압력을 통해 자원 의존도가 높은 국가들 역시 타격을 입을 수 있다는 우려가 깊어지고 있다. 이런 불안 요인 때문에 2016년에도 글로벌 금융 시장이 잠잠하기는 어려울 전망이다.

글로벌 경기 둔화와 금융불안은 각국 금리정책에도 영향을 미친다. 대체적으로 대외 여건이 자국 경기를 악화시키지 않도록 양적완화 기조를 확대할 유인이 커진다. 이는 최근 세계 경기를 이끌고 있는 미국도 마찬가지다. 과거 미국은 글로벌 경제 상황이 다소 흔들리더라도 자국 경기 여건에 맞춰 과감하게 금리 인상에 나서곤 했다.

그러나 이번은 상황이 다르다. 이번 금리 인상은 과열된 경기를 식히기보다는 유례없이 큰 폭으로 이뤄졌던 양적완화를 정상화하는 성격이 크다. 그뿐 아니라 중국, 유로존 등 미국 경기흐름에 영향을 줄 수 있는 큰 국가들마저 경기 둔화를 겪고 있는 상황이다. 과거에 비해 미국 경기회복에 대한 확신이 약한 상황인 셈이다. 미국 금리 인상이 더 늦게 시작되고, 더 천천히 진행될 가능성이 높은 이유다. 금리 인상은 신중하게 이뤄지겠지만 인상을 계속 미룰 부담도 상존함을 감안할 때 2015년 말이나 2016년 초경 일단 첫 인상은 단행할 가능성이 높다. 다만 향후 중국 경기의 향방, 달러 강세의 정도를 감안해 금리 인상 속도를 조절하는 방식으로 경기에 대응할 것으로 보인다. 2016년 중 금리 인상은 두세 차례 정도로 과거에 비해 그 속도는 크게 둔화될 것으로 예상된다.

영국은 주요 선진국 중 미국 다음으로 금리 인상 가능성이 높다. 성장률, 임금 상승률 등 경제 회복세가 상대적으로 양호해 금리 인상을 위한 여건이 갖춰지고 있는 상황이다. 다만 물가 상승률이 제로(0) 수준으로 목표치인 2%에 한참 못 미치는 등 일부 경제지표들이 혼조세를 보이고 있는 점을 감안하면 영란은행 (BOE)이 긴축을 특별히 서두를 이유는 없어 보인다.

반면 유로존은 2016년에도 양적완화 정책을 지속할 것으로 보인다. 2015년

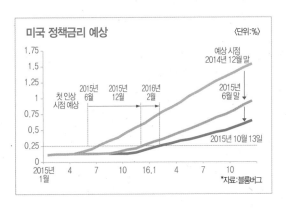

유로존 경기는 유로화 약세로 수출이 증가하고 가계, 기업 재무 상황도 개선되는 등 완만한 회복세를 이어가고 있다. 그러나 이는 저유가 효과와 함께 양적완화 정책에 힘입은 측면이 크다. 여전히 금융중개

기능은 정상화되지 못하는 등 자생적인 경기회복 선순환과는 아직 거리가 있다.

신흥국 리스크프리미엄 크게 확대 〈단위:bp, 지수〉

*1. 신흥국 국채가산금리는 미국 국채 대비 신흥국 국채 국채가산금리의 평균 *자료:블룸버그
2. 신흥국 통화지수는 주요 10개 신흥국 통화가치의 가중 평균

향후 경기회복세가 둔화될 가능성이 있다는 점도 양적완화 가능성을 높이는 대목이다. 독일의 대중 수출 비중이 전체의 11%에 달하는 등 주요국의 대중 무역의존도가 높은 데다 유로 약세, 원자재 가격 하락 폭도 2015년에 비해서는 줄어들 것으로 보이기 때문이다. 이를 감안하면 유럽중앙은행은 향후에도 현재의 양적완화 기조를 유지할 것으로 전망되며, 양적완화 종료가 예정된 2016년 9월 이후에도 계속 완화정책을 연장할 가능성이 높다. 오히려 경기가 악화되는 징후가 나타날 경우 추가 완화에 나설 가능성도 있다.

경기 우려가 다시 불거지는 일본 역시 양적완화의 필요성이 높다. 살아나는 듯하던 경기는 2015년 중 마이너스(-) 성장을 기록했으며, 당초 예상보다 반등하는 힘도 약한 모습이다. 엔저에도 불구하고 중국, 신흥국 경기 둔화의 영향으로 수출 경기가 부진한 데다 이에 따라 기업, 소비심리마저 악화되고 있다. 최근 경기 상황을 놓고 보면 추가 양적완화의 가능성도 배제할 수 없지만 중소 수입 업체 부담, 수입물가 상승 등 엔저의 부작용도 누적되고 있음을 감안하면 추가 완화를 단행하기는 쉽지 않아 보인다. 2016년 중 일본은행은 현재의 양적완화 기조를 유지할 전망이다.

원자재 수출 · 대외의존도 높은 신흥국 불안, 러시아 · 브라질 유심히 봐야

선진국과 마찬가지로 신흥국도 물론 국가마다 직면한 상황이 다르다. 하지만 대체로는 재정 여력이 부족해 경기 둔화에 대응할 방안이 마땅치 않아, 결국 통화정책에 의지하는 것 외에는 뾰족한 방책이 없는 국가가 많을 것이다.

중국은 향후 추가 금리 인하 가능성이 높다. 중국은 경기 우려가 커짐에 따라 정책의 무게추를 전면적 개혁에서 성장으로 일부 다시 옮겨가는 모습이다. 경기 둔화 흐름을 볼 때 2016년 중에도 금리, 지급준비율 추가 인하를 통해 경기 부양을 도모해야 할 필요가 클 것으로 보인다. 다른 자원수출국도 마찬가지다. 양적완화를 통해 자국 통화 약세를 유도하는 한편 기업의 비용 부담을 줄임으로써 원자재 가격 하락 충격을 완화시키려 할 것이다.

경제 여건이 취약한 신흥국의 경우는 금리가 급등하고 변동성이 크게 확대되는 불안 국면이 나타날 수 있다. 대체로는 해외 자본 유입이 많았던 국가, 달러 표시 부채가 많은 국가, 원자재 수출의존도가 높은 국가, 중국과의 경제적 연관성이 높은 국가들이 불안한 국가로 지목된다. 그중에서도 여러 가지가 동시에 해당되는 국가를 중심으로 자본 이탈이 발생할 가능성이 높다. 러시아와 브라질의 불안은 이미 재점화되고 있다. 콜롬비아, 남아공, 칠레 등의 위기 가능성도 거론된다. 대중 무역의존도가 높은 아시아 국가들 중 원자재 수출 비중이 높은 말레이시아, 인도네시아 등도 불안한 상황이다.

과거 사례를 보면 자본 유출 여부는 해당 국가의 경제 펀더멘털(기초여건)에 기인한 경우가 많다. 동시에 일부 국가에서 시작된 불안이 주변국으로 무분별하게 전염될 경우도 종종 있었던 것이 사실이다. 미국 금리 인상에 대한 기대가 이미 많이 반영돼 있어 급격한 자본흐름의 변화가 일어날 가능성은 낮지만, 유례없었던 양적완화 상황을 정상화하는 과정에 대한 불안이 남아 있는 만큼 앞으로 신흥국을 중심으로 한 금융 시장 변동성은 당분간 상당히 높은 수준에 머물 것으로 보인다. 미국 금리 인상 등 주요국 통화정책이 변화하거나 중국의 경제지표가 발표되는 등 주요 시점마다 불안 국면이 빈번히 재연될 가능성이 있다.

오바마·연준 경기부양책
'유종의 美' 성과 거둘 듯

김종춘 KOTRA 북미지역본부장 **김영상** KOTRA 워싱턴무역관 차장

미국 경제는 2016년에도 성장세를 보일 것으로 전망된다. 2015년 내내 전 세계에서 나 홀로 안정적인 경제성장을 구가해왔으며 이런 기조가 지속될 것이란 지표가 곳곳에서 확인되기 때문이다.

2016년 미국 경제의 호조를 예상케 하는 요인은 무엇보다도 미국 전체 GDP에서 68%의 비중을 차지하는 민간소비가 늘어날 것이라는 데 있다. 가처분소득의 증가 덕분인데 대표적인 가처분소득 증가세는 내구재 특히 주택 구입에서 이미 본격적으로 나타나고 있다.

미국 상무부가 발표한 2015년 8월 신규 주택 판매는 55만2000채로 직전 달인 7월 대비 5.7%, 2014년 8월 대비 21.1% 각각 증가해 금융위기 바로 직전인 2008년 2월 이후 가장 높은 판매 증가율을 기록했다. 특히 2015년 1~8월간 판매량은 2014년 1~8월 대비 20.9%나 늘었다. 주택 시장의 활성화는 미국인들 신용 한도를 다시 증가시켜 결국 2016년 미국인들이 더 많은 내구재와 소비재를 구입하는 긍정적 요소로 작용할 것으로 보인다.

물가 안정세도 민간소비 증가에 호재다.

미국 소비자물가를 보면, 2015년 8월 기준 12개월 동안에 전년 동기 대비 0.2% 상승에 그쳐 거의 물가가 인상되지 않았다. 품목별로는 식료품 가격이 1.6% 상승했지만, 가솔린 가격은 23.3%, 난방비는 34.6%, 유틸리티 가격은 11.5% 각각 하락해 식품 가격 상승분을 상쇄했다. 연준은 2016년 인플레이션을 목표치 2%보다 낮은 1.7%로 전망한다.

미국인들이 경제에 대한 인식을 나타내는 콘퍼런스보드(Conference Board)의 소비자신뢰지수를 보면, 9월에 103으로 집계돼 지난 2015년 2월 이후 가장 높은 신뢰도를 나타냈다.

고용 상황도 2015년 9월 기준 실업률이 5.1%로 완전고용을 기록해 금융위기가 발생한 2007년 수준보다 양호한 상황을 보였으며, 노동자의 시간당 평균임금은 2015년 8월에 2014년 8월 대비 2.2% 상승했다. 결과적으로 미국인의 실질 가처분소득은 2015년 8월에 2014년 8월보다 3.2% 늘어났고 이 같은 상승세는 2013년 1월 이후 지속적으로 이어지고 있다.

연준 "계단식 금리 인상 안 한다" 미국 행정부 부채 문제는 걸림돌

이를 두고 미국에서는 오바마 대통령의 경제 활성화 정책인 오바마노믹스

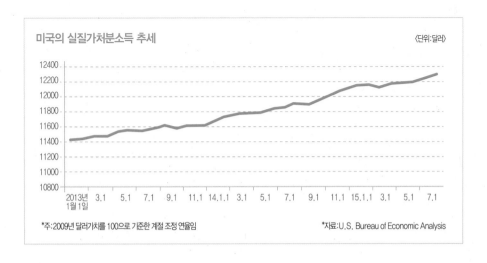

미국의 실질가처분소득 추세 〈단위:달러〉

*주:2009년 달러가치를 100으로 기준한 계절 조정 연율임   *자료:U.S. Bureau of Economic Analysis

연준(Fed)의 9월 경제 전망		단위:%
경제지표	2015년	2016년
실질GDP 성장률	2.1	2.3
실업률	5	4.8
개인소비재 인플레이션	0.4	1.7

자료:Federal Reserve Board

(Obamanomics)의 결과라고 평가한다. 2016년은 오바마노믹스의 마지막 해다. 재집권에 성공한 오바마 대통령은 2015년 연두교서(State of the Union Address)에서 이미 "나는 더 이상 선거에 나갈 필요가 없다. 왜냐하면 두 번 다 승리했기 때문"이라며 공화당이 장악하고 있는 상·하원 앞에서 향후 자신의 정책을 두려움 없이 펼쳐 나갈 것을 공표한 바 있다.

그가 2015년 이후 내세운 경제 화두는 '중산층 경제(Middle-class Economics)'다. 최저임금 인상, 학비, 유아 교육에 대한 세제 혜택 등 중산층을 위한 세금·규정 개혁이 첫 번째, 미래에 대한 투자를 통해 중산층 노동자들의 생산성을 키우는 것이 두 번째 전략이다. 마지막으로 오바마 대통령은 무역협정 체결 등을 통해 미국 경제의 전반적인 성장에 기여하겠다고 공언했다. 오바마 대통령은 2016년에도 이런 정책 기조를 계속 유지할 것으로 예상된다.

미국 중앙은행인 연방준비제도이사회(Federal Reserve Board, 이하 연준)의 행보 역시 경제 활성화 기조에 어느 정도 도움을 줄 것으로 보인다. 연준은 지난 2013년 12월부터 2014년 10월까지 총 8차례에 걸쳐 자산 매입 규모를 축소해 마침내 양적완화 프로그램을 종료했다. 그리고 2015년 말 기준 통화정책 정상화를 위해 금리 인상이라는 큰 과제를 남겨뒀다. 미국 증시만 놓고 보면 이미 연준은 금리를 올렸어야 했을지도 모른다. 과열이라 할 정도기 때문이다. 미국의 S&P500은 2009년 이후 6년간 200%의 경이로운 수익률을 보였다. 20세기 이후 S&P500이 6년의 기간 동안 200%의 상승을 기록한 것은 단 2차례로 지난 1999년 닷컴 버블 붕괴 직전과 1929년이다. 1929년에 미국 경제가 어떻게 됐는지는 모두가 알 것이다. 대공황이 왔다.

다만 연준의 고민이 깊어지는 이유는 여러 가지다. 장기적으로 3~4%의 기준금리가 적절하다고 평가하는 연준이 2016년에 금리를 현 수준에서 어느 정도까지 끌어올릴지에 전 세계가 주목하고 있다.

연준이 마지막으로 초저금리에서 탈출한 것은 지난 2004년부터 2006년까지로 연방공개시장위원회(FOMC · Federal Open Market Committee) 회의 때마다 총 17차례에 걸쳐 매 0.25%씩의 인상을 단행했다. 상당히 빠른 수준이었다. 물론 당시 부작용은 뒤따랐다. 너무 빠른 속도의 금융 긴축은 가계부채에 대한 부담과 대출금리 상승으로 미국 GDP의 약 70%를 차지하는 소비 지출에 타격을 줄 수 있으며, 달러가치 상승으로 미국 수출 활동도 저하될 우려가 있다. 또한 금융위기 이후 선진국들의 경기 부양 기조로 신흥국으로 유입된 자금이 다시 역류할 가능성도 농후하다.

2016년의 연준은 그때와는 다른 판단을 할 것으로 보인다. 미국의 주요 연구기관 중 하나인 카토인스티튜트(Cato Institute)가 연준의 남은 출구전략이 '섬세한 균형 잡기(delicate balancing act)'가 될 것이라 표현한 데 그 힌트가 있다. 연준의 금리 인상 속도가 미국과 세계 경제에 미치는 파급효과가 상당한 만큼 연준은 조심스럽게 금리 인상을 실시할 것으로 전망된다.

이는 연준 인사들의 주요 발언과 행동에서도 알 수 있다. 옐런 의장은 지난 연준 의장들과 같이 계단식 인상을 하지 않을 것이라고 발표한 바 있다. 또 2015년 9월 FOMC 회의에 참여한 연준 위원 16명 중 10명이 2016년에 적절한 기준금리를 1~2%로 평가한 만큼 지난 금리 인상과 비슷한 수준의 점진적 인상이 전망된다.

연준의 이런 행보는 미국 경제성장에 기여할 것으로 보인다.

연준이 2015년 9월 발표한 경제 전망 보고서에서 2016년 미국 실업률을 4.8%로 전망하고 있어 고용 상황은 더욱 호전될 것으로 기대된다. 더욱이 연방정부와 주정부는 시간당 최저임금을 15달러로 인상하는 정책을 발표했고, 월마트(Walmart), 홀푸드(Whole Foods), 스타벅스(Starbucks), 코스트코

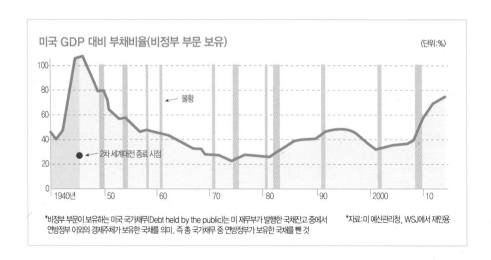

미국 GDP 대비 부채비율(비정부 부문 보유)   〈단위:%〉

불황 ←

● ← 2차 세계대전 종료 시점

1940년   50   60   70   80   90   2000   10

*비정부 부문이 보유하는 미국 국가채무(Debt held by the public)는 미 재무부가 발행한 국채잔고 중에서 연방정부 이외의 경제주체가 보유한 국채를 의미. 즉 총 국가채무 중 연방정부가 보유한 국채를 뺀 것   *자료:미 예산관리청, WSJ에서 재인용

(Costco), 티제이맥스(T.J.Maxx) 등과 같은 대형 소매체인점들도 종업원들의 시간당 최저임금을 현재 수준보다 10%에서 많게는 20% 정도 인상하는 정책을 실행에 옮기고 있어 2016년에는 본격적으로 최저임금 인상 물결이 확산될 것으로 예상된다.

오바마 행정부·의회 간 충돌은 변수, 2016년 대선 정국이 경제 발목 잡을지도

다만 변수도 있다.

미국 정부의 부채가 문제다. 오바마 정부는 8000억달러 규모 경기 부양책을 썼다. 이로 인해 미국의 GDP 대비 연방부채가 2차 세계대전 이후 처음으로 70%를 돌파했으며, 연방부채에 대한 연간 이자 지급 비용이 국방 예산을 뛰어넘는 등 미국의 재정 건전성을 위협하고 있다. '5년래 수출 2배 성장'이라는 야심 찬 목표를 세우며 2010년 개시한 국가수출진흥전략(National Export Initiative)도 목표에 한참 미달된 성적으로 비판받는다.

재정절벽(예산자동삭감) 문제도 산 넘어 산이다. 오바마 정부와 공화당 간 예산 논쟁이 지속되면서 2016 회계연도 예산은 2015년 10월 1일 통과 기한을 넘겼다. 오바마 행정부와 공화당 의회는 모두 예산자동삭감 유예에 찬성하고 있지만, 행정부는 삭감 유예에 따라 늘어나는 예산을 국방·비국방 분야에 동등하게 분배해야 한다 주장하고 공화당은 국방 분야 예산 증축만 요구하고 있는 상황이다.

이 같은 정책의 불확실성은 기업들이 투자를 망설이게 하며 소비심리에도 악영향을 줄 수 있다. 오바마 대통령이 2015년 연두교서에서 보여준 자신감으로 의회와 절충안을 찾아야만 그의 '중산층 경제'에도 미래가 있을 것으로 보인다.

대통령 선거 정국도 무시할 수 없다.

2016년 11월에 미국 대통령 선거가 치러진다. 2016년 대선이 어떤 양상으로 전개될지 예상하기 어려우나, 미국 정치권이 대선 정국에 들어서다 보면 오바마 행정부의 동력이 떨어질 수 있다. 또 대선과 동시에 하원 전체와 상원 3분의 1 의석의 선거도 진행되는 만큼 의회도 추가 경제 활성화 정책을 내놓기보다 조심스러운 자세를 유지할 수 있다. 차기 대통령 아래 변화될 미국의 경제정책과 우리에게 미칠 영향도 염두에 둬야 할 때다.

2016년 6.5% 성장 예상
제조업 어려워 기대치 낮춰야

조용준 하나금융투자 리서치센터장

▼ 2016년에 중국 시진핑－리커창 정부는 집권 4년 차를 맞는다. 이들은 현재 매우 어려운 정책과제에 직면해 있다. 중국 경제 구조조정 문제와 신규 성장 동력 발굴, 지속적인 시장화, 구조 개혁을 통한 질적 성장 도모 등이다. 또 '팍스 시니카' 시동을 걸기 위한 AIIB(아시아인프라투자은행)와 일대일로(新실크로드) 정책이 본격 진행되면서 2016년 중국 경제는 위험과 기회가 공존하는 한 해가 될 것으로 보인다.

2015년 구조적인 경기 둔화 압력 지속…정책 효과도 미흡

2015년 상반기 7% 성장률을 기록한 중국 경제는 2015년 3분기에는 6.9% 성장에 그치는 등 갈수록 성장률이 둔화되고 있다. 제조업 부문의 과잉투자와 수출 부진, 이에 따른 높은 재고 부담 등이 원인으로 지목된다. 그나마 금융, 부동산, 신소비(온라인융합·외식·여행) 등 3차 서비스업을 중심으로 어렵게 경기를 지탱하는 모습이다.

물론 당장 중국 경제가 경착륙할 것으로 보이지는 않는다. 중국의 각종 경제 리스크는 아직 정부의 통제 범위 안에 있다고 판단된다. 그러나 수출과 부동산 투자가 중국 정부의 단기 부양정책에도 불구하고 추세적으로 둔화되고 있다는 점은 부정적인 단면이다. 이에 따라 중국 경제성장률도 5년 연속 떨어지고 있다. 신성장동력 발굴이 지연되면서 기대에 못 미치는 '중속(中速) 성장'을 유지하고 있는 상황이다.

신성장동력 확보를 위해 중국 정부는 2015년에 중장기 메가 프로젝트들을 쏟아냈다. 일대일로와 AIIB, 광역도시권 발전 계획 등이 대표적인 예다. 국유기업 개혁과 금융 개혁을 통해 산업 구조조정과 부채조정도 계속 시도하고 있다. 다만 개혁 수준이 기대에 못 미치는 건 사실이다. 정치적 이해관계와 고용 부담 탓에 단기간의 고통을 감수하는 과감한 구조조정과 부채조정은 이뤄지지 않고 있다. 2014년 하반기부터 급등했던 중국 증시가 과도한 신용 레버리지와 정책 신뢰도 하락으로 급락하면서 주식 발행 기능이 중단됐다는 점도 아쉬운 대목이다.

2016년 중국 경제는 최소 상반기까지 하강 압력이 계속될 것으로 본다. 성장률에 대한 기대치는 2015년보다 좀 더 낮춰야 할 것이다. 경기 침체가 추세적으로 계속되지는 않겠지만, 최소 2016년까지 중국 경제는 '뉴노멀(신창타이)' 시대의 특징인 성장률 둔화와 점진적인 경제구조 변화가 일어날 가능성이 높다.

2016년에도 중국 정부는 '先성장안정—後구조조정'이란 경제정책 기조를 이어갈 것이다. 이미 중국 정부는 2015년 하반기에 재정과 통화정책 부문에서 확장 기조를 노골적으로 표방했다. 여기에 미국 금리 인상 속도에 따라 위안화를 추가적으로 평가절하할 가능성도 열려 있다. 질적 성장을 추구하기 위해 중국 정부가 차기 5년의 성장률 목표치를 기존 7%에서 6.5%로 하향 조정할 것으로 보이지만, 그럼에도 경제정책의 우선순위는 '성장 유지'가 될 것이란 관측이다.

이를 위해 단기적으로 경기 부양 패키지정책(재정·통화·부동산·환율)이 계속 가동될 것이다. 2015년에 통화정책과 부동산정책의 의존도가 높았다면, 2016년에는 재정정책 비중이 더 커질 것으로 본다. 재정정책은 여전히 신규 영역(환경 · 철도 · 유틸리티 · 광역권 도시화)에 대한 인프라 투자가 핵심 역할을 하고, 감세정책(소비세 · 관세 인하)이 보조 역할을 담당할 전망이다. 중국 정부는 이미 2015년 하반기부터 재원 마련을 위한 준비에 돌입했다. 지방정부 부채 부담 경감을 위한 지방채 차환 발행(3조2000억위안), 중앙정부가 담보하는 인프라투자펀드(1조2000억위안)와 PPP(민관협동프로젝트) 프로그램 도입 등이 비근한 예다. 중앙정부가 직접적으로 나서는 재정정책은 2016년 경기 둔화 압력을 상당 부분 완충할 것으로 기대된다.

반면 구조조정의 상징인 국유기업 개편과 시장화 개혁은 예상보다 완만하게 진행될 가능성이 높다.

중국 정부는 2013년 당 18차 3중전회에서 강력한 국유기업 개혁안(혼합소유제 · 합병 · 민간자본 참여)을 제시한 바 있다. 2014년 기준 공급과잉 지정 산업이 20개에 육박했고, 2015년 국유기업의 이익 성장률이 1~2%대로 추락했다는 점에서 구조조정은 분명 중국 경제의 당면과제다. 그럼에도 고용 부담과 정치적 이해관계가 발목을 잡아 좀처럼 속도를 내지 못하고 있는 게 사실이다. 2016년에는 중앙 국유기업(23개 산업, 112개 지주회사)을 순차적으로 합병하고 일부 자회사를 상장시키는 수준이 예상된다. 부실기업 정리 작업과 민간자본에 대한 적극적인 개방은 2017년 이후로 미뤄질 전망이다.

중장기 정책은 13차 5개년 계획, 일대일로와 광역권(징진지 · 중서부) 개발 프로젝트, 제조업 2025플랜이 핵심이 될 전망이다. 이들은 주로 2~3년 이상을 바라보는 장기 프로젝트란 점에서 2016년 중국 경제에 직접적인 영향력은 크지 않을 것이다. 다만 13차 5개년 계획에서 집중적으로 제시될 민생과 환경 관련 정책은 2016년부터 헬스케어, 온라인융합, 신에너지 등 신경제 산업을 진작시킬 것으로 예상된다. 일대일로와 광역권 개발 프로젝트 역시 2016년 확장형 재정정책과 맞물려 인프라 투자 수요를 크게 진작시킬 것으로 보인다.

위안화 환율은 변동 폭이 더 커질 것 같다. 대외변수가 더 많아졌고, 자유태환과 국제화를 추진하는 과도기란 점에서 환율에 대한 중국 정부의 정책 영향력은 점차 줄어들 것이다. 위안화 환율은 최소 2016년 상반기까지 점진적인 약세를 보일 것으로 예상한다.

이유는 첫째 미국 금리 인상과 달러화 강세 변수로 인한 자본 유출 압력 지속, 둘째 중국 경기 상저하고 패턴 가능성, 셋째 중국 당국의 시장 개입 자제 방침 때문이다. IMF SDR(특별인출권) 편입이 발효되는 2016년 3분기 전까지는 위안화 약세 가능성을 열어둬야 할 것이다. 물론 2015년 8월 중순과 같은 1회성 평가절하를 단행할 가능성은 희박하다. 구체적으로는 2016년 기말 환율 기준 달러당 6.55~6.65위안 수준이 예상된다.

경기 연착륙 위한 中 정부의 적극적 정책 예상

2016년 중국 경제의 경착륙 리스크 요인에 대한 분석은 다음과 같다.

중국의 과잉부채와 신용위험은 2016년 하반기가 최대 고비가 될 가능성이 있다. 중국 경제가 아직 경착륙을 논할 단계는 아니다. 2016년 하반기까지는 신중한 추가 점검이 필요해 보인다. 중국의 민간부채 중 81%는 기업부채며 GDP 대비 160%에 육박한다. 때문에 중국 경제 경착륙은 사실상 부실기업 신용위험의 금융권 전이 여부에 달려 있다고 봐야 한다.

2013년 그림자금융 이슈 당시 시스템 위험으로의 확산 가능성이 낮았던 이유는 부실채권에 대한 은행의 완충력 덕분이었다. 2013년 말 중국 상업은행의 부실채권 커버리지비율, 즉 부실채권 대비 충당금을 쌓고 있는 비율은 약 300%로 안정적이었다. 그런데 이 비율이 1년 반 만에 190%로 급감했다. 부실채권 증가 때문이다. 이런 추세를 감안할 때, 조심스럽지만 2016년 상반기 말에는 한국과 비슷한 130% 전후 수준으로 낮아질 가능성이 높다. 우리나라는 수년째 120~130%를 유지하고 있지만, 중국은 은행의 부실채권 커버리지비율이 급감하는 추세여서 이에 대한 우려가 커질 것으로 보인다. 2016년에 지켜봐야 하는 가장 중요한 변수다.

중국 부채 문제는 정부 대처와 시장의 순응 여부를 계속 체크해야 한다. 2014년 하반기 이후 중국 증시 급등 이면에는 정부의 직접금융(주식·채권) 육성에 대한 강력한 의

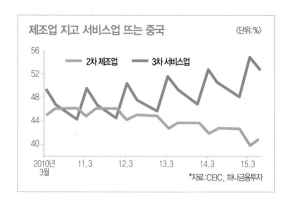

제조업 지고 서비스업 뜨는 중국 (단위:%)

2차 제조업   3차 서비스업

*자료:CEIC, 하나금융투자

지와 개인 투자자의 순응이 핵심 요인이었다. 중국 정부는 주식 시장 발행기능 확대를 통해 기업 과잉부채와 자금조달 문제를 해결하고, 채권 시장은 지방정부와 국유기업 부채의 차환 발행을 통해 완충하고자 한다. 이로 인해 주식과 채권 공급을 받아주는 가계와 외국인 자금, 그리고 금리 안정이 필수인 상황이다.

2015년 하반기 증시 급락과 IPO 중단으로 주식 시장을 통한 부채이전은 일시적으로 연기된 상태다. 반면 개인투자 자금이 채권 시장과 은행 WMP 안정형 상품으로 이동하면서 채권 시장이 과열되는 양상을 보인다. 또한 은행권 대출이 어려운 공급과잉 산업(소재·산업재·부동산 개발)을 중심으로 하이일드채권 발행이 크게 증가하고 있다. 그러면서도 채권에 대한 수요 증가로, 발행금리가 국채보다 내려가는 기현상도 나타났다. 결국 2016년 체크 포인트는 채권 시장 공급 확대와 금리 안정 여부, 제조업 부문 기업 부도위험에 대한 시장 반응, 주식 시장 IPO 재개 여부 등이 될 것이다.

지방정부 부채·부동산 침체 문제는 2016년에 즉각적인 리스크가 되진 않을 전망이다. 지방정부 부채 잔액은 GDP의 30%에 육박해 부담스러운 수준이다. 그러나 중앙정부의 부채 한도 관리와 잔존 부채에 대한 장기물 차환이 시작되면서 당장의 디폴트 가능성은 매우 낮아졌다. 부동산 시장은 중국 가계의 가처분소득이 증가할 것으로 기대되고, 도시화 진행 등 정부의 규제 완화·수요진작정책으로 인해 연착륙할 것으로 본다.

　요컨대 2016년 중국 경제는 경제 환경과 정부 정책을 종합적으로 고려할 때, 연간 6.5~6.6% 성장이 예상된다. 연간 경기흐름은 상저하고의 사이클이 예상된다. 단 2016년 상반기 대외 환경의 불확실성(미 금리 인상과 신흥국 불안)이 커지고, 글로벌 경기 상황이 위축될 경우 하반기 경기는 L자형의 저조한 흐름을 보일 수도 있다. 2016년 중반부터는 경기 둔화로 인한 신용위험(tail-risk) 증가 여부를 점검해야 한다. 2015년과 마찬가지로, 구조조정이 지연되는 전통 산업보다는 서비스, 신소비(온라인·미디어·뷰티·헬스케어), 친환경 영역이 더 유망해 보인다. 2016년 상반기는 6.5%, 하반기는 6.6% 정도의 점진적인 경기회복세가 예상된다.

　중국 증시는 개인 투자자 자금 이탈과 정책 신뢰도 하락으로 2016년 상반기까지 다소 부진한 모습을 보일 것으로 판단된다. 주가 반등을 위해서 첫째는 경기와 실적의 바닥 확인, 둘째 주식 공급 정상화 이후 시장 균형점 형성, 셋째 개혁과 중장기 정책에 대한 신뢰도 회복이 관건이다. 하반기 경기회복 가능성이 가시화되면 2분기 전후로 주가 상승을 기대할 수도 있다. 중국 증시의 전반적인 상승보다는 이익 증가가 기대되는 내수 소비재 부문의 우량주 장기 투자가 상대적으로 유망해 보인다.

아베노믹스 2.0 성공 의문
가장 중요한 변수는 TPP

이형근 대외경제정책연구원 전문연구원

▼ 2016년 일본 경제는 1% 정도의 완만한 성장세를 유지할 전망이다. 2015년보다 소폭 개선된 수치다.

2008년 글로벌 경제위기 이후 일본 경제는 매년 성장과 후퇴를 반복해왔다. 미국발 금융위기 이후 2009년 일본 경제는 대폭 가라앉았다(-5.5%). 이후 회복 궤도로 돌아선 듯했지만, 동일본대지진과 후쿠시마 원전 사고로 2011년 일본은 또 한 번 마이너스 성장(-0.5%)을 기록한다. 소비심리가 회복되면서 2012년(1.7%)과 2013년(1.6%) 일본 경제는 플러스 성장했지만, 2014년(-0.1%)에는 소비세율 인상의 영향으로 다시 한 번 침체의 길을 걷는다.

2015년 상반기도 비슷한 모습이다. 2015년 1분기(1.1%)에는 주요 경제지표가 상승하면서 경기회복에 대한 기대가 커졌다. 하지만 2분기 중국을 비롯한 신흥국 침체가 이어지면서 마이너스(-0.3%) 성장으로 돌아섰다.

2015년 일본 경제 '상고하저'

구체적인 개별 지표를 살펴봐도 2015년 상반기 일본 경제는 '상고하저' 모습이

강했다. 개인소비는 소비세율 인상 영향이 다소 누그러지면서 1분기 0.4% 증가했다. 하지만 2분기 들어 실질임금이 줄어든 가운데 특별상여금(여름 보너스)마저 2014년 대비 큰 폭 감소하면서 0.7% 감소했다.

설비투자는 1분기 엔저 효과에 따른 주요 기업이익이 증가하면서 2.6% 늘어났지만 2분기 수출 감소, 재고조정 장기화, 비제조업의 투자 감소 등으로 마이너스(-0.9%)로 전환했다. 2015년 2분기 경상이익이 최고(20조3000억엔) 수준을 기록했음에도 불구하고 기업의 투자심리는 회복되지 않았다.

수출은 2분기 중국 경기 둔화에 따른 영향으로 1분기에 비해 크게 감소(-4.4%)했다. 상반기 수출액은 엔화 기준으로 7.9% 늘었지만 달러화 기준으로는 오히려 큰 폭 감소(-7.7%)한 것으로 나타났다. 이는 2013년 이후 반복되는 현상이다. 주요 결제통화가 달러화인 가운데 아베노믹스 추진 이후 엔화 약세가 지속(2013년 12월 달러당 103.46엔 → 2014년 12월 119.40엔 → 2015년 6월 123.75엔)되고 있기 때문이다.

2015년 6월 실업률은 3.4%로 낮은 수준이며, 2013년 11월 3%대에 진입한 이후 지속적으로 하락세에 있다. 구직자 수에 대한 구인 수 비율을 나타내는 유효구인배율은 6월 1.19로 나타났다. 1990년대 초 버블 붕괴 이후 최고 수준이다. 이처럼 고용 환경은 개선되고 있지만 정규직에 비해 임금 수준이 낮은(약 62% 수준) 비정규직 비율이 37% 수준으로 고용의 질이 전반적으로 좋지 않다.

2015년 6월 소비자물가 상승률(근원 CPI)은 0.1%를 기록했다. 저유가를 맞아 광물성 연료 수입 가격 하락세가 지속됐기 때문인 것으로 풀이된다. 일본은행은 2% 물가 상승을 목표로 양적완화를 추진하고 있지만, 국제유가가 하락하면서 소비자물가는 0%대에 근접했다.

2015년 하반기 일본 경제는 2분기에 이어 3분기에도 마이너스 성장이 예상된다. 일본 경제성장 여부를 좌우하는 개인소비는 고용과 임금 환경이 나아지고 유가 하락에 따른 가계의 실질구매력이 개선되면서 전체적으로 완만한 회복 경향을 보일 것으로 예상된다.

설비투자는 노후설비 갱신 등으로 완만한 회복세가 이어질 전망이다. 일본 정부는 2015년 10월 '민관대화'에서 일본 재계에 대해 사상 최고 수준의 경상이익을 바탕으로 투자에 나서줄 것을 요청했다. 하지만 재계는 법인세율의 조기 인하, 노동 등 규제 개혁을 요구하고 나선 상황. 정부와 재계 간 입장 차이는 향후 일본 성장을 가늠하는 데 걸림돌로 작용할 가능성도 배제할 수 없다.

수출은 신흥국에서의 자동차 수요와 인프라 투자 감소, 세계적인 스마트폰 수요 감소 등에 따라 증가세가 둔화될 전망이다. 그러나 내수 부진과 국제유가 하락으로 수입이 감소하면서 연간 무역수지 적자는 축소될 것으로 판단한다.

실업률과 소비자물가 상승률은 연말까지도 낮은 수준이 지속될 것으로 보인다. 특히 소비자물가는 8월 처음으로 마이너스(-0.1%)를 기록했다. 양적완화 추진 (2013년 4월) 이후 처음 있는 일이다. 일본 정부가 지난 2년간 지속적으로 자금을 풀었지만 경기회복이 더디고 국제유가가 하락하면서 물가 상승률은 연말까지 0% 내외를 유지할 것으로 예상된다.

이에 따라 2015년 일본 경제는 상고하저 모습을 보이는 가운데 0.6%의 낮은 성장을 보일 전망이다(IMF 10월 전망치). 2015년 일본 경제성장률에 가장 큰 영향을 끼칠 것으로 예상되는 것은 다름 아닌 외부 요인이다. 중국 등 신흥국의 성장 속도 둔화가 얼마나 급격히 진행되느냐에 따라 일본 경제성장률이 결정될 전망이다.

아베 총리는 2015년 9월 24일 자민당 총재 재선 결정 이후 기자회견에서 '아베노믹스 2.0'을 발표했다. '강한 경제' '육아 지원' '사회 보장' 등 새로운 3개의 화살로 구성된 것이 특징.

첫 번째 화살인 '강한 경제'는 연간 GDP 600조엔 달성을 목표로 한다. 두 번째 화살인 '육아 지원'은 보육원 대기 아동 문제의 해소, 무상 유아 교육 확대 등이 핵심이다. 세 번째 화살인 '사회 보장'은 노약자와 환자를 돌보는 간병 관련 인

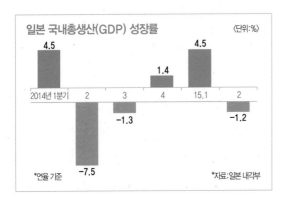

재 육성, 간병을 이유로 한 이직률 제로(0) 등을 목표로 하고 있다.

하지만 이는 전혀 새로운 내용이 아니다. 세부 실천 계획도 없다는 비판을 받았다. GDP 600조엔 달성에 대한 구체적인 시점도 밝히지 않았다. 때문에 일본 정부는 아베노믹스 2.0의 세부 내용을 담은 '1억(명) 총 활약 사회(일본인 모두가 사회에서 활약하는 사회)'를 2015년 연말에 발표할 예정이다.

2016년 일본 경제는 1% 정도 성장할 것으로 전망(IMF 10월 전망치)돼 2015년보다는 좀 더 나은 모습을 보일 것으로 기대된다. IMF는 일본은행의 양적완화와 세계적인 저유가 흐름 속에 주가와 실질임금 상승을 전제로 이 같은 판단을 내렸다.

개인소비는 아베노믹스의 추진에 따른 주가 상승, 실업률 완화, 급여소득의 완만한 확대 등 고용과 소득 환경 개선, 정부의 재정정책 추진 등에 따라 2%가량 늘 전망이다. 일본 정부는 2015년 말에 편성하는 추경예산을 통해 '1억 총 활약 사회(아베노믹스 2.0)' 'TPP(환태평양경제동반자협정)에 따른 농가 지원' 등의 정책을 추진할 방침이다.

엔화 약세 지속되지만 수출 회복 더뎌

설비투자는 기업들의 수익성이 과거 어느 때보다 높은 수준으로 올라선 만큼 설비 갱신과 R&D 수요 확대 등을 통해 완만하게 늘어날 전망이다. 2015년 국내 경기 부진에 따른 수요 위축으로 수입 증가세는 둔화돼 무역수지 적자 폭은 감소할 것으로 보인다.

소비자물가 상승률은 유가 하락 압력 둔화, 엔화 약세의 따른 수입물가 상승, 인건비 상승에 따른 서비스 가격 상승 등을 전제로 완만한 상승이 예상된다(IMF 0.4% 전망). 일본은행이 목표로 하는 '2% 달성'은 쉽지 않을 전망이다.

일본 경제에서 가장 중요한 것은 바로 수출이다. 수출은 엔화 약세에 따른 긍정적 영향과 중국을 비롯한 신흥국의 경기 감속이라는 부정적 영향이 혼재하지만 대체로 소폭 증가세를 보일 것으로 예상된다.

지난 몇 년간 엔화 약세가 지속됐지만 일본의 수출 회복은 예상보다 더디게 진행되고 있다. 이는 일본 제조업의 전반적인 경쟁력이 이전 대비 약화됐으며 일본 수출품목이 중간재 위주로 바뀌면서(2007년 54% → 2010년 59%로 확대) 해외 경기 변화에 민감하게 반응하고 있기 때문인 것으로 풀이된다. 또 일본 기업의 해외 현지 생산이 늘어났고 세계 무역 규모 자체가 줄면서 엔저효과가 생각만큼 수출로 이어지지 않는 모습이다.

엔화 약세는 2016년에도 지속될 가능성이 높다. 일본은행의 지속적인 양적완화와 미·일 간 금리 차이 확대로 연간 엔화 환율은 달러당 120엔대 초반에서 형성될 것으로 보인다.

다만 미국의 완만한 금리 인상, 무역수지 적자의 축소, 역사적으로도 높은 엔

일본 경제의 최근 동향

단위:%

구분	2013년	2014년	2014년			2015년	
			2분기	3분기	4분기	1분기	2분기
실질GDP	1.6	-0.1	-2	-0.3	0.3	1.1	-0.3
민간소비	2.1	-1.3	-5	0.3	0.3	0.4	-0.7
주택투자	8.8	-5.1	-10.9	-6.3	-0.6	1.7	1.9
설비투자	0.4	3.9	-4.2	-0.2	0.1	2.6	-0.9
정부지출	1.9	0.2	0.1	0.3	0.3	0.3	0.5
공공투자	8	3.8	0.4	1.6	0.2	-1.4	2.1
수출	1.2	8.4	0.6	1.8	2.8	1.6	-4.4
수입	3.1	7.4	-3.9	0.9	0.8	1.8	-2.6

자료:일본 내각부(2015년 9월 8일)

달러 환율 수준 등을 감안하면 큰 폭의 엔화 약세로 이어지지는 않을 전망이다.

TPP 타결, 일·EU FTA에도 영향

한편 2016년 일본 경제를 설명하는 데 가장 중요한 변수 중 하나는 TPP다. 2015년 10월 5일 미·일을 비롯해 12개국이 참여한 TPP가 타결되면서 세계 경제에 지대한 영향을 미칠 또 하나의 메가자유무역협정(FTA)이 탄생했다. 미·일은 TPP에서 GDP의 78.5%, 교역액의 60%를 차지하고 있어 사실상 양국 간 FTA라고 해도 무방할 정도다. 미·일 간 협상의 쟁점은 일본의 농업 개방과 미국의 자동차부문 관세 철폐에 있었다. TPP 협상은 비공개로 진행됐으며, 협정문은 추후 각국 언어로 공개될 예정이다.

일본의 TPP 참여에 따른 경제적 효과는 2025년 GDP가 1046억달러(2%), 수출이 1397억달러(11.2%) 증가할 것으로 추산된 바 있다(Petri 외, 2014년).

TPP 타결로 인해 일본의 수출품목 수(6500개) 기준 약 87%, 금액(19조엔) 기준 76.6%에 대한 관세가 즉시 철폐된다. 디지털카메라(현행 관세율 2.1%), 알루미늄(2.4~6%), 플라스틱 제품, 나일론 등이 여기에 해당된다.

농업 부문에서 소고기(38.5%)는 1년 차에 27.5%, 16년 차에 9%까지 인하된다. 돼지고기는 고급품(4.3%)이 1년 차에 2.2%로, 10년 차부터는 완전히 철폐된다. 또한 주요 농산물 100개 품목의 관세가 모두 철폐된다.

일본 입장에서 TPP에 따른 간접적 효과로 농업 부문 경쟁력 강화와 함께 구조 개혁에도 속도를 낼 것으로 기대된다. 2013년 4월 공식 협상을 시작한 일·EU FTA에도 영향을 끼칠 전망이다. 다만 TPP의 공식적인 발효에는 각국의 비준이 필요하므로 어느 정도 시간이 소요될 것으로 보인다.

양적완화 기간 연장해도
성장률 전망 불과 1.7%

정다운 매경이코노미 기자 **최현필** KOTRA 브뤼셀무역관장

▼ 유럽 경제는 2014년에 이어 2015년에도 본격적인 경제 회복세를 보일 것으로 기대됐으나 당초 예상보다는 둔화되고 완만한 정도의 성장세를 유지했다.

2010년 재정위기 여파 여태 해결되지 못해

대내적으로는 2010년부터 유럽 전체를 재정위기로 몰아넣었던 그리스 사태가 2015년에도 정치 불안으로 위험한 시기를 겪었는데, 이때 생긴 문제들이 아직 해결되지 못한 채 2015년 한 해를 넘기고 있다.

대외적으로는 2014년 우크라이나 사태가 발생한 이후 유럽연합(EU)의 러시아에 대한 제재 조치(2014년 7월)와 함께 러시아의 EU산 농산물에 대한 수입 금지 보복 조치(2014년 8월)가 시행되면서 폴란드, 핀란드, 스페인 등 EU 국가들의 대 러시아 농산물 수출이 직접적으로 피해를 보고 있다.

여기에 EU의 최대 수입 시장이자, 미국에 이어 2대 수출대상국인 중국의 성장세가 급격히 둔화되면서 경착륙 우려가 불거졌고, 실제로 2015년 상반기 대 중국 수출이 13% 가까이 감소했다.

EU 경제에 닥친 악재는 이뿐 아니다.

미국에서는 폭스바겐그룹의 디젤차 배기가스 조작 사건이 불거지면서 유럽산 디젤 자동차에 대한 판매가 금지되거나 업체들이 판매 중단에 나서는 등 유럽산 자동차에 대한 불신이 급속도로 번졌다. 때문에 향후 해외 시장에서 유럽 자동차 업체들이 강점을 가진 디젤 자동차에 대한 수요가 급속도로 감소할 것으로 우려되고 있다.

EU, 경제위기 탈출 위한 정책 수립·이행 중

물론 EU는 2011년 유럽 재정위기 이후 취약해진 경제성장세를 끌어올리기 위한 다양한 경제 정책을 지속적으로 추진 중이다.

우선 유럽중앙은행(ECB)은 2015년 1월 22일 전면적인 양적완화를 결정했고 2015년 3월부터 매월 600억유로 규모의 유동성을 시중에 공급하기로 했는데, EU는 이를 적어도 2016년 9월까지 유지한다고 발표했다.

민간투자 확대를 위한 '유럽투자계획(Investment Plan for European)'도 수립해 추진하고 있다. 유럽 경제가 미진한 것은 민간투자가 부족하기 때문이라는 판단에 의한 것이다.

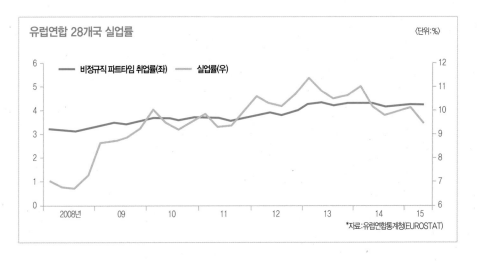

유럽연합 28개국 실업률 〈단위:%〉

비정규직 파트타임 취업률(좌)　실업률(우)

*자료:유럽연합통계청(EUROSTAT)

장 클로드 융커 EU 집행위원장은 EU 내 실업률이 낮아지고 경제성장률이 점차 회복되고 있으나 아직은 그 회복세가 미약하고 더디며 대외 여건에 크게 좌우되고 있다고 판단, 경제 회복을 위해 2015~2017년 3년간 3150억유로 규모의 유럽투자계획을 제시했다.

EU 기업들의 해외 진출을 위한 자유무역협정(FTA)도 확대 중이다. EU는 해외 시장 진출 확대를 위해 미국, 일본, 베트남 등 다양한 국가들과 자유무역협정 협상을 추진하고 있으며, 2015년에는 베트남과의 FTA협상 타결을 선언하기도 했다.

2016년 양적완화 기간 연장 가능성 높아

유럽중앙은행은 2015년 경제 전망 보고서를 통해 유로 사용 지역 경제가 2015년 1.4% 성장하고 2016년에는 1.7%로 성장세가 높아질 것이라 전망했다. 하지만 중국을 비롯한 신흥국의 경기 부진 등 다양한 하방 압력이 상존해 주의가 필요하다는 말도 함께 내걸었다.

앞서 밝혔듯 유럽중앙은행은 2015년 3월부터 시행된 월 600억유로 규모의 전면적인 양적완화를 2016년 9월까지 시행할 예정이다. 유럽중앙은행이 2015년 1월 양적완화 결정을 발표할 당시 "필요할 경우 (양적완화) 기간을 연장할 수도 있다"고 명시한 바 있어 양적완화 시행 기간이 길어질 가능성도 고려해볼 수 있다. 특히 EU의 2대 수출대상국인 중국의 경제성장 속도가 2016년 더욱 둔화된다면 유럽 경제에 미치는 영향도 커질 수밖에 없기 때문에, 이 경우 양적완화 연장 가능성은 더욱 높아질 전망이다.

FTA 협상도 급물살

미국이 주도하고 일본 등 12개국이 참여하는 TPP(Trans Pacific Partnership)가 2015년 10월 5일 실질적인 타결을 선언함에 따라 EU가 협

상을 추진해오던 미국 · 일본
과의 자유무역협정 협상 속도
또한 빨라질 것으로 보인다.

아울러 이미 협상이 타결된
TPP 참여국과의 FTA 발효
를 위한 노력도 속도를 낼 것
으로 보인다. 2014년 10월

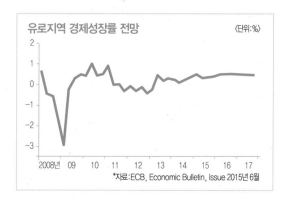

17일 협상이 완료된 싱가포르는 물론 2015년 8월 4일 협상 타결을 공식 선언하
고, 2015년 말까지 최종 협정문 작성을 완료할 예정인 베트남과의 FTA도 비준
절차를 서두를 것으로 예상된다.

이 밖에 중국과 영국은 2015년 10월 양국 정상회담 이후 발표된 공동성명에
서 '중 · EU FTA' 체결 문제를 본격 논의하고 조속히 완성하도록 노력하기로 했
다고 밝힌 바 있다.

2016년에는 EU와 우크라이나와의 FTA 발효 여부에도 주목할 필요가 있다.

EU는 우크라이나와 2014년 6월 27일 FTA 협정인 'DCFTA(Deep and
Comprehensive Free Trade Area)'를 체결했으나 이를 놓고 러시아가 강
력히 반발하는 바람에 발효를 2016년 1월로 연기해놓은 상태다. DCFTA는 우
크라이나가 EU에 가입하기 위한 첫걸음이나 마찬가지기 때문에 거센 러시아의
반발을 뚫고 2016년 이 협정의 발효가 실현될지 여부가 주목된다. 참고로 EU
는 2015년까지 우크라이나의 정치, 경제, 안보상 어려움을 고려해 EU 시장 접
근에 대해 일방적인 특혜를 제공하고 있다.

우크라이나 사태가 원만하게 해결되지 않는 한 EU의 대 러시아 제재 조치를
비롯해 러시아의 대 EU 보복 조치는 2016년 동안에도 지속될 가능성이 크다.
이 경우 EU와 러시아 양측 경제에 모두 부정적인 영향은 피할 수 없을 것으로
우려된다.

이 외에 EU는 각 회원국과 기후변화협약을 주도하고, 2015년 12월 프랑스 파리에서 개최될 예정인 기후변화총회에서 구성력을 지닌 합의를 이끌어내겠다는 방침이다. 실제 파리 회의에서 EU 바람대로 '구속력을 갖는' 합의가 이뤄질 경우 2016년은 이를 이행하는 데 집중하는 한 해가 될 것으로 보인다. 관련해 2015년 2월 25일 발표한 유럽에너지연합(Energy Union) 추진을 위한 발걸음도 빨라질 것으로 예상된다.

ECB 외부전문가 조사서 유로존 인플레 전망치 하락

다만 이 같은 노력에도 불구하고 유럽중앙은행이 내놓는 경제 전망이 유쾌하지만은 않다. 유럽중앙은행은 2015년 10월 23일 분기별 정례 전문가 대상 경기설문조사(SPF) 결과 물가상승률, 경제성장률 전망치가 낮아졌다고 밝혔다. 유럽중앙은행의 정기 경기설문조사는 EU지역 내 금융·비금융기관과 관계가 있는 유로시스템(ECB와 유로화 사용국 중앙은행) 외부 예측 전문가 60명을 대상으로 실시된다.

유럽중앙은행은 유로존(유로화 사용 19개국)의 2015년, 2016년, 2017년 물가상승률 예측치가 각각 0.1%, 1%, 1.5%로 파악됐다고 발표했다. 2020년까지 장기간 전망치는 1.9%였다. 2015년 7월 같은 조사에서는 2015년 0.2%, 2016년 1.3%, 2017년 1.6%, 2020년까진 1.9%였다.

이런 소극적인 전망은 유로존 국가들의 2015년 9월 물가상승률이 2014년 같은 기간 대비 마이너스거나 0%에 머물렀던 것이 컸다. 유럽중앙은행에 따르면 독일과 프랑스는 각각 0%로 제자리걸음을 했고 그리스(-1.7%), 스페인(-0.9%), 핀란드(-0.6%), 슬로베니아(-0.6%), 슬로바키아(-0.5%)는 마이너스였다. 네덜란드(0.6%)와 포르투갈(0.9%)도 1%를 넘지 못했다. 영국은 2015년 9월 물가상승률이 2014년 같은 기간 대비 -0.1%로, 1960년 이래 두 번째로 마이너스를 기록했다. 유로존 전체를 놓고 보면 물가상승률이 -0.1%였다. 당초 목표치였던 2%에 한참 못 미칠 뿐 아니라 2015년 3월 이후 6개월 만에 처음으로 마이너스로 돌아서면서 오히려 디플레이션에 대한 우려가 나오는 상황이다.

경제성장률 지표로 사용되는 실질 국내총생산(GDP) 증가율 전망치는 2015년 7월 발표와 비교할 때 2015년 1.4%에서 1.5%로 올라갔지만 2016년 1.8%에서 1.7%로 내려가고 2017년과 장기간은 각기 1.8%, 1.7%로 이전 집계와 같았다. 그나마 저유가 등 에너지 가격이 약세를 유지하면서 유럽지역 소비력이 개선된 덕분에 이 같은 전망치가 나온 것으로 전문가들은 분석했다.

같은 설문조사에서 유로존 실업률은 2015년과 2016년 각각 11%와 10.5%로 예상됐고, 2017년과 2020년까지의 장기는 각각 10%와 9%에서 10.1%와 9.2%로 상향됐다.

모디노믹스 성과 가시화
7% 후반 성장률도 가능

조충제 대외경제정책연구원 인도 · 남아시아팀장

2015년 중 경제 성적표가 가장 좋은 나라를 꼽으라면 선진국 중에서는 미국이, 신흥국 중에서는 인도가 될 것이다. 2016년에도 인도의 경제 성적표는 좋을 것 같다. 인도 경제는 2016년에도 완만한 성장세를 이어가 7%대 후반의 성장률을 달성할 것으로 보인다. 2015년에 이어 연속해서 중국 성장률을 추월할 가능성이 높다.

2015년 1분기 인도 경제는 7.5% 성장률을 달성해 같은 기간 7%를 달성한 중국 성장률을 추월했다. 2분기에는 중국과 같은 7%의 성장률을 기록했다. 큰 이변이 없다면 2015년 성장률은 7.5% 전후를 기록해 중국 성장률을 추월할 것 같다. 2015년 2분기까지 소비와 투자 증가세가 유지되고 있고 앞으로도 증가세가 유지될 가능성이 높기 때문이다.

2014년 4분기 4.2%와 2.4%로 둔화됐던 민간소비와 투자 증가율이 2015년 1, 2분기 연속 7%, 4% 이상으로 회복됐다. 2015년 9월까지 자동차 판매 증가율은 6.5%로 전년 동기 2.8% 대비 두 배 이상 높게 나타났다. 여기에 2015년 9월 말 인도중앙은행은 기대 수준보다 높은 폭으로 기준금리를 인하했다. 2015

년 1월, 2월, 6월 각각 0.25%포인트씩 인하됐던 기준금리가 9월 말 0.5%포인트로 크게 낮아졌다. 기대 이상의 기준금리 인하는 시간이 다소 걸리겠지만 소비와 투자를 기대보다 높게 끌어올릴 것이다.

소비와 투자가 개선되는 반면 수출입 증가율은 2014년 말부터 마이너스를 기록하고 있다. 국제유가 하락 안정화로 수출과 수입이 함께 줄고 있기 때문이다. 인도 수입의 3분의 1이 원유 수입이며 수출의 약 20%가 석유 관련 제품인 점, 글로벌 경기를 감안하면 단기에 수출입이 증가세로 반전되기는 어려워 보인다.

제조업 호조 · 물가 하향 안정화 · 발 빠른 경제 안정화 대책

산업별로는 제조업이 상대적으로 호조를 보인다. 2014년 6.1%에 불과했던 제조업 증가율이 2015년 1, 2분기 각각 8.4%와 7.2%로 상승했다. 같은 기간 농업과 서비스업이 2014년 대비 부진하고 제조업 생산이 지난 2013년에도 부진했던 점을 고려하면 제조업의 선방이 더욱 눈에 띈다. 금리 인하, 국제유가와 물가 안정, 2015년 하반기 축제 시즌 등을 고려하면 당분간 인도 경기는 제조업이 주도할 것으로 보인다.

2014년 상반기까지만 해도 높게 유지돼 인도중앙은행이 저금리정책으로 전환하는 데 걸림돌이 됐던 물가는 2015년 중 지속적으로 하향 안정됐다. 인도중앙은행은 2016년에도 5~6% 정도로 물가가 안정될 것으로 전망한다.

금융 시장은 미국 금리 인상에 대한 우려로 다른 신흥국과 같이 2015년 5월부터 다소 불안한 모습을 보였다. 이에 따라 9월까지 포트폴리오 순유입 규모가 2014년 같은 기간 대비 약 절반이 줄어든

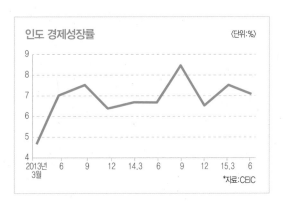

인도 경제성장률 〈단위:%〉

*자료:CEIC

100억달러 이상을 기록했다. 달러당 환율도 2015년 초 61루피에서 10월 중순 65루피로 상승했다. 하지만 이는 러시아, 브라질과 같은 브릭스 국가는 물론 다른 신흥국 대비 상당히 안정된 것으로 지난 2013년 신흥국 금융위기 이후 발 빠르게 경제 안정화 대책을 추진한 덕분이다.

2015년 중 인도 경제는 거시경제의 안정과 함께 모디(Modi) 신정부의 개혁 정책, 소위 모디노믹스(Modinomics)가 본격적으로 시험대에 오른 한 해였다. 민간과 외국인의 투자 규제를 없애고 투자 환경을 개선해 투자 → 고용 → 소비 → 투자의 선순환구조를 정착시키겠다는 모디노믹스는 투자가 조금씩 살아나며 국내외에서 비교적 좋은 평가를 받고 있다. 앞에 언급했듯 2015년 들어 1, 2분기까지 분기별 투자 증가율이 4.1%와 4.9%로 전년 동기는 물론 2014년 전체보다(3.4%) 높아지고 있다. 특히 외국인직접투자(FDI)가 확실히 증가했다. 모디 정부 집권 1년 기간과 거의 겹치는 2014·2015 회계연도(2014년 4월 1일 ~2015년 3월 31일) 중 인도의 FDI는 309억달러로 전년 동기(2013년 4월 1일~2014년 3월 31일) 대비 약 27% 증가했다.

국제연합무역개발협의회(UNCTAD)와 영국의 파이낸셜타임즈(FT)에 따르면 모디 정부 집권 이후 인도의 FDI 성과는 더욱 뚜렷하다. UNCTAD에 따르면 2014년 인도의 FDI는 전년 동기 대비 22% 증가한 반면, 세계 전체의 FDI는 같은 기간 16% 감소했고, 아시아 전체 FDI는 9% 증가하는 데 그쳤다.

인도 국내의 투자 회복 속도도 점차 빨라질 가능성이 높다. 2015년 중에만 기준금리가 4차례, 총 1.25%포인트 이미 인하됐고 미국 금리 인상 여파에 따른 불확실성이 상존하고 있지만 인도중앙은행의 저금리정책이 유지된다면 추가 금리 인하도 충분히 기대할 수 있기 때문이다. 6.75%의 기준금리는 아직도 높은 수준이다.

실제 모디 총리는 2014년 5월 집권 이후 2015년 8월 말까지 그동안 중단됐던 프로젝트 331개를 재개시켰다. 재개가 검토 중인 프로젝트만 아직 275개에 이른다. 재개된 331개 프로젝트의 계획된 투자금액만 약 105조루피, 약 1.6조 달러에 달한다. 워낙 장기 인프라 개발과 관련된 프로젝트들이 대부분이어서 당장 효과가 나타나지는 않겠지만 투자가 재개된 만큼 그 효과가 점차 가시화될 가능성이 높다.

메이크 인 인디아 · 스마트시티 · 산업회랑 사업 효과 발휘

모디노믹스의 핵심 정책인 메이크 인 인디아(Make in India)와 인프라 확충 정책인 스마트시티(Smart City), 산업회랑(Industrial Corridor) 사업이 진전되고 있는 것도 모디노믹스의 성과다. 메이크 인 인디아, 즉 제조업 육성정책은 인도 내부에서보다 외국인 투자자로부터 먼저 환영받고 있다. 세계 최대 제조업체 중 하나인 폭스콘(Foxconn)이 2015년 8월 50억달러를 향후 5년 내에 인도에 투자해 제조공장을 증설하겠다고 선언하고 마하라슈트라 주정부와 양해각서를 체결했다. 모디 총리 집권 이후부터 최근까지 글로벌 자동차 업체의 설비 증설 뉴스도 끊임없이 보도되고 있다. 2015년에만 지엠(GM), 닛산, 르노 등이 설비 증설과 추가 공장 설립 계획을 발표했다.

스마트시티와 산업회랑 사업은 투자 규모가 크고 장기 사업이어서 대부분 정상회담 등 정부 간 협력을 통해 추진되고 있다. 미국, 일본, 유럽 국가들은 이미 15~16개의 스마트시티 개발을 위한 양해각서를 인도와 체결했다. 일본의 고속철도인 신칸센의 경우, 뭄바이-아메드바드 약 500km 구간 설치를 위한 타당성 조사를 2015년 7월에 끝냈다. 이는 이미 추진 중인 델리-뭄바이 약 1500km 구간 고속화물열차 사업과는 별도 사업으로 추진되는 것으로 중국 등 후발주자들을 자극하고 있다.

민간, 외국인 투자자의 인프라 개발과 제조업 참여를 촉진하기 위해 모디 정부도 다각적인 노력을 전개하고 있다. 2015년 6월에는 기존 도시재개발 사업과 연계한 스마트시티 개발 계획을 발표했다. 2020년까지 스마트시티를 100개 건

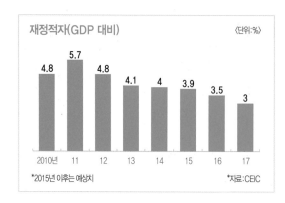

재정적자(GDP 대비) 〈단위:%〉

4.8 5.7 4.8 4.1 4 3.9 3.5 3

2010년 11 12 13 14 15 16 17

*2015년 이후는 예상치 *자료:CEIC

설하고, 이를 위해 2015년 중 20개를 선정하고 이후 2년에 걸쳐 각각 40개씩 선정해 예산을 우선 투입하는 것이 골자다. 이와 함께 현재 140위권에 머물러 있는 글로벌 투자 환경 순위를 30~40위까지 끌어올리는 것을 목표로 각종 제도 개선과 규제 제거에 집중하고 있다.

하지만 모든 것이 모디 총리 의지대로 되고 있는 것은 아니다. 제조업 육성과 인프라 개발을 보다 촉진하기 위해 필요한 3대 개혁 입법이 제대로 추진되지 않고 있다. 3대 개혁 법안은 토지수용법과 노동법 개정, 통합간접세법 (GST · Good and Service Tax)이다.

토지수용법 개정은 국가 차원의 인프라 개발 등과 관련해 토지를 수용할 경우 주민 동의와 사회적 영향 평가를 완화하는 것으로 야당과 농민들은 지나친 친기업정책이라며 반대하고 있다. 노동법 개정 또한 비슷한 상황이다. 이는 현재 약 45개에 달하는 각종 노동, 노사 관련 법을 정비해 노동조합, 근로조건, 근로계약, 분쟁 등 4~5개 관련법으로 정비하고 경제특구 등에서 노동자 해고조건을 완화하자는 것이지만 노조가 반대하고 있다. 통합간접세법은 조금 상황이 낫다. 인도의 워낙 복잡한 간접세 체계를 단순하게 개편하는 것으로 야당조차 반대하지 않는 대신 일부 주(州)의 반발과 함께 세수 보전 문제에 다소 이견이 있는 것으로 알려져 있다.

주의회 선거 결과 따라 개혁 입법 추동력 달라질 것

인도 모디 정부에 2015년은 경제를 회복 국면으로 전환시키고 모디노믹스의 핵심 정책들을 소개한 해라면, 2016년은 경제성장 속도를 보다 높이고 모디노믹스 성과를 더욱 구체적으로 달성하는 해가 돼야 할 것이다. 다행히 거시경제 측면에서 2016년 경제성장률은 2015년보다 소폭 높은 7%대 후반으로 비교적 선방할 가능성이 높다. 최근까지와 같은 거시경제 상황이 지속된다면 투자와 소비가 지속 회복될 가능성이 크기 때문이다.

다른 신흥국에서 우려하는 소위 G2 불안도 인도 경제에는 그 영향이 제한적일 것 같다. 미국 금리 인상에 의해 인도 금융 시장이 불안해지지는 않을 것이다. 경상수지와 재정수지, 물가 등이 충분히 안정돼 있는 까닭이다. 중국 경기 둔화도 중국과의 경제교류가 상대적으로 많지 않아 인도 경제에는 그 영향이 제한적일 것이다.

오히려 문제는 모디노믹스의 성과가 단기에 나타나기가 쉽지 않다는 것이다. 특히 모디 신정부가 추진하고 있는 3대 개혁 법안의 국회 통과가 2016년 중에도 실현되지 않는다면 실망과 함께 경제성장 가속화에 찬물을 끼얹을 수도 있다. 그렇다고 지나치게 우려할 필요는 없다. 왜냐하면 구자라트, 라자스탄, 마하라슈트라, 마드야프라데시 등 일부 개혁 성향이 강한 주들은 이미 나름대로 개정 토지수용법과 노동법을 적용하고 있으며 점차 확산될 가능성이 높기 때문이다. 반대로 3대 개혁 법안이 국회를 통과할 경우 투자와 함께 경제성장에 가속도가 붙을 가능성 또한 높다.

모디 정부는 2015년 중에 시도했던 3대 개혁 법안의 국회 상정을 2016년에도 시도할 것이다. 빠르면 2015년 겨울 국회 상정 가능성도 배제할 수 없다. 2015년 10월부터 시작되는 비하르 등 주요 주의회 선거 결과가 모디 정부에 유리하게 나온다면 개혁 입법의 추동력은 더욱 강해질 것이다. 하원의석의 과반수를 확보하고 있는 모디 정부가 주의회 선거로 상원의석까지 지속 늘려나간다면 개혁 입법의 국회 통과가 훨씬 쉬워지기 때문이다. 결국 2016년 인도 경제가 7%대 후반 이상의 성장률을 달성할 수 있을지는 인도 국민들 손에 달려 있다고 할 수 있다.

25년 만에 최악의 경제상황
물가안정 vs 경기부양 딜레마

최정석 KOTRA 리우데자네이루무역관장

▼ 2015년 초만 하더라도 브라질중앙은행은 2015년 경제성장률이 마이너스를 기록하지는 않을 것이라는 기대감을 내비쳤다. 그러나 내수 부진, 국제 원자재 가격 하락, 정치적 불안이 지속되자 브라질중앙은행은 2015년 경제성장률 전망치를 1월 0.15% → 3월 -0.66% → 6월 -1.3% → 10월 -2.85%로 계속 하향 조정했다. 경제성장률이 생각보다 여러 번, 또 큰 폭으로 하향 조정되면서 브라질 국민 전반은 당혹스러워하는 모습이다.

또 2015년 1월, 브라질중앙은행은 헤알(Real)화의 2015년 환율이 미국 달러당 3헤알을 넘어서지는 않을 것이라고 예상했다. 그러나 2015년 9월 사상 최고치인 달러당 4.1헤알을 기록하자 당국은 20억달러 외환을 풀어 긴급 진화에 나섰다. 2014년 9월 달러당 2.3헤알에서 불과 1년여 만에 4.1헤알까지 폭등해 헤알화의 가치가 반 토막 나자 외환 관계자들이나 수입 업체들은 망연자실하고 있는 실정이다.

엎친 데 덮친 격으로 2015년 9월 S&P가 브라질 신용등급을 투자등급(BBB-)에서 투자부적격인 투기등급(BB+)으로 강등하자 투자자들 시선도 싸늘해졌다. 물가 상승률도 브라질중앙은행이 상한선으로 잡았던 6.5%를 훌쩍 뛰어넘어 10%에 육박했으며 두 자릿수 인플레이션을 기록할 것이란 우려마저 낳고 있다. 2015년 9월 기준 실업률 역시 6.3%로 당초 예상치인 4.5%를 크게 웃돌았다.

재정 건전성 악화, 정치적 불안, 대외 경제 불확실성 등 대내 여건과 대외 환경이 모두 악화돼 사면초가에 몰린 브라질 경제는 1990년대 초 경제위기 이후 25년 만에 최악의 시련기를 맞고 있다.

브라질 경제를 침체 국면에서 벗어나지 못하게 하고 있는 요인은 크게 세 가지로 볼 수 있다.

첫째, 재정 건전성 악화다. 브라질 정부는 지우마 호세프 대통령 당선 이후 정부 지출을 매년 10% 이상 늘려왔으나 내수 부진과 국제 원자재 가격 하락 등으로 인해 재정 건전성이 계속 악화돼왔다. 2016년 정부 예산안도 305억헤알(약 8조8830억원)의 적자 예산으로 편성해 의회에 상정했다. 조아킹 레비 재무장관은 퇴직금·실업연금 축소 등 재정긴축을 통한 재정 개혁을 추진하고자 하나, 경제팀 내 갈등으로 이행이 쉽지 않아 보인다.

둘째, 정치적 불안이다. 2014년 국영 석유 기업 페트로브라스의 부정 스캔들로 인해 지우마 대통령에 대한 탄핵 시위가 주요 도시에서 일고 있는 등 정치적 불안이 지속되고 있다. 지우마 대통령이 탄핵될 것으로 예상하는 이는 거의 없으나 정치 지도력은 심각한 타격을 받았다. 최근 여론조사에서 지우마 대통령에 대한 지지율은 8%에 그쳐 2016년은 물론 2018년까지 남은 임기 동안에도 험로가 예상된다.

셋째, 대외 환경의 불확실성이다. 중국의 경제성장 둔화와 국제 원자재가 하락이 브라질 경제의 전망을 더 어둡게 하고 있다. 지난 10여년 간(2004~2013년) 브라질의 경기

브라질 경제 전망

구분	2015년	2016년
GDP 성장률(%)	-2.85	-1
소비자물가 상승률(%)	9.53	5.94
실업률(%)	6.3	6
환율(헤알/달러, 연말 기준)	4	4
GDP 대비 공공부채(%)	36.1	39.35

자료:브라질중앙은행(BCB)

호황을 이끈 주요 요인 중 하나는 중국이 브라질로부터 대량의 원자재를 수입한 덕분이다. 브라질 수출의 약 15%를 차지하는 중국 경제 위축은 브라질 경제에 큰 타격을 줄 수밖에 없다. 2015년 상반기 대중 수출 실적은 전년 대비 46% 감소한 128억달러를 기록했다. 헤알화의 가파른 상승으로 부분적 수출 증가 효과도 나타나고 있으나 브라질은 철광석, 석유, 육류, 설탕 등 원자재 중심의 단조로운 수출구조를 갖고 있고 지난 10여년간 제조업 경쟁력이 약화돼 수출 경쟁력 개선 효과를 크게 누리기는 어려운 상황이다. 게다가 최근 환태평양경제동반자협정(TPP)이 발효되면 브라질의 수출이 2.7% 감소할 것이라는 조사 결과도 발표됐다.

2016년에도 트릴레마(삼중고) 예상

2016년 상황도 그리 나아 보이지는 않는다.

브라질중앙은행과 국제통화기금(IMF)은 2016년 경제성장률 전망치를 −1%로 잡고 브라질 경제가 2년 연속 마이너스 성장을 기록할 것으로 예상했다. 2년 연속 마이너스 성장률은 1930년 대공황 이래 처음이다. 브라질 재무부의 일부 경제 전문가들은 현 브라질의 경제 상황을 '트릴레마(Trilemma)'에 비유했다.

트릴레마는 사전적 의미로는 물가 안정, 경기 부양, 국제수지 개선의 3중고(三重苦)를 가리킨다. 그러나 브라질의 경우에는 물가 안정, 경제성장, 고용이라는 정책 목표와 관련해 사용됐다. 브라질 정부가 2016년 물가 안정, 경제성장, 고용의 3대 정책 목표 중 하나도 달성하기 어려운 상황에 처해 있다는 것이다. 2년 연속 마이너스 성장률이 예상된다고 경기 부양에 올인하면 인플레이션이 초래되고, 두 자릿수 물가 상승률 위협을 받고 있다며 물가 안정에 치중하면 경기 침체와 고용 악화가 수반된다는, 서로 물고 물려서 진퇴양난에 빠진다는 설명이다.

브라질 정부는 S&P의 브라질 신용등급 강등 이후 재정긴축과 증세를 통한

169억달러 규모의 재정 대책을 수립해 의회에 상정했다. 농업 보조금, 사회기반시설 투자, 공무원 월급·보너스, 공공 보건과 저가 공공주택 프로그램 등을 대폭 줄이고 석유화학·제조 업계에 대한 세금 환급을 줄였다. 또 2008년 폐지된 금융거래세(CPMF)를 부활시키고 금융소득에 대한 세금을 최대 30%까지 올려 재정적자를 GDP 대비 0.7% 흑자로 전환한다는 내용이 골자다. 그러나 재정긴축과 증세 방안 모두 이해관계자들의 반발이 예상돼 이 대책이 의회를 통과하기는 쉽지 않을 것으로 예상된다.

민간 분야에서도 대량 해고 등 혹독한 구조조정이 진행되고 있다. 연일 대량 해고 소식이 들리고 최근 1개월 새 약 10만개의 일자리가 사라졌다. 결국 브라질은 2016년에도 길고 어두운 터널을 지나야 할 것으로 보인다. 현재 브라질 경제가 침체를 극복하기 위해서는 경제에 국한해서 해결하기보다는 '정치적 위기 상황'과 연계해 진단하고 총체적 해법을 찾아야 한다는 목소리가 높아지고 있다.

"문제는 정치야, 바보야"

2년 연속 마이너스 성장, 고물가, 대량 해고에도 불구하고 긍정적인 점이 있다면, 브라질의 전반적인 경제 펀더멘털이 견고해 경제위기 상황으로까지 치닫지는 않을 것으로 보인다는 점이다. 최근의 경기 침체는 과거 10여년간의 장기 호황으로 인한 버블이 꺼져가는 과정에서 나타나는 경제 침체지 경제위기로 보기는 어렵다는 시각이 지배적이다. 브라질은 2015년 9월 기준 외화보유액이 3710억달러며, 단기 외채 규모는 약 480억달러로 외화보유액 대비 13% 수준이다. 공공부채도 GDP 대비 40%를 넘지 않고 있다.

때문에 최근 브라질에서는 정치적 위기가 경기 침체를 촉발했다는 비판이 거세지고 있는 실정이다. 정치적 불확실성 탓에 기업이 투자를 하지 않고 헤알화도 불안심리가 반영돼 지나치게 평가절하됐다는 주장이다. 브라질 내에서 "문제는 정치야, 바보야"라며 정치권 안정을 촉구하는 목소리가 높아지는 배경이다.

여전히 헤매는 러시아
역동성 살아나는 동유럽

러시아

스태그플레이션 고통으로 신음

이종문 부산외국어대 러시아·중앙아시아학부 교수

2015년은 러시아 경제가 스태그플레이션의 늪에서 길을 잃고 헤맨 우울하고 고통스러운 해로 기록될 것이다. 러시아 경제발전부는 물론 국제통화기금(IMF)이나 세계은행(WB) 등 국제금융기구들은 2015년 러시아 경제성장률이 −4%에 육박하는 수준까지 떨어질 것으로 예상한다. 이에 따라 러시아 경제는 글로벌 경제위기로 −7.8% 성장을 기록한 2009년 이후 6년 만에 다시 역성장으로 회귀함과 동시에 5년 연속 성장률이 하락하는 기록을 남기게 됐다. 소비자물가는 연평균 15% 이상 급등하며 2001년 이후 14년 만에 최고치를 기록할 것으로 보인다.

2015년 러시아 경제가 역성장과 두 자릿수 물가 상승이라는 이중고의 늪에 빠진 배경에는 우크라이나 사태와 관련된 지정학적 리스크 확대와 국제유가 폭락이라는 외부 요인이 자리한다. 2015년 들어 우크라이나에서의 무력 충돌 가능성과 서방의 러시아 경제제재 지속, 국제유가의 추가 하락 가능성이 커지면서 러시아 정치와 경제에 대한 불확실성이 증대됐다.

　자본의 러시아 탈출이 가속화되면서 외환 시장에서 달러 대비 루블화 환율이 급등했다. 2014년 11월 석유수출국기구(OPEC)의 석유 감산 합의 실패로 촉발된 유가 급락과 2015년 1~2월 국가신용등급 추락에 따른 루블화의 가치 하락 효과는 물가 급등으로 나타났다. 물가 상승률이 두 자릿수를 기록하면서 러시아 국민들의 실질임금과 소득이 잠식됐고, 금융권의 소비자신용 축소는 가계소비에 부정적 영향을 미쳐 최근 수년 동안 러시아 경제성장의 핵심 버팀목이었던 소비 수요의 기록적인 감소를 유발했다. 재정 건전성 악화와 예산 긴축으로 2008년 금융위기 때와 같은 가계의 소비를 지원해줄 수 있는 정부의 개입(예산지출)이 제한됐다.

　국제원유 가격이 배럴당 55달러(2015년 1~9월 평균)대로 급락하는 등 국제 원자재 가격 하락으로 인한 교역조건의 악화(2014년 대비 24.6% 감소)는 에너지 수출주도형 산업구조를 지닌 러시아 경제에 심각한 타격을 줬다.

　대내외 변수의 흐름을 통해 볼 때 2016년 러시아 경제에 대한 전망은 2015년과 마찬가지로 그다지 밝지 않다. 무엇보다 러시아 경제를 가름하는 바로미터인 국제유가의 의미 있는 상승은 기대하기 어려울 것으로 보인다. 세계은행은 원유의 공급 증대, 미 달러화 강세, 지정학적 불안 완화, 이란산 원유 공급 등으로 2016년 국제유가가 배럴당 53달러를 기록할 것으로 예측한다.

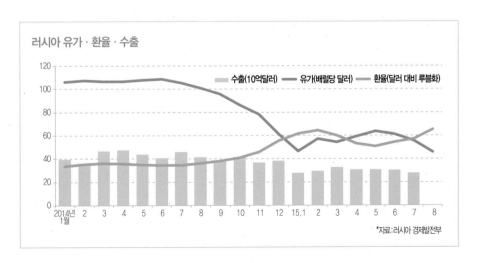

우크라이나에서의 무력 충돌 가능성과 관련된 지정학적 리스크는 해결보다는 장기간 간헐적으로 지속되면서 러시아 정치의 불확실성을 높일 전망이다. 미국과 유럽연합(EU)의 경제제재도 지속될 가능성이 높아 러시아 경기회복의 지연에 일조할 것이다. 그 외에 중국을 비롯한 신흥국에서의 경기 둔화 가능성, 유럽연합에서의 경기회복 불투명, 미국의 기준금리 인상 등 러시아 경제에 직접적인 영향을 미치는 외부변수들의 변동성은 높은 반면 이를 제어할 수 있는 러시아 정부의 정책적 수단이 거의 없다는 점에서 2016년 러시아 경제가 침체의 늪에서 벗어나기는 힘들 것으로 예상된다.

중기적으로 볼 때 러시아 경제의 회복 여부는 새로운 글로벌 경제 현실, 즉 저성장 · 저유가의 환경에 얼마나 빨리 적응하느냐에 달려 있다. 현재 세계 경제는 골디락스 시대를 접고 저성장 시대를 경험하고 있다. 국제 원재료 시장에서 슈퍼사이클 시대는 종언을 고하고 슈퍼다운사이클이 진행 중이다. 중국의 제조업 위축과 달러 강세로 원유를 비롯한 원자재 시장이 장기간의 약세장으로 접어들고 있다는 전망이 힘을 얻는다. 위기 극복을 위해서는 러시아 경제정책의 초점이 산업구조 다변화와 기업활동 활성화에 맞춰져야 한다.

동시에 러시아 기업활동 환경의 최대 장애 요인으로 지목되는 부패, 조세제도와 세율, 비효율적인 관료주의를 극복하기 위한 제도적, 법률적, 행정적 개혁 조치를 강도 높게 추진해 경제의 전반적 체질 강화를 도모해야 한다. 또한 과도한 정부의 시장규제를 완화하고 국영기업의 대규모 사유화를 통해 국민경제 전반에 걸친 효율성과 합리성을 제고하는 것이 시급히 요구된다.

동유럽

발칸반도 경제는 러시아 닮은꼴

이철원 대외경제정책연구원 유럽팀 전문연구원

유럽연합 가입으로 글로벌 경제에 성공적으로 편입한 동유럽 회원국들은 2008

년 이후 글로벌 리스크 확대라는 새로운 도전에 직면하게 됐다. 대외적인 위험 요인에 안정적으로 대처할 수 있도록 자국 경쟁력을 제고시키고 거시경제 펀더멘털을 한층 강화해야 할 시점에 도달한 것이다.

지정학적 불확실성 심화나 미국의 금리 인상 우려와 같은 대외적인 불안 요인이 끊임없이 제기되는 상황에서 동유럽 국가들이 언제쯤 다시 안정적인 고성장 국면에 재진입할 수 있을 것인지는 아직 판단이 쉽지 않다. 다만 서유럽 선진 경제로의 수렴은 장기적으로 지속될 수밖에 없으며, EU 내에서 성장동력이 가장 기대되는 회원국이 바로 동유럽 국가들인 것은 확실하다.

향후 동유럽 경제 전망에 있어 주요 대외 위험 요인으로는 서방의 대러제재 지속 여부와 미국의 금리 인상 우려 등이 대표적이다. 서방과 러시아 간 지정학적 긴장 관련 부정적 여파는 아직까지 우려했던 것만큼 동유럽 경제에 많은 영향을 미치지 못하고 있는 것으로 보인다. 향후 미국의 금리 인상에 대한 우려도 이들 경제에는 여파가 그리 크지 않을 것으로 예상된다. 이는 독일의 경제 호조세, 저유가 기조로 인한 물가 안정과 금리 인하, ECB(유럽중앙은행)의 비전통적 통화 확대 정책에 대한 기대 등 긍정적 요인들이 전술한 부정적 대외 위험 요인들을 상쇄하고도 남기 때문이다. 하지만 이런 위험 요인에 대한 최근 대응 추이와 전망은 중부 유럽과 서발칸 국가들 사이에 다소 차이를 보인다.

폴란드, 헝가리, 체코, 슬로바키아 등 경제성장의 역동성을 점차 회복해가는 중부 유럽 국가들은 중장기적으로 3% 후반에서 4%대에 근접한 경제성장세를 보여줌으로써 다시 EU 내 성장동력으로 자리매김할 수 있을 것으로 보인다. 반면 크로아티아, 세르비아 등 서발칸 국가들은 가계 부문의 과도한 외화 표시 부채 부담과 러시아·CIS의 경기 침체 여파로 당분간 저성장세가 계속될 전망이다. 결국 동유럽 국가들은 전면적인 경제구조 개혁을 얼마나 지속적, 성공적으로 추진하는가에 따라 EU 가입을 전후로 보여줬던 역동적인 성장 경로로의 복귀 가능성이 가시화될 수 있을 것이다.

새로운 통합경제권 출범
재도약 성패 가르는 해

이재호 대외경제정책연구원 전문연구원

2015년 동남아지역 경제성장은 선도 국가로 불리는 ASEAN 5(인도네시아, 말레이시아, 태국, 필리핀, 베트남)의 경기 침체와 미얀마, 라오스, 캄보디아 등 후발 주자의 선방으로 요약된다. ASEAN 5의 경우 2015년 경제성장률 전망치가 4.6% 수준으로 2014년과 비슷할 것으로 보인다. 주요 동남아 국가들 경제성장이 완만한 수준에 머물 것으로 예상되는 것에 비해 미얀마, 캄보디아, 라오스 등 후발 주자들은 7~8%의, 상대적으로 견조한 성장세를 유지할 전망이다.

인도네시아는 원자재 가격 하락, 조코위 행정부의 경기 부양책 지연, 수출 부진 등의 악재로 인해 2015년 경제성장률이 2009년 글로벌 금융위기 후 처음으로 5% 아래로 떨어질 것으로 예상된다. 말레이시아는 원자재 가격 하락으로 인한 수출 감소, 내수 경기 부진에 따른 소비와 투자 저하, 정치 스캔들 등으로 인해 경제성장률이 4.7% 수준에 머물 전망이다. 태국은 2014년 하반기 군부정권 출범에도 불구하고 정치적 불확실성이 개선되지 않으면서 소비와 투자가 부진하고 수출은 감소했다. 결과적으로 2015년 경제성장률이 2.7% 내외로 동남아 주요국 가운데 가장 낮을 것으로 판단한다.

반면 베트남은 최근 FDI(외국인직접투자) 증가, 수출 호조, 소비 확대 등에 힘입어 2015년 경제성장률이 6.5%까지 상승하면서 2000년대 초반의 고도성장세를 구현할 수 있을 것으로 기대된다. 미얀마, 캄보디아, 라오스 등 후발 국가는 2015년 홍수, 가뭄 등의 자연재해로 농업 생산에 큰 피해가 발생했지만 섬유·의류 수출 호조, 각종 인프라 개발 사업 추진에 따른 투자 확대 등의 영향으로 견조한 성장세를 유지했다.

주요 경제지역별 경제성장률 전망치 개요				단위:%
지역	2014년	2015년	2016년	2020년
선진국	1.8	2	2.2	1.9
미국	2.4	2.6	2.8	2
유로지역	0.9	1.5	1.6	1.6
일본	-0.1	0.6	1	0.7
중국	7.3	6.8	6.3	6.3
ASEAN 5	4.6	4.6	4.9	–
인도네시아	5	4.7	5.1	6
태국	0.9	2.5	3.2	3.2
말레이시아	6	4.7	4.5	5
필리핀	6.1	6	6.3	6.5
베트남	6	6.5	6.4	6
브루나이	-2.3	-1.2	3.2	5
캄보디아	7	7	7.2	7.3
라오스	7.4	7.5	8	7.4
미얀마	8.5	8.5	8.4	7.7
싱가포르	2.9	2.2	2.9	3.2

주:2015년 자료부터는 전망치임
자료:World Economic Outlook October 2015(www.imf.org)

여러 거시경제 지표를 감안하면 2016년 동남아 국가들 경제성장률은 평균 4.9% 수준으로 완만한 성장세에 머물 가능성이 높다. 성장률 5% 이상으로 다시 돌아가기 위한 선결 과제는 중국, 유럽 등 주요 수출 시장으로의 수출 회복이다. 인도네시아, 말레이시아 등 원자재 수출 비중이 높은 국가들은 국제 원자재 가격 회복도 관건이다. 하지만 주요 수출 시장이자 원자재 수요처인 중국, 유럽, 미국의 경기를 감안하면 단기적인 수출 회복과 국제 원자재 가격 상승 가능성은 그리 높지 않아 보인다.

내수 시장 회복은 단연 정부지출과 수요 회복을 통한 경기 부양이 관건이다. 하지만 인도네시아, 필리핀, 태국 등 대규모 재정지출을 준비해온 국가들이 재정지출 계획에 비해 2015년 집행 실적이 크게 저조했다는 평가를 받고 있어 2016년 재정지출을 통한 경기 부양 노력을 주목할 필요가 있다. 2015년 말

AEC(ASEAN경제공동체) 출범으로 역내 상품 · 서비스 · 자본 · 투자 · 숙련인력의 이동이 자유로워지면서 교역 · 투자 활성화를 위한 기반이 조성되는 점은 향후 동남아 국가들의 경제성장에 긍정적인 여건이 될 것으로 전망된다.

TPP 타결로 아태지역 경제통합 움직임 가속화

2015년 10월 TPP(환태평양경제동반자협정) 타결로 인해 아태지역 경제통합이 본격화되면서 동남아 역내외 경제 환경이 빠르게 변화할 것으로 전망된다. 특히 이번 TPP 타결로 인해 상대적으로 더디게 추진돼온 RCEP(역내포괄적경제동반자협정) 협상에도 가속도가 붙을 것이다.

미국, 일본 등의 주도 아래 아태지역 12개국이 참여하는 TPP는 전 세계 경제 규모의 약 38%에 해당하는 28조달러, 전 세계 인구의 약 11%인 8억명 규모의 세계 최대 경제동맹으로 주목받는다. 동남아 국가 중에서는 TPP 타결로 섬유 · 의류의 대미 수출 증가가 예상되는 베트남이 최대 수혜국으로 꼽힌다. 물론 역내에서 원사를 생산해야 원산지를 인정받는 '얀포워드룰'을 적용하기 때문에 TPP 발효 직후 베트남에서 생산되는 모든 섬유 · 의류 제품이 TPP 혜택을 받는 것은 아니지만, 최근 베트남 내 원사 생산을 위한 방직 · 방적 업체들 진출이 증가하고 있어 중장기적으로는 얀포워드룰을 충족시킬 수 있을 것으로 판단된다.

TPP, RCEP로 대표되는 아태지역의 경제통합 움직임은 G2(미국, 중국) 국가들의 아태지역에서의 외교 · 경제 주도권 경쟁과도 깊은 연관성이 있다. 2015월 10월 TPP가 전격 타결되면서 아태지역 경제통합 논의에서 미국이 주도권을 선점했다는 평가를 받는다.

미국과 아태지역 경제통합 주도권을 놓고 경쟁해온 중국도 TPP 타결에 대응해 RCEP 협상을 가속할 것으로 예상된다. RCEP는 전 세계 GDP의 29%에 달하는 22조달러, 전 세계 인구 49%인 34억명 규모로 TPP와 더불어 세계 양대 경제통합체로 인식되고 있으나, 개도국에 대한 배려와 인도의 낮은 개방 수준에 대한 입장 고수로 TPP와 같은 높은 수준의 개방은 어려울 것으로 보인다. 하지만 중국은 RCEP 이외에도 최근 AIIB(아시아인프라투자은행) 설립, 일대일로(육·해상 실크로드) 정책 등을 통한 대규모 인프라 개발 사업을 기반으로 아태지역 국가 간 경제협력을 주도할 것으로 예상된다.

TPP, RCEP로 대표되는 미·중 G2 국가의 아태지역 경제통합 주도권 경쟁이 심화되는 가운데 마침 동남아 국가들도 AEC의 형태로 역내 단일 시장, 단일 생산지대를 지향하는 경제통합체 출범을 추진해왔다. AEC 출범으로 향후 동남아 역내 국가 간의 교역, 투자 활성화가 예상된다. 일부에서는 AEC로 인한 동남아 역내 경제통합이 역외 국가에 대한 역차별을 불러올 수도 있다는 우려가 제기되기도 했으나 역내외 생산네트워크 활성화, 비관세장벽 해소와 같은 긍정적인 효과가 더 클 것으로 보인다.

2016년부터 시작되는 새로운 경제환경에 대한 대응이 관건

IMF, ADB 등 주요 경제기관은 대부분 2016년 동남아 국가들의 경제성장이 완만한 수준에 머물 것이며 수출 부진, 국제 원자재 가격 하락 등의 문제들이 단기에 개선될 가능성은 높지 않을 것으로 본다. 하지만 TPP, RCEP 등 아태지역 경제통합 과정에서의 포지셔닝에 따라 나라별 경제 활동 기반이 점차 변화될 가능성이 높아 보인다. 대표적인 사례로 베트남을 들 수 있는데, TPP 타결 국면에서 경제 환경 변화에 잘 대응한 TPP의 대표적인 수혜국으로 주목받는다. 베트남의 이런 우수한 포지셔닝으로 인해 TPP 수혜를 활용하기 위한 FDI도 증가하고 있는 점은 주목할 만하다.

AEC 출범으로 동남아 국가 간 상품·서비스·자본·투자·숙련인력 등의 이동이 자유화되면서 2016년부터 동남아의 경제 무대는 새로운 국면이 시작될 것으로 예상된다. 거대 경제권의 경쟁적인 출범, 역내 경제통합 등의 새로운 경제환경에 대한 대응이 향후 동남아 국가들의 승자와 패자를 나눌 전망이다.

이란·터키·이집트
견실한 성장 삼두마차

중동

레반트에 이란의 정치 영향 확대

권용석 KOTRA 중동지역본부장

저유가 흐름이 지속되고, 지역 내 정세 불안이 이어지는 중동·아프리카 (MENA·Middle East & North Africa) 지역. 그럼에도 이 지역의 경제성장은 이란을 비롯한 거대 시장의 견실한 성장 추세와 중동 산유국의 재정 여력을 바탕으로 2016년에도 3.2%가량 성장할 전망이다.

이란이라는 거대 시장의 개방과 터키, 이집트의 견실한 성장이 역내 시장 확대에 긍정적인 요인으로 작용할 것으로 보인다. 국제유가가 일정 부분 상승하겠지만, 산유국 정부 재정지출의 균형을 이루는 균형재정 유가 수준(Fiscal break-even oil price)까지는 미치지 못할 것으로 예상된다. 때문에 GCC(만안협력회의) 국가의 경제 반등에는 영향을 주지 못할 것 같다. 아울러 이란의 시장 개방은 종파 간 갈등이 심한 비(非) 석유 산유국에 대한 이란의 정치적 영향 확대로 이어질 수 있다. 이는 곧 역내 지정학적 리스크가 증가되는 요인으로 작용할 가능성을 암시한다.

권역별로는 역내 경제 비중의 60% 이상을 차지하는 GCC 국가의 경제성장률이 2015년에 비해 둔화될 것으로

구분	전체	비중	GCC	비중	레반트*	비중	마그레브	비중
2015년	3.2	100	3.4	63.2	2.3	2.1	2.8	8.9
2016년	3.2	100	2.9	62.3	2.9	2.1	3.5	9

2016년 역내 실질GDP 전망 단위:%

*주:이라크, 시리아 IMF 통계 부재로 제외 자료:IMF, KOTRA 두바이무역관 가공

전망된다. 때문에 3대 거대 시장(이란·터키·이집트)을 비롯한 다른 권역의 경제성장에도 불구하고 전체적으로는 보합세를 이룰 것으로 본다.

GCC 국가 중 사우디아라비아, 바레인과 오만은 2015년 균형재정 유가 수준을 배럴당 100달러 이상으로 책정했다. 따라서 2016년 유가가 60달러 선으로 유지돼도 더 이상의 정부 재정지출을 기대하기 힘든 상황이다. 특히 GCC 경제 규모의 46%를 차지하고 있는 사우디아리비아의 경우, 그간 축적한 재원을 바탕으로 재원 조달에 문제가 없겠지만, 그럼에도 정부지출을 2015년 수준보다 늘릴 여지는 제한적일 것으로 판단한다. 지중해 동쪽에 위치한, 태양이 떠오르는 땅 4개국 레반트(Levant·요르단, 시리아, 이라크, 레바논)는 국가 내 종파 간 갈등으로 경제 회복이 더딘 상황이다. 이란의 핵협상 타결에 따라 이들에 대한 이란의 정치적 영향력이 더욱 확대될 것으로 전망된다. 단기간 내 경제의 회복 가능성은 낮다.

북아프리카 4개국이 위치한 마그레브(Maghreb) 지역은 자원은 풍부하나 전반적으로 경제가 낙후돼 있는 지역이다. 유가 하락에 따른 중동 산유국(특히 사우디아라비아)으로부터의 투자 위축, 테러 등 정정 불안은 마그레브 지역 관광객 감소로 이어져 2015년 대비 경제가 크게 성장할 가능성은 없을 것으로 보인다.

인구 2억4000만명의 거대 내수 시장을 보유하고 제조업이 발달한 3대 국가(이란·터키·이집트) 시장은 다소 안정된 정치를 기반으로 2015년보다는 높은 경제성장을 이룰 전망이다. 이란은 경제 해제 효과가 실물경제에 이르기까지는 다소 시간이 걸리겠지만 그간 불투명했던 비즈니스 환경이 해소돼 기업의 투자가 본격적으로 이뤄질 것으로 예상된다. 터키 경제는 인근국인 시리아와 이라크

긴장이 지속되는 등 부정적 요인이 상존하지만 EU를 중심으로 한 해외 수요 회복과 2015년 11월 재총선 이후 국내 정치 불안이 상당히 안정돼 2015년의 경제성장세를 이어갈 것이다. 이집트는 정치 안정을 기반으로 경기지표 회복세가 2016년에도 이어질 것으로 보이나 테러 등 치안 불안 요인이 관광 산업 위축으로 이어져 경제성장의 걸림돌로 작용할 수 있다.

중앙아시아 | 러시아 중심 CIS 역내 경협 움직임 강화

소병택 KOTRA CIS지역본부장

CIS 지역은 2016년에도 경제 침체가 지속될 것으로 보인다. CIS는 독립국가연합으로 러시아를 비롯해 우크라이나 · 벨로루시 · 투르크멘 · 아제르바이잔 · 아르메니아 · 우즈베크 · 키르기스 · 카자흐 · 타지크 · 몰다비아 등 11개국을 의미한다. 내년에도 저유가 추세가 계속될 것으로 예상되면서 CIS 국가의 가장 큰 수익원인 석유가스 수출을 통한 경기 부양은 기대하기 어려운 상황이다. 게다가 우크라이나 사태로 빚어진 러시아와 서방 간의 갈등으로 인해 2015년 6월 유럽과 러시아 모두 서로에 대한 경제제재 기한을 연장하면서 그 돌파구를 찾지 못하고 있다. 여기에 중국 경제성장세 둔화까지 겹치면서 러시아 경제가 다시 일어서기까지는 다소 시간이 필요할 전망이다. CIS 경제의 70% 이상을 차지하고 있는 러시아 경제가 신통치 못하다 보니 주변국인 중앙아시아 CIS 국가들도 2016년 경제 전망이 밝지 못하다.

2015년은 러시아에 전환의 해였다. 저유가가 장기화되면서 러시아는 그동안 구호에만 그쳤던 제조업 육성 정책을 본격적으로 전개하기 시작했다. 18개 수입 대체 산업을 지정했으며, 3억달러 규모의 산업개발펀드를 조성해 관련 기업들에 지원하고 있다. 또 경제협력 대상의 중심을 유럽에서 아시아로 크게 바꿨다. 중국, 베트남, 태국 등과 포괄적 경제협력을 체결하고, 극동 개발을 위한 선도 개발 구역 지정 등 아태 지역과의 협력을 위한 다양한 노력을 기울이고 있다.

2016년에도 이런 움직임은 계속될 것으로 보인다.

이 같은 상황에서 러시아는 CIS 역내 영향력 강화에 더욱 힘을 쏟을 것으로 보인다. 2015년 1월 출범한 유라시아경제연합은 아르메니아, 키르기스스탄이 추가 가입했고, 지난 5월 베트남과 FTA를 체결하는 등 자리를 잡아가고 있다. 2016년에도 가입국 확대, 역외국과의 FTA 등 경협 관계 증대 등의 움직임이 계속될 것이다. 그러나 우크라이나·EU 간 포괄적 자유무역협정이 2016년 1월 1일 발효가 예정돼 있어, 전통적인 CIS 경제협력 관계는 필연적으로 변화를 맞을 것으로 전망된다. 제2의 우크라이나가 출현하지 않도록 러시아가 역내 국가들에 대한 장악력을 얼마나 지속할 수 있을지가 관심사다.

대러 교역 편중구조 적극적

중국이 최근 CIS 지역에 대한 영향력을 강화하고 있는 것 또한 무시할 수 없는 변수가 될 것이다. 중국은 '일대일로' 정책 추진에 지지를 확보한다는 명목으로 지난 5월 카자흐스탄, 벨라루스 등에 차관 제공 등 다양한 경제협력을 제안했다. CIS 국가들도 대러 교역 편중구조를 극복하고자 중국과의 협력에 적극적이다.

2016년 CIS 지역을 관통하는 키워드는 유가, 제조업 육성, 아시아가 될 것이다. 이 지역이 침체되면서 러시아를 비롯한 이곳 국가들과 우리나라의 교역액은 2015년 크게 감소하고 있다. 우리의 주력 수출품이 자동차, 자동차부품, 타이어 등 특정 품목에 편중돼 있다 보니 감소 폭이 더욱 컸다. 다만 러시아가 아시아로 경협 중심을 선회하고 있는 것은 분명히 우리 기업에 기회로 다가올 전망이다.

중앙아시아 주요국 경제성장률					단위:%
구분	2012년	2013년	2014년	2015년(f)	2016년(f)
카자흐스탄	4.9	5.9	4.3	1.5	1.3
우크라이나	0.3	-	-6.8	-10	0.9
우즈베키스탄	8.2	8	6.5(e)	4	5

주:e는 추정치, f는 예측치   자료:EIU(2015년 10월)

원자재 시장 침체에
주야장천 '울고싶어라'

김건영 KOTRA 중남미지역본부장 · 멕시코시티무역관장

대부분 자원 수출국에 해당되는 중남미 국가들은 2016년에도 원자재 시장 침체기가 지속되면서 낙관적인 경제 전망을 내리기 힘들 것으로 보인다. 게다가 중남미는 중국 경기 둔화나 러시아 · 브라질 등 신흥국 선두주자의 경기 침체 영향을 가장 크게 받고 있다. 다만 미국 경제가 살아나면서 대미 수출 호조세 영향을 받을 멕시코, 중미, 카리브 지역은 그나마 비교적 양호한 경제성장이 전망된다.

멕시코 2.6~2.8% 성장 무난, 美 경제 상승세 수혜

중남미 경제권 선두주자로 부상 중인 멕시코는 긍정적인 경제 전망이 가능하다. 최근 실시된 유전 개발의 국제 입찰이 성과를 나타내는 중인데, 이에 따라 외자 유입이 확대되면 2016년에는 2.6~2.8% 성장까지 무난할 것으로 본다. 특히 2016년 미국 경제 상승세가 전망되면서 총수출 중 대미 수출이 80%를 점유하는 멕시코가 혜택을 가장 많이 볼 것으로 보인다. 인플레이션도 3%대로 안정될 전망이다. 멕시코 정부는 국내 수요 감소를 우려해 2016년은 증세가 없다고 공언했다. 이 역시 긍정적인 경제 전망에 힘을 보태는 요인이다.

문제는 2015년 연간 25% 정도 가치가 하락한 멕시코 페소화의 환율 방향이다. 멕시코 중앙은행은 2015년 하반기부터 미 금리 인상에 대비해 적극적인 공개 시장 개입을 추진해왔다. 페소화 가치를 방어하기 위해서다. 중앙은행이 외환 시장에도 개입하면서 멕시코 외환보유고는 급감할 것으로 예상된다. 미 연준의 금리 인상으로 외화 유출이 더욱 심해지면 달러-페소화 환율 상승이 위험한 수준에 이를 가능성이 있다. 또 2016년 멕시코산 원유 가격 변동으로 멕시코 정부의 재정 운영에 일정 부분 타격도 예상된다. 이에 멕시코는 2016년 긴축예산으로 대비하고 있다. 2016년 멕시코 경제가 수출 분야를 제외하고는 어려운 한 해가 될 수 있음을 보여준다.

중남미 안데스 지역 경제권을 대표하는 콜롬비아, 페루, 칠레 경우도 2016년 원자재 수출 감소 영향으로 경제가 어려울 전망이다. 태평양 경제권을 형성하는 이들 국가의 경우 원자재 수출 가격 하락과 환율 하락에 따른 고충이 있다. 그럼에도 3% 내외의 경제성장세는 이어갈 것으로 전망된다.

특히 2015년 10월 쿠바에서 평화협정을 타결한 콜롬비아의 경우 경제적으로도 전환기를 맞고 있다. 50년 내전을 종식하면서 각종 국가 재건 인프라 수요와 개발 수요 확대 기회가 열릴지도 모른다. 다만 콜롬비아 게릴라 조직인 FARC와의 역사적 평화협상 타결이 실질적 평화로 이어져야 한다는 과제는 있다. 2016년 '한·콜 FTA' 발효도 관건이다. 현재 콜롬비아 내부에서의 반FTA 움직임으로 한·콜 FTA가 콜롬비아 헌법재판소 판결을 기다리고 있다. 양국 정상이 합의한 한·콜 FTA가 2016년에 발효되길 기대해본다.

4월 대선 예정 페루, 대통령 대대적 인프라 투자 계획

페루는 2016년 4월 대선이 큰 이슈다. 정치적 상황의 변화는 경제 변화와 연결될 것으로 보인다. 또 주요 광물 수출 가격 하락에도 불구하고 3% 내외의 완만한 성장세가 예상된다. 페루는 과거 7년간 매년 30% 성장세를 유지해왔다.

2011년 8월 발효한 '한·페루 FTA' 효과가 컸다. 우리나라는 주로 공산품을 수출하고 페루로부터 동광, 아연광 등 원자재를 수입하는 구조다. 우리나라는 2015년 방산물자와 비방산물자 거래를 위해 GtoG 계약(정부 간 거래)도 체결했다. 우말라 페루 대통령은 교육, 인프라, 대중교통, 치안 문제에 대대적인 투자를 단행할 계획이다. 따라서 이 분야에 관련된 우리 기업의 진출 확대도 추진해볼 만하다.

중남미 최남단, 태평양 연안의 칠레 경제는 구리 가격의 영향권에 있다. 2015년부터 진행된 저성장 기조의 확대, 고물가·고실업 구조가 2016년에도 지속될 전망이다. 다행히 2015년 파운드당 2.71달러를 기록한 국제 구리 가격이 2016년에는 2.97달러로 다소 상승세가 예상된다. 그럼에도 불구하고 중국 수요 부진의 여파가 더 클 것으로 보인다. 칠레 경제에서 광산업은 전체 GDP의 15%고, 총수출의 50%를 차지한다. 2016년에도 광산업의 수출 부진이 지속 예상되며, 칠레 경제성장률은 2%대에 그칠 것으로 전망된다.

한편 미셸 바첼레트 칠레 정부가 추진 중인 노동 개혁과 조세 개혁의 영향으로 2016년은 노동 수요까지 축소될 것으로 보인다. 칠레 실업률은 2015년 6.5%에서 2016년 7.5%로 상승할 것으로 예상된다. 또 공공 분야에 대한 2016년 정부 예산 규모도 2016년은 낮게 책정됐다. 2016년 전반적 경제회복세 둔화 전망이 이어지며 민간투자 규모도 축소될 전망이다. 특히 광산업에 대한 민간투자는 가장 큰 하락 폭인 22%로 전망된다.

자원수출국이 아닌 파나마 등 중미 경제는 2016년 성장세가 이어질 것으로 전망된다. 최근 10년간 중남미 최고 성장률(연평균 8.6% 성장)을 기록 중인 파나마 경제는 2016년은 중남미에서 가장 높은 6.3% 성장이 전망된다. 파나마 경제성장세 유지의 배경에는 인프라 분야를 중심으로 한 건설 분야 호조세가 자리한다. 2016년 본격 추진될 것으로 예상되는 주요 인프라 프로젝트로는 지하철 2호선 공사, 콜론 재개발 사업, 제4교량 건설, 700㎿ 화력발전소 건설 등이다.

카리브 대표국가인 도미니카공화국은 미국의 영향으로 성장세를 이어갈 것 같다. 도미니카공화국 중앙은행은 2016년 5.2%의 성장이 예상된다. 다만 2016년 8월 대선에 따라 재정 개혁과 세금 인상이 단행되면 다소 어려운 환경에 봉착할지도 모른다. 그러나 대미 수출품 위주의 자유무역지대에선, 미국 경제가 회복되면서 부가가치 산업과 비(非)섬유 산업의 지속 성장이 전망된다.

'불확실성' 휘감은 아르헨티나 · 베네수엘라 위기 국면

중남미에서 브라질과 함께 하락세를 이어온 아르헨티나와 베네수엘라 경제는 2016년도 '불확실성'이 지배할 것으로 보이며, 위기 국면이 예상된다. 다만 아르헨티나 경우는 2015년 10월에 예정된 대선으로 다소 위기 해결의 실마리를 찾을 것으로 보인다. 그럼에도 2016년 아르헨티나 경제는 정부 재정적자, 외환보유 부족(환율)과 인플레이션의 3중고가 예상된다. 또 기술적 디폴트, 자원 가격 하락으로 인해 외부 자금 조달의 애로가 우려된다. 특히 WTO로 인해 수입과 외환 제한조치를 점진적으로 해제해야 하는 과제도 안고 있다.

세계 최대 유전 보유국인 베네수엘라 경제는 2016년 크게 나아질 기미가 없어 보인다. 그간 지속된 국제유가 급락으로 외환보유고 감소세 가속화가 전망된다. 2015년의 경우 중국의 차관 등 외부 지원에 의존해왔지만, 대신 외환 부족으로 암시장 환율이 크게 치솟고 있다. 2016년에도 생필품 외의 제품은 물가가 치솟아 세 자릿수의 극심한 인플레이션이 예상된다. 이에 더해 물자 부족, 실질소득 감소의 경제난이 지속될 것으로 전망된다. 대부분 경제기관에서는 2016년 베네수엘라의 지불 유예 사태가 불가피할 것으로 예상한다. 2015년 12월 총선에서는 야당의 승리가 예상된다.

이에 따른 정부의 서민 지원 정책 변화가 예상되고, 대통령 중간선거도 치러질 수 있다. 베네수엘라 정치의 불안정성은 경제위기와 연결되며 이 위기는 2016년 계속될 것으로 전망된다.

중국 경기 둔화 직격탄
광물자원 수요가 가늠자

김선화 KOTRA 시드니무역관장

2015년, 2016년 호주와 뉴질랜드 경제는 불확실성이 매우 높다. 그간 선진국 평균 이상의 경제성장을 보여왔던 대양주 두 나라가 최대 수출 시장인 중국의 경기 둔화로 직격탄을 받고 있다.

호주의 경우 광산 붐 하락을 주목해야 한다. 2013년부터 호주의 주요 수출 산업인 철광, 석탄업과 같은 광물자원 산업들은 국제 가격 하락과 함께 붐이 꺼지기 시작했다. 이에 따라 호주의 경제성장이 둔화됐다.

특히 2015년 들어서는 최대 수출 시장인 중국의 경제성장이 둔화되면서 공장 가동에 필요한 광물자원에 대한 중국의 수요가 급감했다. 중국 정부의 부정부패 단속까지 더해지자 중국 자본의 해외 유출이 급감하면서 중국의 주요 투자 대상국이었던 호주가 큰 타격을 받게 된다. IMF는 호주의 대외무역 조건이 2011년 이후 기존에 비해 크게 악화되면서, 최악의 경우 올해 경제성장률은 2% 이하로까지 낮아질 수 있다고 경고한다.

호주의 공식 회계연도가 한국과 달리 7월부터 시작하는 점을 감안하면 이 2% 이하의 성장률은 2015년 7월부터 2016년 6월 말까지를 의미한다.

호주의 향후 경제를 너무 비관적
으로 예측할 필요가 없다는 의견도
만만치 않다.

IMF의 2015년 10월 실질GDP 성장률				단위:%
구분	2013년	2014년	2015년	2016년
선진국 평균	1.1	1.8	2	2.3
호주	2.1	2.7	2.5	3.2
뉴질랜드	2.5	3.3	1.8	2.2

호주 중앙은행은 2015년 10월
초 "호주 달러화 가치가 지난 수개월간 급락했으나 최근 안정세를 시현하기 시작
했다"면서 "금리의 추가적인 인하는 없을 것"이라고 선언했다. 또 "호주 달러화의
가치 하락이 외국 자본 유치나 관광 산업과 같은 주요 서비스 산업에 도움이 된다"
고 분석했다. 시장에서도 반응은 엇갈린다. 최근 KPMG가 글로벌 호주 기업 52
개 사의 경영진을 대상으로 한 설문을 보면, 전체의 73%가 '이전보다 향후 3년간
의 경기가 더 낙관적'이라고 답변했다. 이는 전 세계 기업 경영진 대상 평가 결과
의 평균치인 62%보다 높은 수준이다. 따라서 기존의 주력 산업인 광산업이 주도
해온 경기의 흐름은 뒤처지겠지만 그 밖의 긍정적인 요인이 견인할 경제흐름을
빼놓을 수는 없다. 또 전력 소비 감소와 신재생에너지에 대한 관심을 활용한 에
너지저장장치(ESS), 호주 내 아시아계 시장을 타깃으로 한류를 활용한 화장품
과 식품 등의 수요도 커지고 있다.

뉴질랜드, 건설 경기 호황과 견고한 민간소비 부문은 긍정적

뉴질랜드 역시 최대 수출 시장인 중국 경기 둔화로 타격이 예상된다. 뉴질랜드
는 주요 수출품인 낙농제품과 원목 등의 1차 상품에 대한 중국의 수요가 크게 줄
어 어려움을 겪고 있다. IMF는 뉴질랜드의 경제성장률을 2014년의 3.3%에 이
어 2015년에는 기존의 2.9%와 2.8%보다 훨씬 낮은 1.8% 그리고 2016년에는
2.2%로 전망했다. 주택 위주 건설 경기 호황, 이민자 증가에 따른 내수 확대가
그나마 긍정적 요인으로 꼽힌다. 이에 따라 호주와 마찬가지로 대형 유통체인의
적극적 마케팅 활동으로 인해 민간소비가 견고한 모습을 유지하고 있으나, IMF
의 비관적인 예측을 뒤집을 만한 큰 계기가 없어 부진이 지속될 것으로 보인다.

5%대 성장은 기본
역사상 최고 호황기

김영웅 KOTRA 아프리카지역본부장

아프리카는 최근 10년 동안 정치적 안정, 높은 GDP 성장, 지속적인 외국인 투자 증가, 구매력 향상에 따른 수입 시장 규모 확대로 인해 역사상 가장 호황을 누리고 있다는 평가를 받는다. 당초 아프리카는 인프라와 천연자원에 대한 투자 확대로 6%대 경제성장률을 예상했으나 에볼라 바이러스 확산으로 교역·생산이 감소하면서 대폭 하향 조정된 바 있다. 국제통화기금(IMF)은 아프리카의 2016년 국내총생산 성장률이 5.1%가 될 것으로 전망했다.

나이지리아 5%, 앙골라 4.5% 등의 주요 국가는 세계적인 불경기 상황 속에서도 높은 성장세를 유지하며 빠른 성장을 하고 있다. 아프리카개발은행(AfDB)이 2011년부터 2015년 사이 고속 성장을 전망한 10개국 가운데 아프리카 국가가 7개국이나 포함돼 있을 정도로 높은 성장세가 이어지고 있다. 특히 아프리카 지역 중 케냐를 포함한 동부 아프리카는 2015년 성장률이 5.6%로 아프리카 경제의 확대를 견인해 나갈 수 있을 것으로 예상된다. 서부 아프리카의 경우 에볼라 확대로 침체됐던 경제가 회복세를 보이며 성장률 5%가 전망된다.

경제성장 면에서 보면 사하라 이남 아프리카는 2001년 이후 꾸준히 5~6%대의 높은 GDP 성장률을 보였으며 2016년에도 세계 평균 GDP 성장률을 웃도는 5% 내외의 견실한 성장세가 지속될 것으로 전망된다.

사하라 이남 아프리카는 중산층 확대, 인구 증가, 도시화에 따른 소비 시장 확대, 인프라 건설 프로젝트의 확대 추진으로 외국인 투자가 활발하다. 2015년 아프리카로의 외국인직접투자와 증권투자 규모가 735억달러(약 83조2000억원)로 추정되는 가운데 해외 민간투자는 2014년 대비 10% 증가한 552억달러(약 62조5000억원)로 예상된다. 아프리카 주요국은 경제발전정책을 적극적으로 추진하고 있으며 특히 전력, 지하자원, 수송망, 수자원, ICT 분야 위주로 대규모 투자가 이뤄지고 있거나 이뤄질 예정이다. 세계은행에 의하면 아프리카에선 연간 약 453억달러(약 51조2800억원)의 인프라 건설 관련 지출이 이뤄지고 있는 것으로 나타났다.

저유가 · 불안한 정세 · 인프라 부재는 성장 제한 요소

물론 아프리카 경제를 마냥 낙관할 수만은 없는 상황이다. 저유가로 나이지리아, 앙골라, 가나 등 산유국의 사정이 어려워졌다. 사하라 이남 아프리카의 주요 경제국 남아공의 경제 부진이 큰 리스크로 작용하고 있어 아프리카 대륙의 성장을 가로막고 있다. 남아공의 경우 높은 실업률, 전력 부족과 함께 미국의 금리 인상 가시화에 따른 자본수지 악화, 원자재 가격 하락으로 경제성장이 주춤하다.

그뿐 아니라 불안한 정치와 치안, 인종 간 종교 대립과 질병 등 국가마다 위험 요소를 안고 있다. 인프라의 부재, 정부의 행정 능력 부족 그리고 부정부패, 열악한 물류 서비스도 기업의 성장을 가로막는 요인이다.

아프리카는 개척 가능한 시장 규모에도 불구하고 타 수출 시장에 비해 우리 기업의 관심이 덜한 실정이다. 아프리카 시장에 더 많은 비즈니스 기회를 창출하고 현지 유통망과 온라인 시장 개척 등 새로운 수출 먹거리를 개발하려는 우리 기업의 노력이 더욱 필요한 시점이다.

VI

2016
매경 아웃룩

원자재 가격

변치않는 저유가 기조
배럴당 50달러 안팎

주원 현대경제연구원 산업연구실장

2015년 국제유가는 세계 경제의 불황 국면 장기화에 대한 우려감이 확산되면서 연초 배럴당 40달러대까지 하락했다. 유가는 상반기 중 한때 예맨 사태 등 중동 지역의 불확실성이 증폭되고 그동안의 급락에 대한 반발력이 강해지면서 배럴당 60달러대까지 상승하는 모습을 보이기도 했다. 그러나 수요 급감에 따른 재고 증가 등 근본적인 수급 상황이 개선되지 못하면서 국제유가는 다시 하락하며 약세를 벗어나지 못했다.

달러 강세로 유가 하락 압력 높아질 전망

2016년 국제 원유 시장의 흐름은 원유를 생산하는 공급 측의 요인에 의해 방향이 결정될 가능성이 높아 보인다. 수요 측면에서는 현재의 추세를 전환시킬 만한 요인이 보이지 않는다. 세계 경제 회복이 더디게 진행되면서 예상을 넘어서는 원유 수요 확대는 그 가능성이 희박하다. IMF(국제통화기금)는 2015년 10월 세계경제전망 보고서에서 2016년 세계 경제성장률을 기존 3.8%에서 3.6%로 하향 조정했다. 불황이라고까지는 말하기 어렵지만 시간이 갈수록 세계 경제에 대한 부정적인 시각이 힘을 얻고 있다. 또 다른 수요 부진 요인으로는 선진국의 원유 수요가 정체될 것이라는 점이다. 경제의 서비스화, 신재생에너지에 대한 개발 확대 등으로 선진국의 원유 수요는 앞으로도 축소될 가능성이 높다.

여기다 2016년에는 개도국의 빠른 원유 수요 증가를 기대하기 어려워졌다. 과거 개도국 원유 소비는 선진국의 소비 감소분을 상쇄하고 세계 원유 수요를 증가시키는 역할을 했다. 하지만 단기적으로 개도국마저 선진국의 저성장 기조를 따라가고 있다. 더 큰 요인은 개도국 공업화가 성숙 단계에 진입하고 있는 것이다.

영국의 석유 업체 BP의 장기 전망에 따르면 아시아 개도국의 에너지 수요 증가율은 2000~2013년 연평균 약 7%에서 2013~2035년 5.5%로 크게 둔화될 것으로 예상된다. 공업화가 일정 단계를 넘어서면 에너지 수요 증가세가 하락할 수밖에 없기 때문이다. 앞으로도 원유 수요 측면에서 주도권을 가지는 중국 등 신흥 공업국의 수요 자체가 크게 증가하지 못한다면 국제유가를 상승시킬 중요한 동력 중 하나가 작동하지 않을 것이다.

물론 원유 수요 증가 요인이 전혀 없는 것은 아니다. 바로 중국의 잉여 수요와 미국의 실질 수요다. 중국의 잉여 수요는 전략유 비축을 의미한다. 중국 입장에서는 고갈돼가는 자원을 선점할 필요가 있다. 특히 거대 규모 경제인 중국은 일시적이라도 에너지 수급에 문제가 발생할 경우 심각한 위기에 직면할 수도 있기 때문에 전략유 비축 수요는 항상 존재한다. 특히 지금과 같은 저유가 상황에서는 이런 동기가 더 커질 수 있다. 하지만 전략유 수요는 대규모 저장시설 구축과 유지, 관리 등의 기회비용이 만만치 않다는 점에서 한계가 있다. 따라서 실제 비축 움직임이 관찰된다고 하더라도 시장에 큰 영향

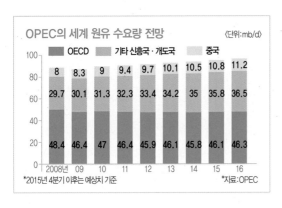

OPEC의 세계 원유 수요량 전망 〈단위:mb/d〉

	OECD	기타 신흥국·개도국	중국
2008년	48.4	29.7	8
09	46.4	30.1	8.3
10	47	31.3	9
11	46.4	32.3	9.4
12	45.9	33.4	9.7
13	46.1	34.2	10.1
14	45.8	35	10.5
15	46.1	35.8	10.8
16	46.3	36.5	11.2

*2015년 4분기 이후는 예상치 기준   *자료:OPEC

을 미치기는 어렵다.

그보다는 미국 경제 향방이
상대적으로 영향력이 높을 것
으로 보인다. 미국은 현재 세
계 경제 회복의 열쇠를 쥐고
있다. 다른 선진국과 달리 미
국의 원유 수요는 증가할 것으

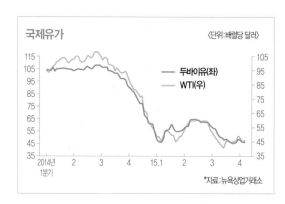

로 보인다. 경기순환주기상 미국 경제의 회복 가능성이 높아 보이기 때문이다.
그러나 그 회복 속도 역시 빠른 모습을 기대하기는 어려워 보여 늘어나는 원유
수요가 시장 가격 상승에 큰 기여는 하지 못할 것으로 예상된다.

수요에 큰 변화가 없다면 공급 부문에서의 움직임이 시장 가격에 영향을 줄
수 있다. 산유국 중 가장 결속력이 강한 OPEC의 카르텔 가능성이 그것이다.
OPEC은 전 세계 원유 생산량의 40% 이상을 담당한다. 그러나 최근 상황만 놓
고 본다면 저유가가 장기화되고 있음에도 불구하고 OPEC의 감산 움직임을 발
견하기 어렵다. 산유국 대부분은 원유 수출로 벌어들이는 외화로 경제를 지탱한
다. 거의 절반 수준으로 원유 가격이 폭락했지만 감산을 통한 원유 가격 상승을
유도하려는 움직임이 보이지 않는다.

산유국들이 당장 감산 조치를 할 경우 단기적으로 현금흐름이 막히면서 국가
채무불이행 단계로 넘어갈 가능성이 있다. 더구나 지금 세계적으로 원유 재고가
많은 상황에서 감산 조치에 들어갈 경우 가격을 올리는 효과는 반감될 가능성이
높다. 특히나 최근 중요 산유국인 이란과 미국 관계가 개선되면서 이란의 원유
수출량이 크게 증가할 가능성도 높다. 이런 이유로 2016년에도 감산 가능성은
높지 않고 감산 조치를 한다고 하더라도 큰 폭으로는 이뤄지기 어려워 보인다.

국제 금융 시장에서의 유동성은 원유 가격에 큰 영향을 미칠 것으로 보인다.
달러화 강세가 원유 가격 하락에 영향을 미칠 가능성이 높다는 것이다. 미국

FRB(연방준비제도이사회)의 정책은 테이퍼링(과도한 시중 유동성 해소를 위해 통화량 공급을 점차 축소하는 정책)을 넘어 이제는 기준금리 인상을 심각하게 고려하고 있다. 이 경우 달러화 유동성은 흡수되고 상대적으로 희소해진다. 즉 달러화로 표시되는 환율이나 실물자산 가격은 하락한다. 원유 가격도 배럴당 달러화로 가치가 표시되기 때문에 예외는 아니다. 기준금리 인상이 단행되면 원유 가격 하락 압력이 높아질 수 있다.

마지막으로 지정학적 리스크를 살펴보면 중동, 러시아 등 주요 산유국 주변에서 대규모 군사적 충돌이 발생할 경우 수급 우려로 인해 유가가 상승할 가능성도 있다. 그러나 향후 중동 지역에 큰 급변 사태가 발생할 가능성은 낮아 보인다. 물론 정세가 소소히 불안한 측면은 있겠지만 서방 국가들이 대규모로 개입하는 시나리오는 가능성이 크지는 않다는 판단이다. 물론 언제나 지정학적 리스크는 그 방향을 장담할 수 없다는 점을 염두에 둬야겠지만.

하반기 강보합세 전환 가능성

2016년 국제 원유 시장의 주변 여건들은 최근 수년 내와 비교해 볼 때 가장 불확실성이 덜하다. 세계 경제는 하방 리스크가 존재하는 완만한 성장 국면을 지속할 것이고, 중국 등 원유 수요의 중심에 서 있는 신흥 공업국들의 저성장은 여전히 시장의 주요 이슈가 될 것이다. 나아가 가격에 영향을 미칠 정도의 원유 카르텔은 형성되기 어려울 것으로 예상된다. 이에 따라 연평균으로는 배럴당 50달러대 전후의 가격을 예상하는 것이 합리적으로 보인다.

다만 2016년 하반기에는 국제유가가 소폭이나마 강보합세로 전환될 여지가 있다. 세계 경제가 복원력을 가지게 되면서 원유 수요가 회복 조짐을 보일 가능성이 있기 때문이다. 또한 가능성은 크지 않지만 만약 OPEC이 원유 재고가 제자리를 찾는 시점에서 전격적으로 감산 조치를 단행할 경우 수급 요인이 같은 방향으로 영향을 미치면서 국제유가가 약세를 벗어날 수도 있다고 본다.

이상 기후 안 무섭다
3년 연속 풍작 예상

김종진 한국농촌경제연구원 부연구위원

1970년대 초의 국제 곡물 가격 급등 이후 각국의 경쟁적 정책 지원, 농업 R&D 투자 증대, 경작지 증대 등으로 농업 생산량은 비약적으로 증가했다. 이에 따라 밀, 옥수수, 콩, 쌀 등의 주요 국제 곡물 수급은 1970년대 중후반에서 2000년대 초반까지 약 30년간 기상이변에 의한 일시적인 불균형을 제외하면 전반적으로 안정적인 균형을 이뤄왔다. 이 시기 주요 곡물의 재고율은 30%에 달해 기상이변에 의한 일시적 생산량 변동을 완충할 수 있는 수준에 다다랐다.

그러나 이 같은 수급 균형에 의한 곡물 가격 안정은 2000년대 들어오면서 변화를 겪는다. 중국, 인도 등 거대 국가의 경제 발전에 따라 곡물 수요가 급증하면서 국제 곡물 재고율이 빠른 속도로 감소했고 결과적으로 안정성이 위협받게 됐다. 특히 소득 증대는 식생활 개선으로 이어져 육류 소비가 크게 증가해 사료용 곡물 수요를 급증시켰다. 또 미국, EU, 브라질 등 세계 각국의 바이오에너지 정책으로 인한 연료용 곡물 소비도 증가했다.

이런 수요 증대에도 불구하고 이상기상에 의한 생산 차질은 계속됐다. 1990년대 30%를 웃돌던 국제 곡물 재고율은 2000년 중반에 20%대 초반으로 하락했다. 재고량 감소로 가격 완충 기능이 약해지면서 국제 곡물 시장은 2007~2008 년의 애그플레이션을 시작으로 가격 수준이 이전에 비해 2배 이상 상승했다. 그 뿐 아니라 이상기상으로 인한 공급 차질이 가격 급등으로 이어지면서 가격 변동 성도 크게 증가했다.

최근의 국제 곡물 수급 상황은 3년 연속 풍작이 전망되면서 안정을 되찾아가는 모습이다. 2012~2013년 전 세계적인 이상기상으로 곡물 생산량이 급감해 국 제 곡물 가격이 2012년 7월 역사상 최고치를 경신했다. 그러나 2013~2014 년 우호적인 기상 여건으로 단위 면적당 곡물 수확량이 증가했고 높은 곡물 가격에 따른 경작지가 증가하면서 전체 곡물 생산량이 크게 늘어났다. 또한 2014~2015년은 쌀을 제외한 밀, 옥수수, 콩의 대풍작으로 역대 최대 생산량 기록을 갈아치웠다. 2015~2016년 곡물 작황 전망도 비슷하다. 엘니뇨로 인한 이상기상 우려 아래에서도 특히 콩과 밀은 2014년 수준을 뛰어넘는 생산량을 기 록할 것으로 보여 3년 연속 풍작이 예상되는 상황이다.

여유로운 곡물 수급 여건, 저유가 · 달러 강세가 곡물가 하락 요인

2015~2016년 곡물 작황 상황을 곡물별로 살펴보면, 우선 밀은 생산량이 2014년보다 약 640만t 증가한 7억2870만t으로 2014년에 이어 최고치를 경 신할 것으로 전망된다. 그러나 호주 등 남반구 주요 밀 생산지에 엘니뇨로 인한 가뭄 위험이 계속되고 있어 아직까지 불확실성이 높다. 옥수수는 미국, EU 등 의 생산량이 감소하면서 2014년에 비해 세계 생산량이 총 2490만t 감소할 것 으로 전망된다. 2014년이 이래적인 풍년이었다. 여전히 평년(최근 3개년) 생산 량에 비해 2400만t 많은 수준이다.

미국 중서부와 남부지역에서 콩 파종기인 6월 많은 비가 내려 파종 지연과 함 께 옥수수 등으로의 작목 전환이 이뤄졌다. 그러나 이후 콩 생육에 우호적인 기 상 상황이 계속되면서 2015년 9월 말 기준 세계 생산량은 2014년 같은 시기에

비해 120만t 많을 것으로 전
망된다. 여타 곡물과 달리 쌀
생산량은 주요 생산국이 위치
한 동남아시아 지역에서 엘니
뇨로 인한 가뭄 피해가 발생한
탓에 2014년에 이어 2015년
에도 생산량이 감소할 것으로

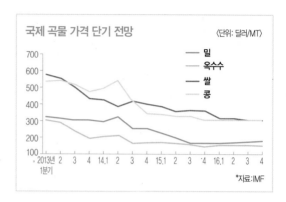

국제 곡물 가격 단기 전망 〈단위: 달러/MT〉

밀
옥수수
쌀
콩

*자료:IMF

전망된다. 쌀 세계 생산량은 평년과 2014년에 비해 각각 130만t, 350만t 감소
한 4억8670만t으로 전망된다.

　여유로운 곡물 수급 여건과 저유가, 달러화 강세, 중국 등 개도국 경제성장 둔
화 등의 거시경제 변수가 곡물 가격 하락 요인으로 작용하고 있다. 최근 몇 년에
비해 2015년 국제 곡물 가격은 낮은 수준에서 안정화되는 추이를 보였다.

　구체적으로 살펴보면 2014년 말 국제유가 하락과 우크라이나 사태에 따른
경제제재가 경제위기를 불러오고 자국 내 식료품 가격이 급등하자, 러시아는
2014년 연말 밀 수출세 부과를 결정한 바 있다. 이로 인해 풍작에도 불구하고
국제 곡물 가격은 2014년 하반기 상승했고 관련 위험이 해소된 2015년 1월에
야 하락했다. 이후 저유가와 달러화 강세, 세계 경제성장률 둔화 등 가격 하락
요인 우세가 계속되면서 곡물 가격은 2015년 6월 초순까지 안정적인 추이가 계
속됐다. 그러다 엘니뇨 발생에 더해 미국 곡물 주산지의 과도한 비, EU 국가의
가뭄 등 기상 상황 악화, 미국 농무성의 곡물 수급 전망치 하향 조정 등으로 국제
곡물 가격은 6월 중순에서 7월 초까지 상승했다. 그러나 7월 중순 이후 작황이
개선되고 수확기가 가까워짐에 따라 북반구가 엘니뇨의 영향권에서 벗어나면서
곡물 가격은 다시 이전 수준으로 하락했다.

　2016년 국제 곡물 가격은 하향 안정세가 계속될 것으로 보고 있다. 3년 연속
풍작으로 인한 여유로운 수급과 저유가, 달러화 강세, 세계 경제성장 지체 등의

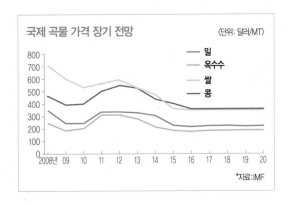

국제 곡물 가격 장기 전망 (단위: 달러/MT)

밀
옥수수
쌀
콩

거시경제 변수가 곡물 가격 하락 요인으로 작용할 것이라 예상된다. 2015~2016년 세계 재고율 수준을 보면 밀, 옥수수, 콩, 쌀이 각각 34.3%, 20.3%, 32.2%, 18.1%로 전체 세계 곡물 재고율은 25.4%에 이를 것으로 전망된다.

2016년 국제 곡물가, 풍부한 재고 바탕으로 하향 안정세 지속

거시경제 요인의 국제 곡물 가격에 대한 영향을 구체적으로 살펴보면, 유가는 2015년 10월 기준 2014년 상반기의 약 50% 수준으로 하락했다. 국내외 유가 전망기관들은 2016년에도 이러한 저유가가 계속될 것이라고 전망한다. 또한 미국의 양적완화 축소와 금리 인상 가능성으로 달러화 강세 추이도 당분간 지속될 것이라는 예측이다. 이런 저유가와 달러화 강세의 영향에 대해 학계에선 "유가 10% 하락은 곡물 가격을 2~3% 하락시키며, 달러화 가치 1% 상승은 곡물 가격을 약 2% 이상 하락시키는 것"이란 연구 결과를 내놓고 있다.

구체적으로 IMF(2015년 8월 기준)는 콩과 옥수수 가격은 2015년 4분기에, 그리고 쌀은 2016년 1분기에 전 분기 대비 각각 7.5%, 5.8%, 10.7% 하락해 이 수준이 2016년 말까지 계속될 것으로 전망했다. 반면 밀 가격은 2015년 10월의 수준이 2016년에도 큰 변화 없이 지속될 것으로 전망됐다.

장기적인 관점에서 세계 곡물 수급은 2007~2008년 곡물 가격 급등 이후 높은 가격이 지속되면서 재배 면적이 증가하고, 각종 농자재 투입 증가가 생산량 확대로 이어진 결과 전체 수급 균형을 이룰 것으로 전망된다. 국제 곡물 가격도 이런 수급 균형에 따른 조정으로 2016년까지 하락 추세를 이어갈 것이다.

급등락 가능성은 낮을듯
DLS 투자 베팅해볼 만

이석진 원자재해외투자연구소장

◥ 금 투자자들이 지쳐가고 있다. 금이 좋았던 시절은 아득해지는 기억일 뿐이다. 과거 기간별 금값 성적표를 회상해보면, 금값이 최고점을 기록한 때는 2011년 9월이었고 장중 온스당 1920달러를 기록했다. 2015년 10월 초 기준 금값이 1130달러니 고점과 비교해 금값은 약 41% 하락한 셈이다. 직전 3년간으로는 −37.3%, 2015년 연초 대비로는 7.6% 하락했다. 4년 내내 주야장천 아래로만 내려온 모양이다. 이런 성적표만으로 투자자의 관심을 얻는 것은 무리일 수밖에 없다.

그래도 금 투자를 무조건 비관하는 것도 옳진 않다. 금이 2015년에도 부진한 성적을 보인 것은 사실이지만 상대적으로 보면 못했다고만 할 수는 없다. 다른 주요 원자재 성적을 보면 구리가 −17%, 플래티넘 −24%, WTI 유가 −13%, 천연가스 −15%, 밀 −13%, 커피 −23% 등으로 그나마 금이 원자재 중에서 가장 선방했음을 알 수 있다. 다른 주요 자산과 비교해봐도 S&P 500 −5%, 상하이종합지수 −6% 등에 비해 그다지 나쁘지 않았다. 칭찬해줄 수는 없는 성적이지만 비난받을 만한 성적도 아니었다는 얘기다.

금값을 결정하는 3대 요인으로는 물가 변동성, 달러 향방, 그리고 ETF 투자 실수요를 꼽는다. 2012년 이후 글로벌 물가 수준은 성장률과 함께 지속적으로 하락하면서 변동성마저 매우 낮은 수준을 보이고 있다. 강세인 달러의 향방은 한 술 더 뜬다. 주요 국가들 금리 인하 행렬은 달러 초강세로 이어지고 있으며 예정 된 미국 금리 인상은 화룡점정의 효과를 낳고 있다. 미국 경제와 달러의 동반 강 세는 금 수요를 위축시킬 수밖에 없다. 즉 금값 결정 요인이 금값에 비우호적으 로 작용하고 있다.

2015년 하반기, 그리스 금융위기(그렉시트)와 중국 증시 급락이 단초가 돼 위 험자산 선호 현상의 후퇴가 가시화되고는 있지만 이에 대한 수혜자산으로서는 금 이 예상외로 주목받지 못하고 있다. 그 이유 역시 달러에서 찾을 수 있다. '걱정 자산'으로 유명한 금은 다른 국가의 걱정거리 증가에는 관심이 없다. 무조건 달 러라는 기축통화를 보유한 '미국'의 걱정이 증가해야 반사적인 이익을 기대할 수 있다. 그런 측면에서 본다면 그리스와 중국의 걱정 증가는 여전히 주변 요인일 뿐이다. 이에 대한 증거는 일련의 사태에도 불구하고 달러가 여전히 강세를 이어 가고 있다는 점에서 찾을 수 있다. 달러에 대한 의심이 없다면 금의 매력은 지속 력이 떨어질 수밖에 없다.

부진한 금 가격, 반등 어려운 원인은 달러 강세

금의 부진이 계속되면서 일각에서는 향후 금값에 대한 부정적 전망이 이어진 다. 유수의 글로벌 투자은행의 전망 보고서를 보면 온스당 800달러, 심하게는 500달러까지 금값이 밀릴 가능성을 예측하기도 한다. 과연 이 같은 전망의 실현 가능성은 얼마나 될까?

금값이 현재 수준보다 훨씬 하락할 가능성은 쉽게 말해 수요가 더 급감하거나 공급이 대폭 증가한다는 전제가 필요하다.

공급이 대폭 증가할 가능성은 상당히 희박하다. 이는 금 생산 기업의 생산성과도 연결되는데 글로벌 금 생산 기업의 생산성은 지난 10년간 연평균 매년 3.5%씩 감소하고 있다. 문제는 수요다. 그중에서도 특히 투자 수요가 실제 금값에 지대한 영향을 미치는데 2011년 전체 금 수요의

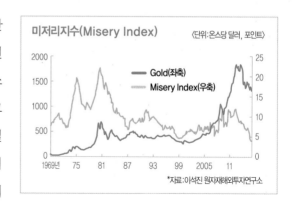

미저리지수(Misery Index) 〈단위:온스당 달러, 포인트〉

Gold(좌축)
Misery Index(우축)

*자료:이석진 원자재해외투자연구소

36%를 웃돌았던 투자 수요가 2015년 상반기에는 23%로 급감했다. 하지만 수요 측면에서 긍정적인 요인도 있다. 실물 ETF 수요가 2013년 −21%, 2014년 −4.5% 감소했으나 2015년에는 더 이상 감소하지 않고 있다는 점. 이는 투자자들이 현재 금값 수준을 강력한 지지선으로 인식하고 있다는 증거다.

미 금리 인상, 물가 변동성 높아지면 금 인기 높아질 가능성도

'미국'에 대한 걱정 수준을 분석해보는 것도 향후 금값 전망에 힌트를 줄 수 있다. 미국 경제와 금융 환경에 대한 걱정이 낮아질수록 금값은 떨어지고 걱정이 높아지면 금값은 매력적이 된다. 이를 보여주는 대표적 지표가 미국의 미저리지수다. 미국의 물가 상승률과 실업률을 더해서 구하는 미저리지수는 역사적으로 금값과 상관관계가 높다. 미저리지수가 높아질수록 금값이 오른다는 얘기다. 현재 미저리지수는 약 5포인트를 기록하고 있는데 역사적으로 상당히 낮은 수준이다. 그만큼 미국의 걱정이 없다고 해석할 수 있지만, 반대로 생각해보면 걱정 수준이 더 낮아지기도 힘들다는 뜻이 된다. 이는 금값 역시 추가 급락하기는 어렵다는 해석으로 귀결될 수 있다.

미국 금리 인상을 금값에 부정적 요인으로 분석하기도 하지만 이 역시 짚어볼 필요가 있다. 금리가 오르면 투자자들이 더 높은 이자를 주는 예금상품 등으로 이동하면서 금 수요는 감소할 것이라는 게 이 주장의 골자다. 하지만 중요한 것

은 명목금리가 아니라 실질금리다. 금리가 인상되더라도 물가 변동성이 높아진다면 투자자들은 예금상품 등으로 이동하지 않는다. 오히려 이런 상황에서는 물가 변동을 헤지하는 금의 인기가 더 높아지기 마련이다.

글로벌 금융위기와 경기 침체 이후 6년 이상 진행된 '양적완화 세계' 속 진정한 승자가 미국과 위험자산이었다면 패자는 신흥국과 금이었다고 잠정 결론 내릴 수 있다. 그렇다고 게임이 끝난 것은 아니다. 양적완화 출구전략이 가시화되고 있기 때문이다. 물가 안정과 달러 강세 국면에서 차포를 다 잃은 금 입장에서 이제는 더 잃을 것도 없다.

현재 금이 처한 거시적 상황들이 결코 호락호락하지 않다는 점만은 분명해 보인다. 지난 5년간 달러와 금의 상관관계가 −0.4 정도로 비교적 높았음을 고려하면 2016년에도 금값을 찍어 내릴 가장 강력한 요인은 달러 강세 가능성이 될 것이다. 실제 미국만이 금리 인상을 정기적으로 실현할 가능성이 높다는 점, 달러와 경쟁통화라 할 수 있는 유로와 엔, 그리고 위안화가 자국 경기 부양을 위해 인위적인 통화 강세를 취할 가능성이 낮다는 점에서 일정 부분 달러 강세는 지속될 가능성이 농후해 보인다.

하지만 마찬가지 가능성으로 금값이 급락할 가능성 역시 매우 낮다. 이렇게 급등도 어렵고 급락도 어려운 환경에서 가장 적합한 투자전략이 있다. 바로 DLS(Derivative-Linked Securities) 투자다. DLS는 ELS와 유사한 파생결합증권으로 금을 기초자산으로 해 조건만 충족되면 원금 보장에 더해 약속된 고정소득을 거둘 수 있는 상품이다. 현재 금값 수준에서 원금 보장 가능성은 매우 높다.

2008년 금융위기 이후 극단적 안전자산 선호 현상으로 금 매도 물량이 쏟아질 때도 금값은 온스당 700달러를 기록했다. 조기 상환 가능성은 자산의 변동성과 관련이 있다. 1년 안에 조기 상환되려면 대체적으로 변동성이 10% 이내여야 한다. 지난 3년간 금값 변동성은 약 16%를 기록하고 있어 이를 고려하면 18개월, 또는 24개월 내에 조기 상환 가능성도 충족된다고 보인다.

중국 구조조정 본격화에도
넘치는 물량 모두 소화 못해

정은미 산업연구원 선임연구위원

▼ 2016년 세계 철강 수요는 15억2000만t으로 2015년 대비 0.7% 늘어날 것으로 예상된다. 2014년(15억4000만t)에도 미치지 못하는 수준으로 세계 철강 수급 불균형은 2016년에도 계속될 전망이다.

철강 수요가 부진한 것은 세계 철강 소비의 45%를 차지하는 중국의 수요가 크게 위축되면서 나타난 현상이다. 중국을 제외한 세계 철강 수요는 2015년 마이너스(-0.2%)에서 2016년 플러스(2.9%)로 전환할 것으로 보인다. 선진국의 철강 소비는 2015년에 4억t으로 2.1% 감소한 데 반해 2016년에 4.1억t으로 1.8% 성장이 예상된다.

지역별로 살펴보면 미국의 철강 소비는 2015년 1.04억t으로 2014년 대비 3% 감소한 것으로 추정된다. 에너지 가격이 약세를 보이면서 셰일가스 플랜트, 에너지 수송용 강관 등 에너지용 강재 소비가 줄었다. 2016년에는 1.05억t으로 소폭 늘 것으로 예상되지만 여전히 2014년 수준(1.07억t)에 못 미칠 전망이다.

유럽연합(EU)은 낮은 유가, 낮은 금리, 유로화 약세에 힘입어 2015년 철강 소비량이 1.3% 늘었다.
2016년에도 독일 등 주요국
의 수요 증가로 인해 EU의 철
강 소비는 2.2% 늘어날 것으
로 보인다.

2016년 신흥국의 철강 소
비는 2015년 대비(11.3억t)

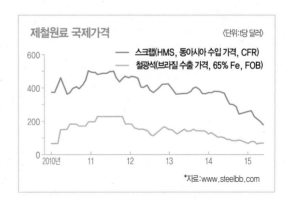

제철원료 국제가격 〈단위:t당 달러〉

━ 스크랩(HMS, 동아시아 수입 가격, CFR)
━ 철광석(브라질 수출 가격, 65% Fe, FOB)

*자료:www.steelbb.com

0.2%가량 감소한 11.1억t을 기록할 것으로 예상된다. 글로벌 경기 부진과 신
흥국 제조업의 성장 둔화에도 불구하고 중국과 러시아를 제외한 신흥국 철강 수
요는 꾸준히 증가 추세다. 세계 철강 소비량 3위 국가인 인도는 2015년 8150
만t, 2016년 8760만t으로 꾸준히 늘어날 것 같다.

중국 철강 수요 감소 지속돼 공급과잉 여전

신흥국 철강 소비량 감소 원인은 중국과 러시아에서의 수요 부진 때문이다.
2015년 철강 소비량이 대폭 감소(-10.4%)한 러시아는 2016년에도 마이너스
성장(-1%)이 이어질 전망이다. 중국 또한 2015년 마이너스 성장(-3.5%)이
2016년(-2%)에도 이어질 전망이다. 중국의 철강 수요가 줄어드는 것은 중국의
투자·부동산 부문에 대한 구조조정이 예상보다 심각하게 진행되며 건설과 제조
분야에서 수요가 점점 줄고 있기 때문이다.

글로벌 금융위기 직후 중국 정부는 각종 경기 부양책을 펼쳤다. 이는 중국 내
철강 수요를 늘리는 데 크게 기여했다. 일각에서는 향후에도 중국 정부가 여러
부양책을 시행하면서 철강 수요가 유지될 것이란 의견도 있다. 하지만 2010년
직후 경기 부양책이 글로벌 경제위기 같은 외부 충격에 대한 정책이었다면, 지금
은 중국 경제 불안의 원인이 자국 내 부동산과 금융 부문의 불안 때문이란 점을
유의해야 한다. 즉 부동산과 금융 부문의 근본적인 구조조정이 주요 과제로 떠오

르는 현 상황에서 건설과 사회간접시설 확충을 통한 철강 수요 회복은 기대하기 어렵다는 게 중론이다.

중국 내 철강 수요가 회복되지 않는다면 이에 대한 충격은 글로벌 철강 업계로 확산될 가능성이 높다. 최근 몇 년간 세계 철강 산업 규모가 커졌던 가장 큰 이유는 중국 시장의 급속한 성장 덕분이다. 중국 시장 부진은 세계 철강 시장이 다시 1~2%대 저성장 국면으로 진입할 수 있다는 점을 의미한다. 인도를 비롯한 일부 신흥국이 중국의 뒤를 이어 세계 철강 산업의 새로운 동력으로 떠오르긴 아직 부족한 점이 많다.

2015년 세계 철강 생산은 조강 기준으로 8월까지 13.2억t으로 2014년 같은 기간 대비 2.3% 감소했다. 2015년 8월 한 달간 생산량만 놓고 보면 2014년 8월 대비 3.1% 감소했다. 시간이 지날수록 가동률 하락 폭이 더 커지고 있는 것이다. 세계적인 공급과잉에도 불구하고 계속해서 생산을 늘려왔던 중국도 2015년 8월 조강 생산이 2014년 8월 대비 3.5% 줄었다.

이런 생산 감소를 반영해 세계 철강 업체들 평균 가동률도 낮아지고 있다. 2014년엔 평균 73% 수준을 유지했지만 2015년에는 70% 수준으로 하락 중이다. 특히 2015년 8월 가동률은 68%로 최근 몇 년 새 가장 낮은 수준을 기록했다. 철강 소비가 줄면서 조강 생산량도 감소하고 있는 와중에 과잉설비 규모는 수요 대비 5억t에 달한다. 이 때문에 공급과잉에 따른 가격 인하 압박도 점점 심해지고 있다. 여기에 철강 소비가 꾸준하게 늘고 있는 인도, 동남아지역에서는 신규 증설 투자가 이어지고 있어 세계 철강 산업의 공급과잉 압력은 당분간 지속될 전망이다.

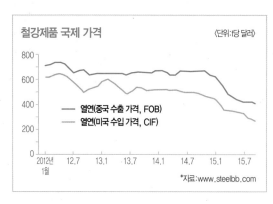

철강제품 국제 가격 〈단위:당 달러〉

― 열연(중국 수출 가격, FOB)
― 열연(미국 수입 가격, CIF)

*자료:www.steelbb.com

내수 부진과 가동률 저하가 이어지면서 세계 주요 철강 생산국들은 수출로 눈을 돌리고 있다. 2012년 3000만t대에 불과했던 중국의 철강 수출이 2015년에는 1억t을 넘을 것으로 예상된다. 가격 인하를 통한 중국의 밀어내기식 수출이 늘면서 한국, 일본 등 주요 철강 생산국과의 경쟁도 심화됐다. 때문에 미국, 유럽 같은 선진국은 물론이고 아세안(ASEAN)과 같은 신흥국까지 철강 수입규제를 강화하고 있다.

2015년 국제 철강 가격은 지역적으론 일부 수요 회복에 따른 상승 움직임이 있기도 했다. 하지만 세계적인 수요 부진, 경쟁 심화, 공급과잉 등으로 인해 전반적으로 하락세를 면치 못했다.

철강제품 가격 약세로 인해 제철 원료 가격도 큰 폭으로 하락했다. 동아시아 수입 철스크랩 가격은 2015년 10월 t당 205달러로 2014년 10월의 절반 수준(47.5%)으로 떨어졌다. 브라질산 철광석 수출 가격도 t당 76.91달러로 2014년 1월과 비교하면 49.2%나 감소했는데 이는 철강 가격이 다시 오르기 시작한 2010년 1월(74달러)과 비슷한 수준이다.

2016년에는 수익성 악화에 당면한 기업들이 가격 덤핑을 통한 수출은 지양할 것으로 보인다. 때문에 2015년과 같은 가격 하락세는 이어지지 않을 가능성이 높다. 여기에 중국 철강 산업 구조조정이 본격화하면서 중국 내 과잉설비 규모가 1억t 가까이 줄어들 것이라는 전망까지 나온다. 이로 인해 공급과잉 우려에 따른 가격 하락 압력도 완화될 것으로 기대된다. 그럼에도 세계 철강 생산설비는 총수요의 20~30% 이상 남아돌 것으로 보여 수급 불균형은 여전할 전망이다. 철강 수요마저 회복되지 않는다면 이미 떨어질 대로 떨어진 제철 원료 가격도 약세를 피하기 힘들다. 따라서 2016년 국제 철강 가격은 소폭의 상하 반등 움직임은 있겠지만 큰 반전은 기대하기 어려울 전망이다.

금융위기 이후 가격 최저수준
전기동·니켈 약세 아연 선방

강유진 NH투자증권 애널리스트

▼ 비철금속 가격은 2008년 금융위기 이후 최저치로 하락했다. 몇 년 만에 반토막 난 가격 탓에 대형 광산 업체들이 몸집 줄이기에 나서자 일각에서는 가격 바닥론이 제기됐다. 그러나 불황의 긴 터널을 벗어날지는 미지수다.

비철금속 시장의 문제는 한마디로 '중국'이다. 2000년대 중국의 고속 성장에 의해 비철금속 시장도 '슈퍼사이클' 랠리에 올라타 막대한 투자가 이뤄졌지만, 중국의 성장 속도가 더뎌지면서 공급과잉 몸살을 앓기 시작했다.

중국은 저성장, 소비 주도의 '뉴노멀' 국면으로 향후 7% 경제성장이 아닌 5~6.5% 경제성장을 예상하고 있다. 이에 따라 비철금속 수요에 대한 눈높이도 낮출 수밖에 없다. 향후 10년간 중국 비철금속 수요의 잠재성장률은 과거 10%에서 2~3%로 대폭 낮아질 전망이다. 주요 산업별로 보면 인프라스트럭처 부문은 발전, 통신을 중심으로 정부 정책에 의한 견고한 성장을 기대하나, 부동산·건설, 자동차, 전기전자 부문은 저성장이 예상된다.

더 이상 중국의 엄청난 수요를 기대하기 어려운 상황에서 수요보다 공급 측면에서의 시장 리밸런싱(재조정)을 기대해 볼 수 있다. 가격 하락에 따른 생산 업체

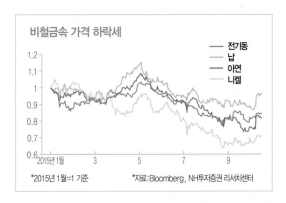

비철금속 가격 하락세

— 전기동
— 납
— 아연
— 니켈

*2015년 1월=1 기준   *자료:Bloomberg, NH투자증권 리서치센터

들의 감산에 의해 공급과잉이 해소되기를 바라는 것이다. 문제는 가격에 대해 공급이 비탄력적이라는 점. 이로 인해 시장 리밸런싱이 예상보다 오래 걸릴 수 있다.

생산 업체들은 원자재 가격 하락에 대해 비용 절감, 자본지출(CAPEX) 축소, 생산성 향상, 비핵심자산 처분 등으로 대응한다. 최근 에너지비용 하락과 환율 효과까지 더해져 생산비용이 낮아졌다. 가격은 한계생산비용 수준에서 하방경직성을 띠지만 생산비용이 가격과 함께 하락하면서 변동한다는 측면을 감안해야 한다. 또한 금속 가격이 생산비용 아래로 낮아지더라도 기업들은 즉시 생산을 중단하지 않는다. 당장 손실을 겪지만 현금 창출을 위해 최대한 생산을 유지하려고 하는 것이다. 생산 중단의 경우 광산과 공장 폐쇄비용도 만만치 않기 때문에 매우 신중하게 검토할 수밖에 없다.

비철금속 시장이 슈퍼사이클의 비정상 궤도에서 내려와 '새로운 정상(new normal)'으로 향하는 과정에서 불확실성이 높아지고 있다. 최근 비철금속 시장은 중국의 구조적 변화와 세계 경기 둔화, 과잉재고 소진 등 삼재가 모두 겹친 하락 사이클에 비유할 수 있다. 2016년에도 구조적인 하락 사이클에서 전반적인 약세 기조를 벗어나긴 힘들어 보인다. 다만 소순환 사이클 측면에서 가격 하락에 따른 저가 수요나 계절적 수요, 재고 비축 등에 의해 가격이 반등할 가능성도 배제할 수는 없다.

전기동 | 공급과잉 우려에 가격 약세 기조 이어갈 전망

전기동 가격은 2008년 금융위기 이후 최저치로 낮아졌다. 중국의 수요 둔화에도 불구하고 신규 공급이 지속적으로 이뤄지면서 가격 하락을 이끌었다. 일부에서는 대형 광산 업체들이 감산에 나서거나 프로젝트 계획을 취소해 공급이 부족해질 것이라는 전망을 제기한다. 국제동연구그룹(ICSG)은 전기동 시장이 올해는 거의 수급 밸런스를 보이고 2016년에는 12만7000t의 공급부족을 보일 것으로 예상했다.

그러나 산업 부문에서는 수급 사이클이 쉽게 바뀔 것이라는 기대가 크지 않다. 환율, 에너지 가격에 따른 한계생산비용 하락과 함께 기존 광산 확장과 신규 광산 프로젝트에 의해 2016년 공급이 더욱 늘어날 수 있기 때문이다. 중국의 수요 부진과 충분한 재고도 공급부족 가능성을 낮게 보는 요인이다. 세계 최대 구리 생산 업체인 코델코(Codelco)는 향후 전기동 가격을 t당 4400~5500달러로 예상하면서 연간 생산량을 160만~170만t으로 유지하겠다고 밝혔다.

중국의 수요성장률 둔화와 신규 공급 증가, 중국 위안화 평가절하에 따른 수입수요 감소 위험 등에 의해 2016년에도 전기동 가격의 하락 위험은 크다고 판단된다. 중국의 일대일로 정책이나 전략비축국(SRB) 매입 등에 의해 가격이 반등하더라도 일시적이고 구조적인 하강 사이클에 의해 전반적인 약세 기조를 이어갈 전망이다. 2016년 LME(런던금속거래소) 전기동 가격은 전년 대비 7% 하락한 t당 5200달러로 예상한다.

니켈 | 공급부족 위험 완화로 가격 하락

니켈에 대한 전망도 그리 밝지 않다. 지난해 LME 위크(LME 메탈 세미나)에서 니켈 강세를 외치는 목소리가 높았지만, 올해 실망스러운 니켈 가격에 사람들은 더 이상 헛된 희망을 갖지 않는 듯 보인다. 국제니켈연구그룹(INSG)의 2016년 세계 니켈 공급부족(2만3000t) 전망에도 불구하고 의미 있는 반등을 기대하기는 어렵다. 역대 최대 수준의 니켈 재고와 중국 스테인리스강 수요 부진, 필리핀산 니켈 원광 대체공급 등에 의해 니켈 공급부족을 크게 걱정하지 않기 때문이다.

2014년 1월부터 인도네시아가 광물 수출을 중단한 이후 니켈 원광 부족에 대한 우려가 컸다. 하지만 필리핀 니켈 원광 공급으로 부족분이 메워졌고, 중국의 니켈 선철(NPI) 생산량도 우려만큼 줄지 않았다. 향후 인도네시아의 신규 프로젝트 개시에 따라 니켈 공급 감소 위험이 완화될 수 있다. LME 니켈 재고와 중국 내 니켈 원광 재고 감소, 견고한 중국의 니켈 수입 수요, 세계 니켈 시장의 공급부족 전망 등에 따라 니켈 가격이 안정되겠지만 가격 상승 가능성은 제한적일 것이다. 2016년 니켈 가격은 2015년 대비 4% 하락한 t당 1만2000달러로 바라본다.

아연 | 비철금속의 다크호스

아연 가격은 2015년 상반기에 급등했으나 중국의 경기 둔화 우려 등으로 수년래 최저치로 떨어졌다. 그러나 희망을 버릴 시점은 아니다. 아연 시장 전망은 긍정적이다. 최근 글렌코어의 아연 50만t 감산 발표가 시장 심리를 더욱 자극했다. 국제연아연연구그룹(ILZSG)은 2016년 세계 아연 시장이 15만2000t의 공급부족을 보일 것으로 전망했는데, 글렌코어의 50만t 감산을 반영할 경우 공급부족이 더욱 확대될 것으로 내다봤다. 그러나 글렌코어 감산분만큼 중국이 증산한다면 이를 상쇄시켜 별다른 강세 효과를 내지 못할 것이라는 비관적인 전망도 있다.

2015년 호주 센추리(51만t)와 아일랜드 리신(17만5000t)의 광산 폐쇄로 약 70만t의 생산 능력이 감소하는데 이는 글로벌 아연 광물 생산 능력의 4~5%에 해당한다. 이들 광산 폐쇄는 2016년 생산량에 영향을 주겠지만, 다른 신규 광산의 생산 증가로 글로벌 아연정광 생산량은 계속 늘어날 전망이다. ILZSG는 세계 아연정광 생산량이 2015년 전년 대비 1.5% 증가한 1355만t, 2016년에는 1.8% 증가한 1380만t을 기록할 것으로 본다. 중국의 경우 아연정광 생산량이 2015년 1.9% 증가, 2016년에는 7.8% 증가할 것으로 전망했다.

글로벌 아연 시장에 대해 공급부족이 우려되지만 중국의 수요 둔화, 신규 공급 증가에 의해 공급부족이 완화되면 아연 가격 강세가 제한될 수 있다. 2016년 아연 가격은 2015년 대비 2.5% 상승한 t당 2050달러로 예상한다.

자원전쟁 핵심 품목에서
이젠 관심 밖으로 밀려나

김유정 한국지질자원연구원 자원전략연구실장

한때 자원 전쟁의 가장 선두에 서 있던 희토류가 이제는 관심 밖으로 밀려나고 있다. 세계 경기 불황과 특히 희토류 최대 수입국인 일본의 수요 감소로 중국의 수출량이 수출쿼터제도 채우지 못하는 지경에 이르렀고 가격 역시 급락했다. 희토류 세계 수요는 여전히 답보 상태며 가격 역시 하락세를 면치 못하고 있다.

국내에서는 희토류가 거의 생산되지 않아 대부분을 수입에 의존한다. 국내 수요는 광학렌즈와 유리 연마제로 사용되는 세륨 화합물이 중심이 되고 그 외 광종의 수요는 크지 않다. 영구자석용은 반제품과 완제품 형태로, 촉매제용은 완제품 형태로 수입한다. 2015년 9월까지 희토류 수입량은 2004t(수입액 3800만달러)으로 전년 동기에 비해 20% 증가했으며, 중국으로부터의 수입이 80%에 이른다.

아직도 희토류 공급은 중국 의존도가 높지만 공급원의 다각화는 다소 진전되는 중이다. 세계 생산량의 95% 이상을 차지하던 중국 비중이 2014년에 처음으로 88%로 떨어졌다. 중국 외 지역에서 희토류를 생산하는 대규모 사업장인 호주의 Mt.Weld 광산(Lynas)과 미국의 Mt.Pass 광산(Molycorp)의 생산이 2015년에 정상화됐기 때문이다.

그러나 중국의 남방지역 내 광산의 희토류광에는 값비싼 중희토류가 49% 포함돼 있는 반면 미국의 Mt.Pass 광산에는 상대적으로 수요가 적고 가격이 낮은 세륨이 생산량의 49%를 차지하는 등 경희토류

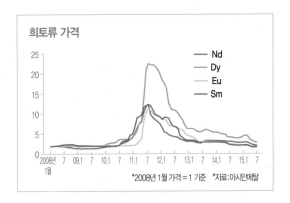

희토류 가격

— Nd
— Dy
— Eu
— Sm

*2008년 1월 가격 = 1 기준   *자료:아시안메탈

함유량이 높다. 경희토류의 경우 중국에 전적으로 의존하는 구조는 개선됐으나, 여전히 높은 가격대를 형성하고 있는 중희토류는 중국에 의존할 수밖에 없는 실정이다. 희토류 수요는 과거 연마재와 자석용 중심에서 촉매, 자석, 전지용의 사용이 많아지고 있다. 즉 배기가스 촉매, 모터용 영구자석, 전기차의 전지 등 자동차 산업에서 희토류 수요가 증가하고 있는 추세다.

중국은 중국 내 광물 일부 광종을 전략 자원으로 관리하고 있는데, 그중 가장 핵심이 희토류다. 2014년 8월 세계무역기구(WTO) 분쟁해결기구가 중국의 희토류 수출제한정책(수출쿼터제, 수출세)에 대해 시정 권고를 하면서 중국은 올해 수출쿼터제와 무려 25%에 달하던 수출세를 전면 폐지했다. 이로 인해 희토류 가격은 관세 철폐 이전 가격의 절반 수준으로 하락했다. 2015년 상반기 중국의 희토류 수출 물량은 증가했으나, 가격 하락으로 수출액은 오히려 감소했다.

희토류는 수요 감소와 가격 하락 등으로 생산자 중심에서 수요자 중심 시장으로 구조가 변화하고 있고 이런 구조는 2016년에도 지속될 전망이다. 중국은 세계적 공급국으로서 독점적 지위를 확보하고 자국 내 희토류 산업 생태계 유지를 위해 비축, 자원세, 환경세 등을 이용해 희토류 가격을 조정하고자 할 것이다. 그러나 세계적으로 초과공급 구조가 유지될 것이며, 세계 수요가 회복되지 않은 상태에서는 중국 생산제한정책의 가격 상승 효과를 기대하기는 어려울 것으로 보인다.

VII

2016
매경 아웃룩

자산 시장
어떻게 되나

〈주식 시장〉

Preview

코스피 2300의 산은 결국 오르지 못했다. 2015년 초 전문가가 예상한 코스피지수는 1800~2300이었다. 분위기도 나쁘지 않았다. 2015년 상반기 바이오와 화장품주가 주가 상승세를 이끌며 여의도 금융가 분위기가 크게 살아났다. 그러나 딱 상반기까지였다. 중국발 위기에 주가가 요동치더니 2000선 언저리에서 새로운 박스권을 형성했다. 2015년 내내 힘을 내지 못했던 대형주는 하반기 들어 막판 기세를 올렸지만 코스피를 2300까지 끌어올리기는 역부족이었다.

전문가들의 2016년 전망은 한층 더 조심스러워졌다. 코스피 예상치는 1800~2200으로, 2014년 초에 내놨던 2015년 전망과 거의 같다. 몇 해 동안 이어온 박스권 장세를 뚫고 갈 새로운 동력을 발견하기 어렵기 때문이다.

그러나 코스피 전망과 관계없이 오를 종목은 오른다. 증권가에서는 2015년 바이오 · 화장품주와 같이 새 주도주를 찾기 위한 움직임이 분주하다. 주목받는 신 주도주는 영상 콘텐츠, 2차 전지 등이다. 일부 전문가는 바이오주의 부활을 점치기도 한다. 펀드는 배당주펀드가 인기를 끌 가능성이 높다. 2015년과 마찬가지로 금리가 낮은 상황에서 배당의 중요성이 부각될 수 있어서다. 중국 증시의 부활도 관심사다. 전문가 예상은 조심스러운 반등이다. 2015년 하반기 강한 조정을 거친 것이 2016년 상승세를 이끌 보약이 됐다는 분석이다.

멀고 먼 코스피 2300
1800~2200 新박스권

명순영 매경이코노미 기자

▼ 코스피 2300의 길은 멀고도 먼 모양이다. 2014년 연말 증권사들은 2015년 들어서면 코스피가 2300을 돌파하리라 예상했다. 장밋빛 낙관론만 펼친 것은 아니다. 하지만 가파른 상승세를 한 번쯤은 타지 않겠느냐는 게 증권가의 대체적인 전망이었다. 그러나 2015년 10월 말 기준으로 본다면, 이 같은 희망 섞인 전망은 현실로 나타나지 않을 가능성이 커졌다. 돌이켜 보면 악재가 너무 많았다. 중국 경제는 전문가들이 예상했던 것보다 훨씬 심각했다. 폭등했던 상하이 주식 시장은 거품으로 결론 나고 글로벌 경제를 크게 뒤흔들었다. 미국 금리 인상은 말만 무성했을 뿐 실제 '액션'이 없자 증권가는 피로감을 호소하기 시작했다. 증권가가 가장 싫어한다는 '불확실성'이 주식 시장을 억누른 셈이다.

2016년에는 코스피가 속 시원하게 2300을 뚫고 지나는 장면을 꿈꿔볼 수 있을까. 결론부터 말하면 쉽지 않을 것 같다. 주요 증권사 의견을 요약하면 2016년에도 박스권을 벗어나기 힘들 듯 보인다.

대체적인 예상치는 1800~2200이다. 숫자가 아닌 말로 표현하면 "올해보다 큰 기대는 하지 말라"는 정도다. 2014년 말 예상치(1800~2300)보다 더 보수적이다.

가장 상단치를 높게 잡은 신한금융투자만 겨우 2300을 넘긴 2350을 전망했다. 하단도 1900으로 다소 높다. 이경수 신한금융투자 애널리스트는 "코스피 장부가치 대비(PBR) 1배 수준으로 하단 1900선을 잡았다"고 했다. 미국 금융위기 이후 이 수치 아래로 크게 물러선 적이 없다는 점에서 믿을 만하다는 설명이다. 상단 2350은 2016년 추정이익 예상치에 배당성향 증가를 감안해 도출했다. 이 애널리스트가 예상한 적정 주가수익비율(PER)은 11.7배다. 물론 예상보다 이익이 적게 나와 추정이익이 틀린다면 하향 조정해야 한다.

한국투자증권은 이보다는 다소 낮은 1870~2230을 내놨다. 낙관보다는 신중에 무게를 둔 예상치다. 글로벌 경제가 확연히 살아나기 어렵고 미국 금리 불확실성이 남았다는 판단이다. 하단은 PBR 1배로 보고 1800대선을 꼽았다. 신한금융투자와 똑같이 PBR 1배를 기준으로 하단선을 잡았는데도 낮게 나온 것은 이익 추정치가 낮기 때문이다. 한국투자증권은 "배당이 늘어나고 원화 약세 흐름이 이어진다면 코스피가 의외의 상승 탄력을 보일 수 있다"고 전망했다.

하나금융투자는 '신중'에도 못 미치는 '비관'에 가까운 전망치를 내놨다. 하단 1800, 상단 2150이다. 한마디로 글로벌 경제가 살아나지 않는데 국내 기업이익이 늘어나리라 예상하기 어렵다는 분석. 조용준 하나금융투자 리서치센터장은 "2015년 하반기 국내 증시가 중국 디플레이션과 미국 기준금리 인상 불확실성을 반영했다는 전제 아래, 저점을 1800으로 본다"며 "중국과 미국의 동반 경기 둔화, 원자재 가격 하락, 위험자산 기피 현상, 국내 수출 부진에 따른 기업 실적 악화 등의 이유로 상승 여력이 높지 않다"고 말했다. 시기적으로 보면 원자재 가격이 일시 반등할 가능성이 높은 1~2분기 주가는 괜찮지만 2~3분기 국내 기업 실적 문제와 외국인 자금 유출이 일어나 하락세를 보일 수 있다고 내다봤다. 4분기는 미국 대선으로 정책 모멘텀이 생겨 다시 회복세를 타 결과적으로 N자형 박스권 장세를 보일 것이라는 게 하나대투증권의 전망이다.

신중하거나 비관적이거나…"기업이익 크게 늘기 어렵다" 한목소리

NH투자증권은 하나금융투자와 예상 범위가 똑같다. 1800~2150의 박스권이다. 시장을 불안하게 본다는 의미다. 2016년 상반기는 미국의 출구전략, 신흥국가 구조조정, 부실기업 퇴출 등으로 약세 국면을 예상했다. 저유가로 글로벌 교역량이 늘어날 수 있으나 수출과 소비가 크게 늘기도 어렵다고 봤다. 다만 하반기로 접어들며 선진국이 부진한 상황을 벗어나기 위해 추가 양적완화를 할 수 있다는 기대감에 일시적인 유동성 랠리를 점쳤다. 저점은 PBR의 0.9배를 적용했다. 2016년 코스피 기업 순이익 9% 증가를 기준으로 PER 11.5배인 2150을 상단으로 결정했다.

코스닥 전망치는 580~880…2007년 최고점 뚫을지 촉각

SK증권도 박스권 장세를 전망했다. 하단 1790, 상단 2220이다. 하단만 보면 가장 낮다. SK증권은 2016년 기업이익은 2015년과 비슷하리라 전망한다. 낮은 원자재 가격이 유지돼 기존 이익률을 지킬 수 있다는 것이다. 수출 역시 2015년과 비슷하다고 본다. 다만 중국 위안화 약세, 달러 강세로 자본이 소폭 유출될 것으로 예상하며 지수를 낮게 잡았다. SK증권이 꼽은 가장 큰 리스크는 중국의 크레디트(신용) 문제와 브라질 등 원자재 국가의 경기 악화다.

미래에셋증권 전망치도 크게 다르지 않은 1900~2250이다. 일단 글로벌 경제와 한국 경제가 2015년보다는 다소 나아지리라는 의견이다. 미국 금리 불확실성이 사라진다는 점은 긍정적인 요인이다. 그러나 코스피 기업 순이익 증가율이 크지 않으리라는 데는 다른 증권사와 의견이 같다. 따라서 지금의 박스권을 의미 있게 깨고 올라서기는 힘들다고 본다. 위안거리가 있다면 배당수익률이 국채금리보다 높아지고 있다는 점에서 투자자들이 주식에 관심을 기울이지 않겠느냐는 것이다. 외국인의 매수세가 이어진다면 분위기는 좀 더 나아지리라고 예상한다.

코스닥은 대체로 600~850이다. 한국투자증권은 미래 유망 산업 성장세

주요 증권사 코스피 전망   가나다순

증권사	하단	상단	주요 변수
미래에셋증권	1900	2250	금리 불확실성 줄지만 이익 제자리
삼성증권	1900	2250	국내 내수 침체 완화로 상승세
신한금융투자	1900	2350	이익 늘어나리라는 기대감 반영
하나금융투자	1800	2150	국내 수출 기업 부진이 악영향
한국투자증권	1870	2230	미국 금리 불확실성 높아
현대증권	1920	2220	금리 인상 이후 안도 랠리 예상
KTB투자증권	1800	2200	미국·중국 경기회복 보여줘야
NH투자증권	1800	2150	일시적인 유동성 랠리 있어도 박스권
SK증권	1790	2220	중국과 브라질이 위험 요인

주: 증권사 전망치는 수정될 수 있음

를 보여줄 중소형주 선호도가 높아지리라 봤다. 구체적으로 모바일, 사물인터넷, 전기차, 헬스케어, 재생에너지다. 한국투자증권은 2007년 최고점이었던 850포인트까지도 가능하리라고 낙관론을 펼쳤다. 대신증권의 코스닥 전망치는 640~780이다. 한국투자증권보다 하단은 높지만 상단은 낮다. 2016년 코스닥 영업이익이 올해보다 38% 증가한다는 예상 아래 지수를 뽑았다. 바이오, 제약주의 인기는 다소 사그라지고 가치주의 선호도가 높다는 의견을 냈다.

SK증권은 코스피지수 전망치를 낮게 잡은 반면 코스닥에서는 큰 기대감을 나타냈다. 예상 범위는 630~880이다. 상단과 하단의 격차가 가장 커 그만큼 변동성이 크다는 점을 보여준다. 성장성을 높이 평가받아 주가가 크게 뛰는 종목이 생기는 반면, 코스닥 종목이 위험에도 취약할 가능성이 높다고 분석했다. SK증권은 하반기 신성장 산업 정책이 나오면서 기술주의 상승세가 나타나리라 전망했다.

NH투자증권은 중소형주 실적이 대형주보다 더 좋아지리라는 판단 아래 지수 범위를 580~780으로 잡았고, KTB투자증권은 650~850을 예상했다. 신한금융투자는 코스닥은 예상치를 내지 않았다. 워낙 개별종목 위주로 움직이기 때문에 전체 지수를 예상하는 것은 의미 없다는 판단에서다.

콘텐츠·바이오·2차전지
"2016년은 나의 해"

박중제 한국투자증권 애널리스트

▼ 전설적 주식투자자인 윌리엄 오닐(William O'Neil)은 그의 저서 '최고의 주식 최적의 타이밍'에서 주도주를 찾는 그만의 방법을 정리했다. 이에 따르면 주가가 본격적으로 상승하기 전 주도주들은 5년간 평균 25%의 이익 성장률을 기록했다고 한다. 물론 이익이 늘어난다고 무조건 주도주가 되는 것은 아니다. 윌리엄 오닐은 새로운 제품, 새로운 변화, 새로운 경영진 등의 촉매제가 주도주가 되기 위한 나머지 퍼즐이라고 설명했다. 쉽게 얘기하자면 세상의 트렌드 변화를 반영하면서 이익이 성장하는 기업이 주도주가 되는 것이다.

윌리엄 오닐의 방법을 이용해 2016년 주도주 후보들을 살펴보면 우선 CJ E&M, SBS, 제이콘텐트리와 같은 미디어 기업을 꼽을 수 있다.

CJ E&M의 매출액과 이익 전망치를 살펴보면 2015년 매출액은 5.9% 늘어나고 영업이익은 631억원을 기록해 흑자전환할 것으로 보인다. 2016년에도 매출액과 영업이익 증가율은 각각 7.1%, 39%를 기록할 전망이다. SBS의 영업이익도 2015년 흑자전환해 2016년에는 30% 더 늘어날 것으로 예상된다. 이 정도면 이익 측면에서는 윌리엄 오닐의 첫 번째 조건인 양호한 이익 성장 기준을 만족시킬 것으로 볼 수 있다.

윌리엄 오닐의 두 번째 조건인 '새로운 트렌드를 반영할 것'이라는 기준에서도 영상 콘텐츠 기업들의 전망은 긍정적이다. 2016년에 TV 시청 환경이 크게 바뀌면서 CJ E&M처럼 영상 콘텐츠 제작 경쟁력이 강한 기업들이 주목받을 것으로 예상한다.

미국에서 '코드 커팅' 유행 시사하는 바 커

최근 미국에서는 '코드 커팅(Cord Cutting)' 현상이 확산되고 있다. 코드 커팅이란 주로 18~34세 사이 밀레니엄 세대들이 비싼 유료방송에 가입하지 않는 대신 넷플릭스(Netflix)처럼 온라인 영상 스트리밍 서비스를 제공하는 사이트에서 TV를 시청하는 현상을 말한다.

유독 미국에서만 코드 커팅 현상이 나타나고 있는 것은 넷플릭스라는 혁신적인 기업이 존재하기 때문이다. 넷플릭스는 원래 온라인에서 DVD를 대여해주는 회사였는데 PC나 스마트폰이 미래의 TV가 될 것으로 보고 온라인에서 영상을 바로 볼 수 있는 서비스를 제공하기 시작했다. 넷플릭스는 미국 TV 시청 가구의 36%가 이용하고 있고 피크타임 때 넷플릭스에서 영상을 내려받는 비중이 전체의 35%를 차지할 정도로 큰 인기를 끌고 있다.

흥미로운 점은 넷플릭스가 이제 글로벌 시장 진출에 나서면서 코드 커팅 현상이 다른 나라에서도 나타날 가능성이 높아졌다는 점이다. 넷플릭스는 이미 유럽과 일본에 진출했고 2016년 초 한국과 싱가포르 등에도 진출한다. 유럽에서는 이미 미국과 비슷한 현상이 나타나 영국 방송사인 ITV의 실적과 주가 역시 타격을 받았다. 이처럼 넷플릭스는 진출하는 국가마다 방송 형태를 바꾸는 파괴적 혁신 기업으로 작용하고 있다. 2016년 넷플릭스가 한국에 진출하면 국내 방송 환경도 크게 바뀔 것이다.

넷플릭스 진출이 한국의 방송 생태계에 어떤 영향을 미치게 될까? 누가 피해자고 어떤 기업이 수혜를 받게 될까? 우선 다른 국가에서처럼 기존의 방송 헤게모니를 쥐고 있는 기업이 피해자가 될 수 있다. 지상파, 케이블망 사업자 등이 잠재적인 피해 후보군이다. 반면 영상 콘텐츠를 제작하는 기업, 특히 콘텐츠 경쟁력이 뛰어난 기업들은 수혜를 받게 될 것으로 보인다.

셀트리온 등 바이오시밀러 기업 점유율 높여가

2016년 두 번째 주도주 후보는 셀트리온, 삼성바이오에피스 등 바이오시밀러 업체들이다. 바이오시밀러는 바이오의약품 특허 기간이 끝난 뒤 이를 본떠 만든 비슷한 효능의 복제약을 말한다. 아직 전 세계 시장 규모가 1조원 남짓이지만 2020년경에는 20조원에 달할 정도로 급성장할 전망이다. 셀트리온의 매출액 증가율은 2015년 19%, 2016년에는 35%를 기록할 전망이다. 영업이익 증가율은 2015년 25%, 2016년 54%에 달할 것으로 예상된다.

2015~2016년은 바이오시밀러 시장이 성장하기 시작하는 분기점이 될 가능성이 높다. 우선 셀트리온의 바이오시밀러 램시마가 유럽에서 판매되기 시작해 빠르게 점유율을 늘려가고 있다. 일부 북유럽 국가에서는 관련 시장점유율이 80%를 넘는 경우도 있다. 또한 드디어 미국에서도 첫 번째 바이오시밀러인 산도스사의 작시오(Zarxio)가 2015년 9월 3일부터 판매되기 시작했다.

바이오시밀러의 최대 장점은 바이오의약품 대비 가격이 30~50% 정도 저렴하다는 것이다. 바이오의약품이 환자들의 삶의 질을 크게 개선시켰지만 너무 비싼 값이 문제였다. 또한 전 세계적으로 고령화가 급격히 진행되며 정부의 의료비 부담도 급증해 의료비용을 낮추려는 필요성이 강력하게 대두되고 있다. 이 같은 필요성에 따라 바이오시밀러 사용을 적극적으로 권유하고 있고 특히 유럽이 이 분야에서는 가장 앞서나가고 있다.

문제는 전 세계 바이오의약품 시장의 50%를 차지하는 미국에서는 특허와 지적재산권에 대한 보호가 강력하게 이뤄져 바이오시밀러 승인과 출시가 매우 어려웠다는 점이다. 그런데 비용을 낮추려는 강력한 필요성에 따라 미국에서도 서서히 법과 제도가 정비됐고 드디어 2015년에 첫 번째 바이오시밀러가 출시됐다. 나아가 2016년에도 셀트리온의 램시마 등 새로운 바이오시밀러가 판매가 시작될 가능성이 높아 보인다.

바이오시밀러 시장에서는 셀트리온, 삼성바이오에피스 등 한국 기업들이 가장 앞서나가고 있어 한국의 새로운 성장 산업으로 자리매김할 가능성이 높다. 아울러 셀트리온헬스케어, 삼성바이오에피스 등이 2016년에 상장될 가능성이 높고 이때 셀트리온의 과잉재고에 대한 우려도 크게 완화될 것이다.

세 번째 주도주 후보는 LG화학, 삼성SDI 등과 같은 2차전지 생산 기업들이다. LG화학의 매출액은 2015년 10% 감소하지만 2016년 9% 증가할 것으로 예상된다. 특히 영업이익은 2015년 44%, 2016년 13% 늘어날 것으로 추정된다.

지금까지 전기차 보급에 대한 기대가 높았지만 현실이 기대에 미치지 못했다. 그러나 2015년 이후부터 전기차 시장의 성장세가 빨라질 가능성이 높다. 우선 폭스바겐 사태 이후 글로벌 자동차 생산 업체들이 전기차 도입을 앞당기고 있다. 폭스바겐이 배기가스 배출량을 조작한 사실이 밝혀지면서 업계에 큰 파장이 일어났는데 이에 따라 주요 국가 정부들은 배출가스 규제를 강화하고 전기차와 같은 친환경자동차를 도입하는 일정을 앞당기려고 한다.

또한 2020년까지만 효력이 있는 교토의정서를 대체하는 새로운 협약을 만들기 위해 2015년 12월 파리에서 기후변화협약 당사국총회가 개최된다. 여기서 최종 협약이 도출될 수 있을지 확실치는 않지만 오바마 미국 대통령 등 선진국 정상들이 타결을 위해 막후에서 노력 중이다. 지금까지 탄소배출 규제에 소극적이었던 중국도 환경 문제를 적극적으로 해결하려는 입장으로 바뀌었다. 교토의정서는 미국과 중국이 빠져 절반의 성공으로만 인정받았는데 만약 파리에서 미국과 중국을 포함한 협약을 내놓는다면 그야말로 전 세계가 참여하는 기후변화 방지 협정이 처음으로 등장하는 것이다.

공격보다 방어 중요
배당주·혼합형 주목

민주영 펀드온라인코리아 투자교육팀장

▼ 2015년 펀드 시장은 몇 가지 특징으로 정리할 수 있다.

첫째, '국내 주식펀드의 견조, 해외 주식펀드의 혼조'로 요약할 수 있다. 2015년 10월 12일 기준 유형별 펀드 성과를 보면 국내 주식펀드는 연초 이후 평균 4.7%의 성과를 기록했다. 하반기 중국발 경제 침체 우려에 따른 충격에도 불구하고 강한 수익률 방어력을 보이며 견조한 모습이었다. 반면 해외 주식펀드는 평균 −2.38% 손실을 기록했다.

둘째, 2014년에 이어 2015년에도 중소형주펀드가 강세를 보였다. 배당주펀드도 우수한 성과를 기록했다. 반면 2014년 높은 성과를 기록했던 해외 헬스케어섹터펀드가 중국 경제 불안의 여파 등으로 하반기 수익률이 급락하면서 주춤했다.

셋째, 자금흐름을 보면 채권혼합펀드와 초단기채권펀드인 MMF의 설정액 급증, 주식형 공모펀드의 감소 등으로 요약할 수 있다. 금융투자협회 통계에 따르면 2015년 10월 7일 기준 2014년 말 대비 채권혼합형 펀드가 3조5490억원 증가했으며 MMF는 27조4300억원 늘었다. 또한 중국을 비롯한 글로벌 경제의 성장 둔화 우려 등으로 마땅한 투자처를 찾지 못한 대기성 자금들이 MMF로 몰렸다. 일반 개인투자자들이 가입하는 국내 주식형 공모펀드가 연초 이후 2조 7940억원 감소한 반면 고액투자자들의 국내 주식형 사모펀드는 2조7750억원 증가했다. ·

해외주식 비과세 혜택 부과…힘들었던 해외펀드 살아날 듯

2016년 펀드 시장 역시 중국을 비롯한 글로벌 경제의 둔화 우려 등으로 한 치 앞을 내다보기 어려운 상황이다. 2015년 내내 글로벌 금융 시장을 불안감에 빠뜨렸던 미국 금리 인상 문제가 2016년에도 계속될 가능성이 높다. 2015년 그리스 사태나 브라질 폭락과 같이 일부 신흥국 등에서 예상치 못한 변수가 발생해 펀드 수익률이 급락할 수도 있다.

2015년 국내외 금융 시장의 흐름을 바탕으로 2016년 펀드 시장을 조심스럽게 내다보자.

첫째, 국내외 금융 시장의 변동성이 높아짐에 따라 '중위험 · 중수익' 스타일의 배당주펀드나 혼합형 펀드에 자금이 꾸준히 유입될 것으로 보인다. 저금리 · 저성장 경제 기조의 심화와 기업의 배당 확대에 힘입어 배당주펀드의 성장은 장기적으로 지속될 전망이다. 배당주펀드는 주가 상승에 따른 매매차익뿐 아니라 지속적인 배당수익을 추가로 기대할 수 있다는 점에서 안정성을 추구하는 투자자의 관심이 높다. 일반적으로 배당주는 성장주에 비해 배당수익에 힘입어 낮은 변동성이 특징이다. 2015년에는 국내뿐 아니라 유럽 배당주펀드와 같이 해외 배당주펀드 등이 등장하며 투자의 범위가 확대됐다.

이와 함께 혼합형 펀드도 설정액이 꾸준히 증가할 전망이다. 혼합형 펀드의 성장은 퇴직연금펀드(DC형)로의 자금 유입에 힘입은 바 크지만 은행 예 · 적금 가입자들 이동도 적지 않다. 2015년 일부 은행과 증권사를 중심으로 혼합형 펀드에 대한 마케팅을 강화했다. 잇단 금리 인하로 더 이상 은행 예 · 적금만으로는 효율적인 자산 운용이 불가능함에 따라 펀드 투자를 적극 권유하고 나섰다.

다만 바로 주식펀드를 하기에는 투자 위험이 높기 때문에 주식과 채권을 적절하게 나눠 투자하는 혼합형 펀드를 대안으로 내세우고 있다. 이런 흐름은 2016년에도 계속될 전망이다. 2015년 10월 12일 기준 채권혼합형 펀드는 연초 이후 3.53%로 은행 금리 이상의 양호한 성과를 올렸다.

둘째, 해외 주식펀드 투자가 활성화될 전망이다. 2016년부터 해외 주식에 60% 이상 투자하는 해외 주식펀드에 대해 비과세 혜택을 받을 수 있게 되기 때문이다. 기존 해외 주식펀드가 주식 매매차익에 대해 세금을 부담해야 하기 때문에 국내 주식펀드나 해외 직접 주식 투자에 비해 불리했다. 정부는 이 같은 차이를 해소하고 해외 투자를 활성화하기 위해 해외 주식펀드에 대한 비과세 특례를 신설하기로 했다. 비과세 혜택 항목은 주식 매매차익과 환차익이며 가입 기간은 2016년 1월 1일부터 2017년 12월 31일까지다. 세제 혜택 기간은 가입일부터 10년간으로 충분하게 늘렸지만 1인당 가입한도는 3000만원으로 제한했다. 2007년 해외 펀드 비과세 시행 때 펀드 운용 기간 중 3년 동안에만 비과세 혜택을 부여했다가 비과세 기간 종료 시점에 손실이 났음에도 과세되는 상황이 생기는 문제가 있었다. 이를 방지하기 위해 운용 기간(최대 10년) 중 비과세 혜택이 지속되도록 했다는 설명이다. 또한 고액자산가들에게 지나치게 혜택이 커질 수

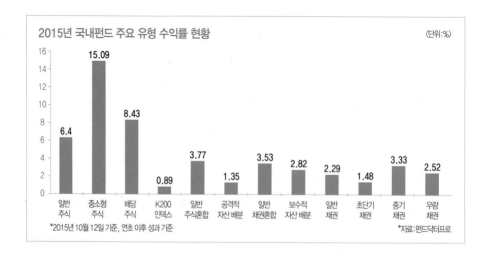

2015년 국내펀드 주요 유형 수익률 현황 〈단위:%〉

*2015년 10월 12일 기준, 연초 이후 성과 기준   *자료:펀드닥터프로

있다는 점을 고려해 1인당 납입한도를 도입했다.

또 하나 눈에 띄는 것은 환차익에 대해서도 세금을 매기지 않는다는 점이다. 2007년 당시에는 해외 주식 매매차익에서 손실이 났지만 환율 차이에서 이익이 나면 세금을 내야 했다. 이번 제도가 도입되면 환율 변화에 노출된 해외 주식펀드도 대거 등장할 전망이다. 비록 가입한도가 있긴 하지만 해외 주식펀드 투자를 가로막던 세금 문제가 풀릴 예정이어서 해외 펀드 투자가 본격 활성화될 것으로 기대된다.

셋째, 퇴직연금과 개인연금 등 연금펀드의 지속적인 성장과 온라인펀드 시장의 활성화가 예상된다. 2015년 연금저축계좌 이체 간소화 시행 등으로 연금저축펀드로의 이동이 활발해졌다. 저금리 영향으로 보다 효율적인 연금자산 운용을 위한 연금펀드로의 이전이 더욱 가속화될 전망이다. 또한 퇴직연금 역시 확정급부형(DB)에서 근로자 스스로 운용하는 확정기여형(DC)으로 꾸준히 이동함에 따라 퇴직연금펀드의 성장도 예상된다. 특히나 2016년 정년 연장과 함께 임금 피크제 도입 가능성이 높아짐에 따라 DC형 퇴직연금과 개인형 퇴직연금(IRP)이 가파르게 성장할 것이다. 이에 따라 퇴직연금펀드도 지금보다 빠른 속도로 커질 것으로 보인다.

이와 함께 빠뜨릴 수 없는 것이 온라인펀드 시장의 성장이다. 2014년 펀드슈퍼마켓 등장을 계기로 온라인펀드 시장이 본격화됐다. 2016년 인터넷전문은행의 등장 등 핀테크 활성화와 독립투자자문업(IFA) 제도 도입 등으로 온라인펀드 시장은 비약적으로 성장할 가능성이 높다.

2016년 국내외 금융 시장은 2015년 못지않은 변동성을 보일 것으로 예상된다. 글로벌 금융위기 이후 전 세계적으로 엄청난 유동성이 포화 상태까지 확대돼 있기 때문이다. 이는 마치 양동이에 물이 가득 차 있기 때문에 조금만 양동이가 움직여도 여기저기 물이 출렁이며 넘쳐흐르는 것과 같은 모습이다. 그만큼 경제나 정책의 변동에 따라 자금의 흐름이 상대적으로 민감하고 크게 움직일 가능성이 높다.

中 GDP 감안하면 주가 낮아
미디어·제약·IT주 탄력 클듯

박석중 신한금융투자 리서치센터 차이나데스크 팀장

▼ 중국 증시 변동성 장세가 이어지고 있다. 후강퉁 시행과 시진핑 정부 개혁 기대감으로 상하이종합지수는 2015년 연초부터 2016년 6월까지 60% 상승했다. 그러나 이후 불과 3개월 만에 그간의 상승 폭을 모두 반납했다. 급격히 확대된 IPO(기업공개) 물량 부담과 단기 급등에 따른 기술적 요인이 추세전환의 배경으로 작용했다. 추가 하락 과정에서 악성 신용거래 계좌의 반대 매매 물량이 대거 출회되며 급락장의 악순환이 이어졌다. 정부는 시장에 의해 가격 조정이 진행돼야 하는 구간에서 인위적으로 시장에 개입해 불확실성만 확대시켰다.

정부의 시장 개입은 개발도상국 정부의 노련하지 못한 대처 방안이었고, 정부가 시장을 이길 수 있다는 오만함도 존재했다. 증시 부양 정책 방향성은 기업거래 정지, 대주주 지분 매각 금지, 선물 매도 제한 조치 등 시장 시스템을 교란하는 데 치우쳐 있었다. 공적 자금과 증시 부양 기금도 시장에 확신을 주기보다 차익 매물을 소화하는 역할에 그쳤다. 중국 정부가 주식 시장 부양을 위해 집행했던 증시 부양 기금과 신용거래가 양산한 깡통계좌의 정리 과정은 1990년대 노태

우 정권의 증시 부양책을 꼭 닮아 있다. 중국 증시의 조정은 기술적 부담감에서 시작했지만 낙폭의 확대는 정책 실기에서 찾아야 한다.

상하이종합지수는 고점 5178포인트에서 37%의 가격 조정을 거친 뒤 3000포 인트 초반 선에서 바닥을 확인하고 있다. 중국 증시의 불확실성이 완전히 해소된 것은 아니다. 다만 신용거래 잔액은 최고치 2조2600억위안 대비 절반 이상을 소화했고, 투매를 자극하던 시장 불안 요인도 우려감을 덜어내고 있다. 개인투자 자 투자심리의 나침반인 신규 주식·펀드 계좌 증가율도 2015년 10월을 기점으 로 회복 추세로 돌아섰다.

아직도 시장은 중국에 대한 우려감에 젖어 있지만 지금은 중국 비중 축소가 아 닌 투자 방법론 변화와 비중 확대를 고민할 시점이다. 국내 대(對) 중국 펀드 자 금이 고점에서 비중 확대, 저점에서 비중 축소라는 아이러니가 더 이상 반복돼서 는 안 된다. 저금리, 저성장의 한계에 봉착한 국내 자본 시장에서 중국은 여전히 매력적인 투자 대상이다.

향후 5년 이상 중국의 금융·실물자산은 한국의 저성장, 저금리 기조에서 대 안이 될 것이고 해외 투자의 절반가량이 중국 관련 자산이 될 가능성이 높아 보 인다. 이는 한국의 구조적인 해외 투자 확대 시기에 중국의 자본 시장 개방이 진행되기 때문이다. 또한 한국과 중국은 경제적 연계성뿐 아니라 지리적, 문화 적, 시차에 대한 이해도가 그 어느 국가보다 높다. 중국 주식 투자 기간은 2년 이상 중장기 호흡을 필요로 한다. 그러므로 단기 추세 변 화를 확인하려는 노력보다 중 장기적 시장의 확신을 가져볼 필요가 있다.

상하이종합지수를 예측하는 것은 어려우나 시가총액과 수

일드갭(Yield Gap) 주가수익률-부동산수익률

(단위:%포인트)

*2015년 이후는 예상   *자료:신한금융투자

급을 통해 접근하면 비교적 명확한 결론에 도달하게 된다. 경제 규모와 시가총액의 상대적 비교에서 중국 시가총액은 41조위안으로 국내총생산(GDP) 대비 61%다(2015년 10월 기준). 미국 146%, 영국 137%, 한국 94% 대비 현저히 낮다. 일정 규모 이상 자본 시장을 구성한 경제의 GDP 대비 시가총액 적정 비율은 90~110%다. 2020년 중국 GDP에 시가총액 90%를 적용받는다면 중국의 시가총액은 현재 시가총액 대비 2배 이상 늘어나야 한다.

수급 관점에서도 과거 시장을 개방하는 국가의 주가지수 저점은 낮지 않았다. 중국 본토 증시의 외국인 비중은 여전히 2% 남짓이다. 단기적으로도 A주 MSCI EM(신흥 시장)지수 편입, 선강통, RQFII 등의 수급 호재가 존재한다. 외국인은 본토 수급의 새로운 주체로 부상할 것이고 중국 정부는 대외 개방 의지 확대를 지속해서 강조하고 있다. 기관투자자의 자금도 연기금과 보험업을 중심으로 빠르게 확대되고 있는 추세다.

상하이종합지수의 추세 전환 가능성에 대해 접근해보자.

단기적으로 본토 증시의 추세 전환을 위해서는 크게 세 가지 관점에서 검증이 있어야 한다. 경기와 이익의 회복, 주식 시장의 상대 매력도 부각(할인율/위험선호도), 개인투자자 심리 개선이다. 주식 시장 핵심 변수로 경기와 이익이라는 펀더멘털(fundamental · 기초체력)이 우선돼야 하겠지만 경기와 이익이 주가를 결정하는 유일한 변수는 아니다.

국내총생산은 성장률 둔화가 불가피하지만 2015년 4분기를 지나가며 소순환적 회복이 가능해 보인다. 다만 A주 상장기업의 이익 개선 기대감은 여전히 불투명하다. 경기회복에도 불구하고 이익이 같이 늘어날 것으로 보이지 않는다. 이는 은행, 에너지업종을 중심으로 한 대형주 실적 부진이 지속될 수 있기 때문이다. 또 전통 산업과 성장주의 업종 차별화 현상은 더 심해질 수 있다. 결국 주식 시장 관점에서 단기 추세 전환의 핵심 변수는 성장(경제)이 아닌 할인율(금리)과 위험선호도의 변화다.

2016년에도 경기와 이익의 변화가 크지 않다고 가정하면 할인율 변화와 위험 선호도가 투자 심리와 유동성의 방향을 주도할 수 있다. 중국도 성장률 둔화와 디플레이션에 직면해 할인율 하락구간에 들어섰다. 채권(무위험) 혹은 부동산 (고정수익)자산의 기대수익률이 2%대 시장으로 낮아졌다. 즉 상대수익률 격차 (Yield Gap)와 자산 배분 관점에서 본토 A주 증시는 투자 매력도가 높아져가는 자산군이다.

금리 낮아진다는 가정 아래 성장주의 비중 확대 필요

할인율(금리)이 낮아지는 구간에선 매출액과 이익 성장이 기대되는 업종의 상 대적인 강세가 더욱 부각될 수 있다. 특히 정부의 산업 구조조정으로 나타난 전 통 산업(Old Economy)과 신성장 산업(New Economy) 간의 이익 차별화 현 상은 대형주 대비 중소형 성장주의 상대적 강세를 기대하게 하는 요인이다. 중장 기적으로 성장주의 비중 확대(O/W) 전략이 필요하다.

주가 측면에서도 상반기 양호한 이익 성장을 보였던 성장 산업이 상대적으로 큰 폭의 가격 조정을 받아 급등에 따른 기술적 부담감을 떨궈냈다. 동시에 이익 전망치는 지속적으로 상향 조정되고 있어 기업 본질 가치 대비 가격이 떨어졌다 고 볼 수 있다. 이익 성장의 지속성, 낙폭 과대, 밸류에이션 매력, 정책 모멘텀 을 종합적으로 감안하면 미디어, 제약, IT SW, 농업업종의 투자 매력도가 높아 보인다.

中 소비주 회복 잠재력 충분
원자재 관련주 반등 가능성

신동준 하나금융투자 자산분석실 이사

▼ 2013년 미국 양적완화 규모 축소(테이퍼링) 선언 이후, 금융 시장 변동성은 조금씩 높아지고 있다. 2016년에는 중국 경제 경착륙 위험과 선진국 경기 둔화 우려가 유력한 위험 시나리오로 제기된다.

앞선 2~3년만큼이나 2016년에도 위험관리가 긴요하다. 그렇지만 위험과 기회는 오묘하게 공존한다. 세계 경제에서 중국의 위상과 지금까지 보여준 선진국 중앙은행의 위기 대응 능력을 감안하면, 상기한 위험들이 나타날 가능성을 기본 시나리오로 삼는 것이 맞는가 묻게 된다. 변동성 관리에 무게를 두되, 지나치게 한 편을 선택하기보다는 변동성이 제공할 기회도 잘 포착해야 한다.

2016년 자산 배분 전략의 기본 전제는 경기 둔화 우려와 친절한 중앙은행의 구도다. 이런 환경에서 장기채권은 꽤 매력적인 선택지다. 그러나 방어에만 너무 치중하면 이길 수 없다. 위험 관리를 위해 주식 비중을 줄일 수는 있지만, 오히려 긴 안목으로 장기 수익률 제고를 위한 선택도 필요하다. 실적 가시성이 높은 글로벌 초우량 고배당주의 매력은 더욱 높아질 것이다.

소비 중심 경제로 변화 중인 중국의 소비 관련주, 2014년 하반기부터 가격이 급락했던 원자재 관련주의 매수 타이밍을 저울질해야 할 시기다. 원자재 가격은 신흥국 슈퍼사이클이 시작되던 2003년 수준으로 회귀했다. 현재 원자재 가격은 낮은 수준이다. 향후 반등 가능성을 염두에 둔 투자가 필요하다. 채권과 고배당주가 좋을 때는 리츠도 외면할 수 없다. 변동성에 투자심리가 위축될수록 전술적으로는 저변동성 자산을, 전략적으로는 메가트렌드를 따라 기회를 포착해야 한다.

연준의 기준금리 인상과 관련한 불확실성이 2015년과 같이 시장에 불안 요인으로 강하게 작용하지는 않을 가능성이 높다. 이것은 2016년 자산 배분 전략을 수립할 때 가장 기초가 되는 부분이다. 2015년에는 신흥국 경제를 중심으로 한 경기 둔화 우려가 연준의 기준금리 인상 불확실성으로 고조됐던 것과는 달리, 2016년은 중앙은행의 통화완화 기조가 얼마나 경기 둔화 우려를 완화시켜줄 것인지가 관건이다. 2016년에 나타날 '통화완화+경기 불확실성' 구도는 금융위기 이후부터 2013년 초까지 경험했다. 그런데 금융위기 이후부터 2012년까지는 우려에도 불구하고 경기가 바닥에서 점차 회복되며 기업이익 전망이 상향 조정되는 흐름이 나타났다. 반면 2016년은 경기가 정점을 지났을지도 모른다는 불안감이 제기될 수 있으므로, 기업이익 전망치의 상향 조정세가 주춤할 가능성이 있다. 기업이익 전망치의 상향세가 약해진다면, 기업가치를 높게 평가할 수 있는 환경이 조성되는지가 관건이다. 불확실성이 높아지면 위험 선호가 낮아져 주식가치 산출에 부정적 영향을 미칠 수 있으므로, 위험 요인을 점검해볼 필요가 있다.

실적이 좋아질 것으로 예상되는 주식 비중 높일 필요

2016년에 부각될 수 있는 가장 큰 위험 요인은 중국 경제 경착륙 가능성이다. 중국 경제가 커진 만큼 경착륙 우려가 높은 것이 사실이지만, 역설적으로 중국 경제가 커진 만큼 극단적인 시나리오가 현실화될 가능성도 낮아졌다. 2015년 9월 FOMC에서 미국이 대외 불확실성을 이유로 들며 기준금리 인상을 미룬 것도 중국을 감안한 조치의 일환으로 평가된다. 위안화의 IMF SDR 편입도 꽤 높

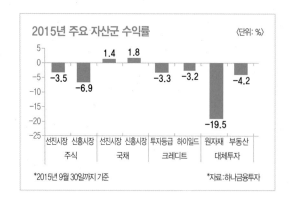

2015년 주요 자산군 수익률 (단위: %)

선진시장 주식 -3.5
신흥시장 주식 -6.9
선진시장 국채 1.4
신흥시장 국채 1.8
투자등급 크레디트 -3.3
하이일드 크레디트 -3.2
원자재 대체투자 -19.5
부동산 대체투자 -4.2

*2015년 9월 30일까지 기준
*자료:하나금융투자

은 확률도 점쳐지고 있는데, 이 역시 중국 경착륙을 피하려는 주요국 전략의 일부다. 따라서 중국 경착륙을 기본 시나리오로 자산 배분 전략을 짜는 것은 바람직하지 않다.

그렇다면 선진국 경제가 하강 기미를 보이면 어떻게 될까? 미국은 QE4, 유로존은 양적완화 확대, 일본은 QQE3 가능성을 활용해 시장 불안을 잠재우려 할 것이다. 중앙은행 신뢰가 금융위기 이후 당시보다 낮아진 터라, 더 전향적인 정책도 나올 수 있다. 금융위기 이후 선진국 중앙은행이 보여준 상상력을 과소평가할 필요는 없다.

이익 전망치 하향 가능성을 고려하면 위험 관리를 위해 주식 비중을 소폭 줄이는 것이 필요할 수 있다. 그러나 주식 비중을 지나치게 줄이기보다는 몇 가지 전략에 집중하는 것이 바람직하다. 먼저 금융위기 이후부터 2012년까지 고성과를 보였던 '실적 가시성 높은 주식'에 대한 관심이 다시 높아질 수 있다. 글로벌 초우량 고배당주가 여기에 해당한다. 그리고 중국 경착륙 우려로 낙폭이 과도했던 자산을 장기적인 시각에서 매집하는 전략도 유효하다. 투자에서 소비 중심 경제로 이행하고 있는 중국 경제를 고려한다면, 옥석을 가린 중국 소비주에 선별 투자하는 것도 좋은 전략이다. 장기 관점에서 2014년 하반기부터 하락 속도가 가팔라졌던 원자재 생산 기업에 투자하는 것도 고려해볼 만하다.

선진국 국채 · 글로벌 우량 회사채도 좋은 선택…대체투자 악몽 벗어날 듯

경기 둔화 우려가 상존하고 중앙은행이 완화 기조를 유지할 때 가장 큰 수혜를 입는 자산은 채권이다. 특히 시장 불확실성이 가라앉지 않은 시기에는 잔존 만기가 긴 국채 또는 투자등급 크레디트의 수혜가 예상된다. 국내 투자자들에게는 국내 장기채가 좋은 선택일 수 있다. 그리고 글로벌 경기 우려가 잔존한 상황 선진국 통화는 원화 대비 강세를 보일 가능성이 높다. 따라서 선진국 국채와 글로벌 우량 회사채도 국내 투자자들에게는 좋은 선택이 될 것이다.

저성장, 저금리로 대표되는 뉴노멀(New Normal)은 일시적인 현상이라기보다는 구조의 변화에 가깝다. 금융위기 이후 약 8년이 지난 2016년에도 글로벌 경기 둔화 우려가 가시지 않고 고조된다면, 2016년은 채권 시장이 뉴노멀 환경에 본격적으로 적응하는 해가 될 수 있다. 올드노멀(Old Normal)하에서는 이해할 수 없는 '마이너스 기준금리'가 그 저변을 더욱 넓혀갈 것이다. '덴마크의 전자화폐 활성화'와 같이 마이너스 기준금리 정책의 걸림돌인 현금(0%의 금리를 제공하는 채권)의 사용을 제한하는 정책 움직임도 가시화될 수 있다. 긴 관점에서 장기채권 비중을 늘려가야 하는 이유다.

원자재 가격의 추가 하락 가능성이 없지는 않다. 여전히 주요 공급자들은 가격 하락에 대응하기 위해 생산량을 늘리고 시장점유율을 확보하기 위한 전략을 실행 중이다. 그러나 원자재는 가격이 낮아지면 점차 공급이 감소하므로 긴 사이클 아래 등락을 반복한다. 따라서 현재 원자재 가격이 장기 예상 가격 범위에서 낮은 수준에 있다고 판단된다면, 장기 관점에서 원자재에 접근할 만하다. 다만 일반적으로 원자재는 주로 선물로 투자하므로 중장기 투자에 적합하지 않다. 따라서 현물로 투자할 수 있는 금 ETF 또는 매장된 원자재를 보유하고 있는 원자재 관련 기업 주식에 투자하는 것이 바람직하다. 2015년에 줄을 이었던 '감원' '투자 취소' 'M&A' 소식들에 이어 원자재 관련 기업의 '파산' 뉴스가 나올 때가 적절한 진입 시점이 될 것이다.

부동산 간접투자상품인 리츠는 올해 수익률이 예년에 비해 다소 부진했다. 그러나 장기금리가 안정을 보이며 2016년에는 견조한 수익률을 기록할 전망이다.

〈부동산 시장〉

Preview

2015년 부동산 시장은 최근 몇 년 새 보기 힘들었던 호황세를 이어갔다. 서울, 수도권뿐 아니라 지방 분양 단지마다 수십, 수백 대 1. 청약경쟁률을 보였고, 서울 마곡지구와 위례신도시 등 인기 지역 아파트 분양권에는 수억원대 웃돈이 붙기도 했다.

덩달아 3.3㎡당 4000만원짜리 서울 강남 재건축 단지나 7000만원이 넘는 부산 해운대 엘시티더샵 펜트하우스 등 고분양가 상품까지 인기를 끌었다. 매달 꼬박꼬박 임대수익을 올리는 상가, 오피스텔 등 수익형 부동산에도 부동자금이 대거 몰렸다.

2016년 부동산 시장도 2015년처럼 상승세를 이어갈 전망이다. 기준금리가 워낙 낮아 투자할 만한 금융상품이 마땅치 않은 데다 극심한 전세난이 이어지면서 주택 매매 수요가 급증할 거란 전망에서다. 특히 서울 강남, 강북권에선 재건축, 재개발 이주 수요가 증가하면서 전셋값, 집값 상승세를 부추길 거란 관측도 나온다. 저금리 시대에 임대수익을 올리는 아파트 단지 내 상가, 섹션오피스, 꼬마빌딩 같은 수익형 부동산도 꾸준히 인기를 이어갈 전망이다.

다만 지방 부동산 상승세는 다소 주춤할 것으로 보인다. 총선을 앞두고 여러 개발 호재가 등장하겠지만 인구가 줄어드는 상황에서 고분양가 주택 공급을 떠받칠 만한 수요가 많지 않기 때문이다. 2015년 전국적으로 아파트 공급이 급증한 만큼 2016년 집값 상승세는 2015년 수준에 못 미칠 거란 전망도 나온다.

매매 · 전세 동반강세 여전
수도권 매수 · 지방은 매도

고종완 한국자산관리연구원장

▼ 2015년 주택 시장은 어느 때보다 분위기가 좋았다. 한동안 침체를 이어가던 서울, 수도권도 부산, 대구 등 지방 대도시 집값 상승 대열에 동참하면서 그 온기가 전국으로 확산됐다. 매매가와 전셋값이 함께 오르면서 전형적인 강세장이 연출됐다.

이번 상승세 역시 강남 재건축 시장이 견인했다. 과거와 마찬가지로 재건축 가격 부활과 분양 시장 열기가 주택 경기 회복의 신호탄이 된 셈이다. 집값 상승 주체는 전셋값 고공행진에 놀란 실수요자들이다. 그동안 50~60대가 주로 집을 구입하는 경우가 많았지만 최근에는 30~40대가 주택의 주요 구매층으로 부상한 점은 이채롭다.

미분양 줄고 주택 거래량 늘어 완연한 회복

2016년 부동산 시장 분위기는 어떻게 바뀔까.

우선 IMF, KDI 등 국내외 경제기관 전망 보고서에 따르면 2015년 한국 경제성장률은 2%대 저성장세가 고착화되면서 2.7% 내외의 낮은 성장률이 예상된

다. 환율 변동, 수출 부진, 차
이나 리스크 등 대내외 경제
불안 요인으로 실물경기 침체
가 이어질 가능성이 크다. 때
문에 2016년 주택 시장은 경
기 회복 효과에 기대기는 힘들
어 보인다.

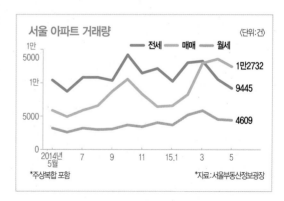

둘째, 금리 변동성이 높아지는 가운데 주택담보대출 규제 강화로 2016년 부
동산 시장은 변화 소용돌이에 휩싸일 공산이 크다. 미국이 금리를 올리면 한국도
금리 인상 가능성이 높아지는 데다 주택담보대출 규제 강화 조치는 젊은 직장인
과 자영업자, 노령층에 직격탄이 될 수 있다.

다만 미국 경제 회복세가 미약하고 유럽, 중국, 일본 등 주요 국가가 여전히 양
적완화와 금리 인하 정책을 고수하면서 미국 금리 인상도 지연되는 모습이다. 따
라서 한국 금리 인상 여부도 불확실한 데다 인상하더라도 그 폭은 제한적일 것이
라는 관측이 우세하다.

셋째, 가장 중요한 선행지표인 주택 거래량을 살펴보자. 2015년 1~9월까지
누적 주택 거래량 증가율을 보면 전국 26.4%, 수도권 41.8%, 서울 59.3%,
지방 13.4%였다. 1년 전과 비교해 서울을 비롯한 수도권 위주로 급증했다. 거
래 증가는 가격 상승세의 동력이다.

넷째, 2016년 주택 수급구조는 2015년과 달리 어느 정도 안정성을 찾을 것으
로 보인다. 건설사 분양 물량이 2015년에 비해 감소하면서 공급과잉 부담이 줄어
들 전망이다. 다만 2015년 건설사들이 대규모 주택 분양 물량을 쏟아내면서 이들
물량 입주가 시작되는 2년 후인 2017년부터 공급과잉에 따른 조정은 예상된다.

하지만 일각에서 주장하는 것처럼 공급과잉에 따른 집값 폭락을 예단하기는 이
르다. 2015년 주택 공급 물량은 약 46만~47만가구로 이는 업계가 추정하는 적

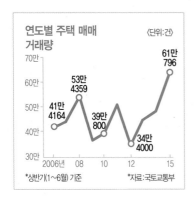

연도별 주택 매매 거래량 (단위:건)
70만
61만 796
60만
53만 4359
50만
41만 4164
39만 800
40만
34만 4000
30만
2006년 08 10 12 15
*상반기(1~6월) 기준   *자료:국토교통부

정 공급 물량인 약 38만가구(수도권 약 21만 가구, 지방 17만가구)를 초과하는 수치인 것 만은 분명하다. 그러나 2016년 이후 민간 부 문의 주택 공급 물량이 줄어들 것으로 보이 는 데다 신도시, 대규모 택지 공급이 향후 3 년간 중단된다는 점을 눈여겨봐야 한다. 아직 은 우리나라 주택보급률(2014년 기준 서울 97.5%, 수도권 98.2%)이 적정 주택보급률(105%)에 미달하는 수준인 것도 변 수다.

다섯째, 정부의 부동산 시장 활성화 정책 기조는 2016년에도 그대로 유지되는 가운데 가계부채 관리 방안의 시행은 새로운 정책 변수로 등장할 전망이다. '부 동산 시장 활성화' '가계부채 억제'라는 두 마리 토끼를 잡기 위한 정책이 상호 충 돌하면서 미세한 정책 조정도 예상된다. 2015년 이후 회복되고 있는 부동산 구 매 심리는 시장에 긍정적으로 작용할 것으로 보인다. 특히 30~40대의 주택 구 매 증가와 50~60대 주택연금 가입 급증 현상은 주택 수급 안정과 집값 상승에 청신호를 켤 전망이다.

여섯째, 2009년부터 시작된 오랜 전세난 여파로 전국 기준 70%를 돌파한 전 세가율은 집값 상승을 예고하는 핵심 지표로 꼽힌다. 과거 통계를 보면 서울 아 파트 전세가율이 가장 낮은 시기는 2009년 1월 기준으로 38.2%였다. 2013년 전세가율이 60.1%를 돌파하면서 집값이 오르기 시작했다는 사실은 흥미롭다. 즉 전세가율이 높아질 때 미분양 물량도 감소하며 전세가율이 60%를 넘어설 때 가 주택 경기 회복 시기와 일치함을 알 수 있다. 이른바 '전세가율 60% 상승 법 칙'으로 전세가율이 한계선에 이를 때까지는 어느 정도 매매 전환 수요를 기대할 수 있다는 얘기다.

일곱째, 소득 대비 집값 비율(PIR) 지표를 보면 국내 집값이 글로벌 시장에 비해 결코 높은 수준이 아니다. 이는 세계적인 주택연구기관인 PUP가 최근 발표한 PIR 자료에서도 잘 드러난다.

한국의 PIR은 4, 서울은 6.4로서 미국(3.4)보다는 높지만 호주(5.5), 영국(5), 일본(4.4), 홍콩(17), 밴쿠버(10.6)보다는 훨씬 낮다. 이는 서울을 비롯한 한국 집값 수준은 평균 이하로 거품도 적고 집값 하락 가능성도 그리 크지 않음을 의미한다.

금리 인상 · 가계대출 규제 방안은 위험 요인

이 밖에도 인구와 소득구조 변화, 즉 양적 · 질적 변화 요인도 10년 앞을 예측하는 데 있어서 빠뜨릴 수 없는 통계수치다. 통계청에 따르면 국내 인구는 2030년까지, 가구 수는 2040년까지, 그리고 소득 변수는 2040년까지 완만하게 증가할 것으로 예측된다. 저출산, 고령화, 1~2인 가구 급증과 가구 분화를 고려할 때 일본과 달리 국내 부동산 시장은 2024년까지 거품 붕괴 가능성은 비교적 낮다는 분석이다. 참고로 일본의 인구 정점 시기는 2005년, 집값 정점은 1991년으로 한국은 일본보다 약 25년 정도 후행하는 것으로 추정된다.

2016년 부동산 시장은 상승과 하락 요인이 혼재함에도 불구하고 상승세에 무게감이 실린다. 아파트뿐 아니라 부동산 시장 원자재 기능을 하는 토지 시장은 6년째 연 4% 내외로 완만하게 상승하는 중이라 2016년 땅값은 수도권 위주로 상승 폭이 커지면서 집값 상승 요인으로 작용할 것이다.

따라서 2016년 부동산 시장은 2015년에 이어 매매, 전세 동반 상승세가 지속될 전망이다. 수도권과 지방 대도시 그리고 지역, 상품에 따라 차별화, 양극화가 진행될 것으로 보인다. 다만 2015년 내내 집값 상승세가 가팔랐던 데다 금리 인상 여부와 가계부채 관리 방안 시행도 악재인 만큼, 2016년에는 큰 폭의 상승세보다는 완만한 가격 상승이 예상된다.

수도권의 경우 매수 시점을 앞당기고 매도는 미루는 매매 전략이 유리해 보인다.

강남북 이주수요 많아
전셋값 8~9% 오를듯

김광석 리얼투데이 이사

◥ 전국 주택 전세 가격이 2008년 금융위기 이후 매년 가파른 오름세를 이어가고 있다. 게다가 집주인의 월세 선호도가 높아지면서 전세 매물 품귀 현상이 지속되고 있다. 가히 '미친 전셋값'이라는 표현이 나올 만하다. 이 같은 상승 추세는 2016년에도 지속될 가능성이 높다.

전세 가격 상승을 전망하는 이유는 무엇보다 전세 물량이 감소했기 때문이다. 집값 상승세가 제한적일 것이라는 인식이 많아지면서 집주인은 보증금을 돌려줘야 하는 전세보다는 월세를 선호한다. 시중 예금금리가 2%대에 못 미치는 데 반해 전세 보증금을 월세로 전환할 때 적용되는 전월세 전환율은 6~8%대라 더욱 매력적으로 다가온다.

재개발·재건축 이주수요로 서울 전셋값 불안

지역적인 이슈도 많다. 2015년에는 서울 강남 재건축 분양 시장이 활기를 보이고 아파트 분양가 수준도 꽤 높아졌다. 이에 따라 사업성이 좋아지면서 재건축을 추진하는 사업장이 부쩍 늘었다. 덕분에 재건축 이주 수요가 나타나고 전세

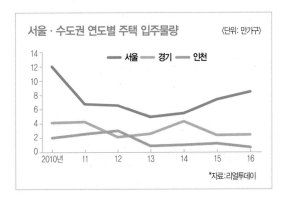

서울·수도권 연도별 주택 입주물량 〈단위: 만가구〉

시장에도 적잖은 영향을 미쳤다. 서울 강남권에 이어 뉴타운, 재개발 시장에서 나온 분양 물량도 호황을 보이는 점을 감안할 때 2016년에는 재개발 이주 수요도 더해질 것으로 보인다.

금리 상황도 점검해봐야 한다. 2015년 사상 처음으로 '기준금리 1%대 시대'에 진입했는데, 이는 전세 시장에도 상당한 영향을 미치고 있다. 정책금리 하락으로 시중금리가 떨어지면서 집주인들이 돈을 빌리기 한층 쉬워졌다. 이에 비해 주택 보유로 수익을 내는 건 더욱 힘들어진 상황이다. 반면 임차인들은 저렴한 은행금리를 이용해 비싼 월세보다는 전세로 거주하기를 희망하면서 수급 불균형 현상이 점차 심화되고 있다.

2011년 연 3.25%였던 기준금리는 2012년 7월부터 하락 행진을 시작해 2015년 6월 사상 최저치인 연 1.5%까지 떨어졌다. 한국은행이 경기 활성화를 명분으로 기준금리를 해마다 대폭 인하했으나 결과적으로 서민들에게는 주거비용 가중이라는 부작용이 발생하게 된 셈이다. 미국 기준금리가 2016년에 오른다고 가정하면 앞으로 국내 시중금리도 상승할 가능성이 있다. 그러나 금리 상승 폭은 다소 제한적일 가능성이 크다. 금리가 소폭 오르더라도 당분간 전세에서 월세로의 전환은 지속될 가능성이 높아 보인다.

2015년 9월까지 전국 아파트 전세 가격은 4.8% 상승하며 2014년 연간 상승률(4.4%)을 넘어섰다. 지역별로는 서울 아파트 전세 가격 상승세가 더 큰 것으로 나타났다. 9월까지 7.5% 상승했으며 2014년 연간 상승률(4.9%)을 뛰어넘었다.

지역별 전세 시장 특징을 살펴보면 서울, 수도권 지역 강세가 두드러졌다. 전셋값 상승률만 놓고 보면 서울이 7.5%, 인천과 경기는 각각 6%다. 지방 전세 가격은 대구(7.2%)를 제외하고 대부분 지역은 연간 2~3% 내외로 상대적으로 안정세를 보였다.

지방에선 부산·울산 전세 가격 강세 나타날 듯

서울 전세 가격은 2016년에도 강남권과 인접지역 중심으로 상승세를 이어갈 것으로 보인다. 서울 아파트 입주 물량은 2015년과 비슷한 수준인 2만여가구에 머물지만 2016년에는 서울 강남권 중심으로 재건축, 재개발 이주 수요가 대폭 늘어날 전망이기 때문이다.

2016년 재건축, 재개발 이주 수요는 6만여가구에 이를 것으로 보여 전세 가격 변화에 주요 변수가 될 전망이다. 특히 강남 4구(강남, 서초, 송파, 강동구) 전세 가격이 뚜렷한 강세를 보일 전망이다. 강동구에서는 2016년 둔촌주공(1~4단지, 5930가구)과 고덕주공(3·5·6·7단지, 5270가구) 이주가 대거 시작될 것으로 보인다.

강남권 이주는 2015년 11월부터 본격화된다. 11월 강남구 개포주공3단지 이주를 시작으로 개포시영아파트는 2016년 초 이주할 계획이다. 송파구에서는 거여뉴타운(2-1구역, 2-2구역)이 2015년 관리처분인가를 통과했다. 이에 따라 이르면 2016년 이주를 시작한다.

서울 강북권도 재개발 사업 추진이 활기를 띨 것으로 보이면서 전세 시장이 불안해질 전망이다. 서대문구 북아현뉴타운(3695가구), 은평구 응암제3구역(2234가구), 동대문구 이문1재정비촉진구역(1808가구) 등 대규모 뉴타운 이주가 예정돼 있다. 강남 재건축과 강북 재개발에서 비롯된 이주 수요가 결국 서울 전역과 인접한 수도권 지역 전세 시장에 불안 요인으로 작용할 것으로 보인다. 이에 따라 서울 전세 가격 상승률은 2015년보다 1~2% 높은 수준인 8~9% 내외 상승할 것으로 예상된다.

　인천지역 전세 가격도 오름세를 유지할 전망이다. 인천은 재개발·재건축 이주 이슈는 없지만 오랜 기간 동안 분양 시장 침체가 이어지면서 아파트 신규 공급이 감소하고 있기 때문이다. 실제 2016년 인천 입주 물량은 2015년(1만2127가구)보다 37.2% 줄어든 7618가구 수준에 불과하다. 이는 2001년(4648가구) 이후 가장 적은 수준이다. 게다가 인천지역 전세 시장 안정화에 상당한 역할을 했던 영종, 청라지구의 분양 물량도 2014~2015년에 대부분 해소되면서 인천 전세 가격 상승 요인이 커졌다. 2016년 인천 전세 가격은 6~7%가량 상승할 것으로 보인다.

　반면 신규 아파트 공급이 활발한 경기지역은 2015년 6만9254가구의 새 아파트가 입주한 데 이어 2016년에도 8만3355가구 입주가 예정돼 있어 수도권 전세난 해소에 상당한 도움이 될 전망이다. 이는 2010년(11만5103가구) 이후 가장 많은 입주 물량이다.

　특히 동탄신도시와 미사강변도시 등의 입주 물량이 몰린 화성시(1만2777가구)와 하남시(1만5505가구)에서 아파트 입주가 쏟아지며 전세 시장이 안정세로 돌아설 것으로 보인다. 그러나 서울 전세난에 따른 이주 수요 등을 감안하면 서울보다는 낮은 6%대 이상 가격 상승이 예상된다.

　지방에서는 부산과 울산 아파트 전셋값이 강세를 보일 전망이다. 부산은 2013년부터 2015년까지 매년 2만가구 넘는 아파트가 입주해왔다. 하지만 2016년에는 입주 물량이 1만1061가구로 대폭 줄어든다. 울산도 2016년 입주 물량이 3049가구에 그쳐 전세 가격이 불안해질 것으로 보인다.

　다른 지역과 달리 2015년 전세 가격이 하락했던 세종시는 2016년부터 상승세로 전환할 것으로 예측한다. 2014~2015년 입주 물량이 몰리면서 싸게 나온 전세 매물 출현으로 전세 가격이 안정세를 기록했지만 입주 물량이 점차 감소하고 있어서다.

입주물량 부족사태 지속
2016년에도 블루칩 위상

김일수 스타아시아파트너스 대표

2000년대 이후 서울 강남 재건축 단지는 국내 주택 시장의 바로미터 역할을 해왔다. 보통 재건축 아파트는 주택상품 중 가격 탄력성이 가장 높다. 부동산 시장이 활황세를 보이면 일제히 투자자 관심이 몰리고 시장이 침체되면 하락 폭도 그만큼 크다.

한동안 반등 기미가 보이지 않던 강남 재건축 시장은 2014년 이후 본격적인 상승세를 탔다. 2015년 부동산 경기가 완연한 회복세에 접어들면서 어느새 과열 조짐을 보이기 시작한다. 3.3㎡당 4000만원이 넘는 고분양가에도 주요 분양 단지마다 수십 대 1 청약경쟁률을 보이며 청약 열기가 뜨거웠다. 덩달아 재건축이 진행 중인 아파트 단지 매매가도 급등했다.

2015년 강남 재건축 아파트 가격이 상승한 배경은 뭘까.

일단 금융 시장에서 보면 지속적인 저금리 기조와 정부의 대출규제 완화 정책이 터닝포인트가 됐다. 내부가 낡은 재건축 아파트 특성상 전세 가격 수준이 낮기 때문에 대출금액이 높아질수록, 금리가 낮을수록 투자 관심은 더욱 높아진다.

둘째, 2014년 12월 말 여야의 부동산 3법 합의는 2015년 한 해 동안 강남 재건축 아파트 시장을 뜨겁게 달구는 계기를 마련했다. 민간택지 분양가상한제 탄력 적용, 재건축 단지 내 최대 3주택 보유 가능, 재건축초과이익환수제 유예 등을 골자로 하는 부동산 3법의 국회 통과는 강남 재건축 아파트 추진위원회와 조합 설립을 가속화시키는 계기가 됐다.

셋째, 강남권 아파트 재건축이 속속 진행되면서 강남권 신규 입주율이 낮아지는 반면 멸실률은 급증해 분양 경쟁이 과열됐다. 덩달아 일반분양가는 상승하면서 투자 기대심리가 커졌다. 특히 전세가율(매매 가격 대비 전세 가격 비율)이 80% 수준에 임박하면서 전세에서 매매 수요로 전환하는 사례가 증가한 것도 영향을 줬다. 마지막으로, 개포·반포·잠실·고덕지구 등 매머드급 저층 단지 개발이 본격적으로 현실화되고, 사선제한 폐지에 따라 중층 대단지들이 개발 수혜를 받으면서 사업성이 더욱 높아졌다.

재건축초과이익환수 유예 등 규제 완화 효과

재건축 아파트에 투자할 때는 몇 가지를 짚고 넘어가야 한다.

첫째, 주변 아파트 가격 대비 분양 가격 적정성을 검토해야 한다.

재건축 아파트 조합원 입장에서는 일반분양 가격이 높아질수록 분담금이 낮아지고, 조합원 수익이 커진다. 반대로 일반투자자 입장에서는 투자가치가 낮아지기 때문에 자칫 투자 매력이 급락할 위험이 적지 않다. 그럼에도 불구하고 2014년 이후 분양가상한제가 탄력적으로 적용되면서 일반분양 가격은 꾸준히 상승하고 있으며, 이런 추세는 2016년에도 이어질 것으로 예상된다.

둘째, 세대별 대지지분을 의미하는 무상지분율 가치를 정확히 파악해야 한다. 무상지분율은 단순히 넓은 대지지분 면적뿐 아니라 새로 적용되는 용적률을 감안

서울 강남 3구(강남·서초·송파) 전용 85㎡ 초과 아파트 매매가   단위:3.3㎡당 만원

구분	2007년	2008년	2009년	2010년	2011년	2012년	2013년	2014년	2015년
가격	3195	3069	3045	2998	2949	2711	2560	2616	2752

주:9월 기준   자료:부동산114

해 결정한다. 이에 따라 2016년에는 사선 제한, 용적률 완화 수혜를 받는 중층 단지들에 대한 투자 관심이 더욱 높아질 것으로 기대된다. 노후된 대규모 중층 아파트의 경우 단지 내 도로 개설 등으로 재건축할 때 용적률을 제대로 인정받지 못하는 경우가 많았다. 하지만 규제 완화로 앞으로는 이들 단지가 오히려 수혜를 입을 가능성이 높아졌다.

마지막으로, 재건축 아파트 입주 시점을 눈여겨봐야 한다.

동시다발적으로 강남권 아파트 재건축 사업이 추진되면서 입주 시점에 대규모 공급으로 인한 시장 불안이 나타날 가능성을 배제할 수 없다. 이미 2009년 말 잠실 재건축 아파트였던 엘스 · 리센츠 · 파크리오 단지가 동시에 입주하면서 역 전세난, 매매 가격 하락이 나타난 바 있다. 게다가 자칫 입주 시점에 경제 여건 이 불안해진다면 집값 상승세가 기대치에 미치지 못할 우려도 크다. 때문에 철저 히 실수요 위주 투자로 접근하는 것이 바람직하다.

이슈 단지 주변 지역으로 풍선효과 나타날 듯

일반적으로 주택 수요 · 공급은 시장 흐름을 판단하는 핵심 변수다. 신규 택지 지구와 달리 재건축 · 재개발 사업 진행은 주변지역 매매, 임대 가격에 직접적인 영향을 미친다. 지방자치단체 조사에 따르면 2016년 서울 강남 4구(강남, 서 초, 송파, 강동구)의 경우 신규 아파트 입주 물량에 비해 멸실 물량이 6823가구 가량 많아 이로 인한 파급효과는 적지 않을 것으로 예상된다.

보통 멸실 물량이 입주 물량을 초과하면 주변지역 집값은 상승하는 경우가 많 다. 특히 강남권은 학군이 좋고 주민 선호도가 높아 다른 지역으로 주거를 옮기는 경우가 많지 않다는 점에서 가격 상승률이 상대적으로 높게 나타난다. 주변지역 집값이 오르면 자연스레 재건축 아파트 분양가도 상승하고 덩달아 조합원 수익도 늘어나는 게 일반적이다. 즉 이주 기간 동안 치솟은 전셋값으로 적잖은 이자 부담 을 져야 하겠지만 멸실 물량이 많다는 것은 그만큼 조합원 부담이 줄어 재건축 아파트 투자 수익이 높아진다는 뜻이다.

결국 2016년에도 강남 재건축 시장은 강세가 이어질 것으로 예상된다.

불확실한 대외경제 변수에도 불구하고 초저금리 기조로 인한 풍부한 시중자금과 강남권 전세 가격 급등이 지속될 것으로 보이기 때문이다. 단기 수요뿐 아니라 중장기적인 강남권 투자 수요가 충분한 데다 다른 지역에 비해 개발호재가 많고 지하철 등 대중교통 여건이 좋아지는 덕분에 강남권 신규 아파트 투자 매력은 한층 높아질 전망이다.

물론 강남 재건축 아파트 가격 흐름을 좌우할 변수도 적지 않다. 무엇보다 미국 금리 인상이 무시 못할 변수다. 하지만 이 역시 강남 재건축 아파트 시장을 침체시킬 만한 대형 변수는 아니다. 미국 금리 인상 폭에 따라 투자 위험은 다소 발생하겠지만 2017년 말까지 예정된 재건축초과이익환수 유예는 조합원에게 높은 기대수익률을 준다는 점에서 금리 위험이 상당 부분 상쇄될 것으로 보인다.

재건축 시장 특징 중 하나가 이슈 단지 추진 상황에 따라 주변 지역으로의 '풍선효과'가 나타난다는 점이다. 그에 따라 단지마다 추진위원회, 조합 설립이 동시다발적으로 나타날 것으로 보인다. 이는 곧 강남권 재건축 투자 수요를 부추기는 양상으로 이어질 것이다.

이로 인해 재건축 투자 트렌드도 일부 바뀔 수 있다. 기존 핵심 대규모 단지뿐 아니라 그동안 재건축 추진에 속도를 내지 못했던 소규모 노후 아파트들이 리모델링이 아닌 재건축 사업으로 방향을 바꿀 가능성도 높다. 택지개발촉진법 시행이 사실상 중지된 상황에서 대형 건설사들이 강남 재건축 사업 수주에 열을 올리며 과열 현상이 나타날 수도 있다. 이미 본격적인 투자 바람을 타고 있는 강남 재건축 시장은 불안한 경제 여건에도 불구하고 2016년 한 해 동안 부동산 시장의 핵심 키워드가 될 것으로 보인다.

저금리에 부동자금 몰려
섹션 오피스·상가 눈길

윤재호 메트로컨설팅 사장

2015년 수익형 부동산 시장에는 모처럼 훈풍이 불었다. 은행 예금금리가 워낙 낮다 보니 연평균 4~5%대 수익률을 보이는 수익형 부동산 수요가 늘어난 덕분이다. 2015년부터 상가, 오피스텔 등 수익형 부동산은 분양하자마자 완판 행진을 이어갔다. 저금리 기조가 지속되는 한 수익형 부동산 인기는 적어도 2016년까지 이어질 것으로 보인다.

1% 금리 시대 임대수익형 상품 인기몰이 이어질 듯

수익형 부동산 시장이 인기를 끈 건 1%대 초저금리에 저성장 기조가 이어지면서 900조원에 달하는 시중 부동자금이 수익형 부동산으로 몰린 덕분이다. 기준금리 인하가 대형 호재로 작용하면서 은퇴하는 베이비붐 세대는 물론 자녀 세대인 20·30대 등도 소규모 자본으로 노려볼 만한 수익형 상품에 관심을 기울이고 있다. 오피스텔 분양 현장에 투자자들이 새벽부터 줄을 서는가 하면 상가, 소형 아파트에도 여유자금이 몰리는 중이다. 바야흐로 수익형 부동산 전성시대다.

2016년 수익형 부동산 시장은 금리 인상, 분양 시장에서의 고분양가, 정부의 가계부채 관리방안 영향 등이 이슈가 될 전망이다. 특히 가계부채 관리방안 발표 이후 아파트 가격 상승 폭 둔화와 미분양 증가 등 주택 시장에 경고등이 켜졌다.

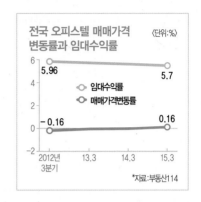

그러나 가계부채 대책의 적용을 받지 않는 수익형 부동산에는 오히려 수요가 더 쏠릴 가능성이 있다. 대출이자 부담이 줄어들고 부동산 시장의 유동자금 여건도 좋아지면서 수익형 부동산 투자 여건이 한층 나아질 것으로 보인다.

상품별로 보면 상가 시장 전망이 밝은 편이다. 저금리 기조가 달라지지 않을 경우 상대적으로 높은 임대수익을 올리는 상가 투자 수요가 늘어날 수밖에 없다. 특히 안정된 배후 수요를 가진 공공택지 아파트 단지 내 상가와 서울·수도권에 속한 택지지구, 개발 호재가 많은 신도시 신흥 상권의 경우 유동인구와 배후 수요가 풍부한 것이 장점이다. 예년보다 줄어든 공급 물량에 투자 수요가 이어지며 인기를 끌 것으로 보인다.

상가는 주택보다 월세 단위가 크고 오랜 기간 수익을 낼 수 있어 실수요, 투자 수요 모두 신규 분양 시장에 몰려들 가능성이 크다. 가계 대출규제 강화 등으로 주택 시장이 다시 가라앉을 조짐이 보이면 기존 재건축이나 재개발 주택 거래 중심의 투자 수요가 상가로 옮겨갈 가능성이 높다. 1000가구 이상 대규모 아파트 단지 상가와 유동인구가 풍부한 역세권 상가, 비교적 안전한 택지지구 내 근린상가가 인기몰이할 것으로 보인다.

수익형 상가는 매입 가격이 오르면 수익률이 낮아지는 만큼 분양 가격을 따져본 후 주변 개발 현황, 공실률, 인근 임대료 수준 등에 따라 수익률 변수를 염두에 두고 접근해야 한다.

대표적인 임대 수익형 부동산인 오피스텔은 수익률이 하락하고 있지만 수요가 꾸준히 늘면서 신규 분양 물량에 대한 관심이 클 것으로 예상된다. 한동안 공급이 위축되면서 2014년 대비 2015년 입주 물량이 20% 정도 줄어든 것이 시장에 긍정적인 영향을 미칠 것으로 보인다. 지난 3~4년간 공급이 늘었던 원룸보다는 투룸형, 매매·분양가가 비싼 강남 등지보다는 강북과 신도시·택지지구, 지방의 신규 분양 오피스텔에 관심이 쏠릴 것으로 보인다. 전세난이 지속되면서 자금 여력이 부족한 신혼부부나 2~3인 가구는 아파트와 비슷한 생활이 가능한 주거형 오피스텔 일명 '아파텔' 매매에 나설 전망이다.

물론 오피스텔 신규 공급 물량이 늘어나면 임대수익률 하락으로 이어지는 만큼 장밋빛 전망만 있는 건 아니다. 입주 물량은 많고 매매가가 회복세를 보이지 않고 있어 수익률 회복은 당분간 불가능하다. 임대수익률에 세금을 제외하면 실제 수익률은 연 3~4%대로 떨어지는데 입주 물량이 늘어나 수익률이 더 하락할 수 있다. 업체에서 제시하는 수익률만 보지 말고 입점 이후에 다른 상품들과 비교해 경쟁력은 있는지, 입지가 불리한 점은 없는지 고려해 봐야 한다.

분양가 상승·공급과잉에 수익률 하락 우려

2015년 높은 경쟁률을 보였던 한국토지주택공사(LH)의 점포 겸용 단독주택 용지 역시 2016년에도 수익형 부동산 대표 상품으로 인기를 끌 것으로 보인다. 주거와 임대수익을 모두 잡으려는 중장년층 관심이 집중되며 인기 종목으로 부상할 전망이다. 실거주에 임대소득까지 노릴 수 있는 점포 겸용 택지는 신도시, 택지지구 내에서 수백 대 1의 높은 경쟁률을 보일 가능성이 높다.

상가주택은 주거 문제와 임대수익을 동시에 해결할 수 있어 청약 경쟁이 치열하지만 자칫 상권 활성화가 더뎌 임차인을 찾지 못할 경우 장기 공실로 애를 먹을 수 있다. 2000년대 초 투자 열풍을 타고 경기 성남 판교와 화성 동탄1신도시에 점포주택 준공 붐이 일었으나 현재 1층 상가가 수년째 임차인을 구하지 못해 빈 곳이 수두룩하다. 상권 형성 초기에는 웃돈이 붙기도 하지만 유동인구 확보가 쉽지 않은 만큼 세밀한 상권 분석 과정이 필요하다.

수익형 부동산에 소형화 바람이 불면서 빌딩을 쪼개 분양하는 섹션오피스 공급도 활기를 띨 전망이다. 섹션오피스는 건물 일부 층을 30~40㎡ 단위의 실로 분할에 개인에게 공급하는 신종 수익형 부동산이다. 서울 강남권 오피스에서 오래전에 공급돼 5~6%대의 안정적으로 임대수익을 거두고 있어 틈새 임대형 부동산으로 인기가 많다. 최근에는 서울 마곡·문정지구, 세종시 등 업무용 임대 수요가 풍부한 신도시나 택지개발지구에서 공급돼 관심을 끌고 있다.

개인 자산가의 관심 종목인 10억~50억원대 중소형 빌딩 일명 '꼬마빌딩' 역시 2016년에도 투자 열기를 이어갈 것으로 보인다. 물론 강남권 중소형 빌딩 임대 수익률은 최근 연 3%대까지 내려간 상태다. 과거처럼 높은 수익을 기대하기 어려워도 안정적인 임대수익이 가능한 데다 매매를 통한 자본소득 여지가 높아 거래가 증가하는 추세다. 강남구 삼성동 일대와 8호선 송파구 라인 등 향후 지가 상승이 예상되는 유망지역은 중소형 빌딩 거래가 활발해질 전망이다.

틈새 수익형 상품으로 자리 잡은 지식산업센터(옛 아파트형 공장)는 공급과잉과 입주율 부진으로 거래 활성화에 다소 어려움이 예상된다. 지식산업센터 투자의 장점은 분양가가 3.3㎡당 1000만원 안팎으로 저렴하고 취득세·재산세 절감으로 정책적 수혜를 입는 틈새 임대상품이란 점이다. 하지만 최근 분양이 늘고 공실률이 증가 추세라는 점은 아쉽다. 특히 개인이 분양받아 공장을 임대하려면 입주 가능 업종사업자로 등록해야 하는 등 제약이 많아 거래가 주춤한 상태다.

초저금리 기조가 유지되고 있는 덕분에 수익형 부동산 시장은 2016년에도 초강세를 이어갈 것으로 보인다. 물론 수익형 부동산 수요가 늘면서 매매·분양가가 상승하는 추세라 수익률은 점차 떨어질 가능성이 크다. 공급과잉 우려도 만만찮다. 부동산 시장이 침체되거나 금리 인상, 고분양가 공급이 이어지면 무리한 투자가 오히려 부메랑으로 돌아올 수 있다는 점을 유의해야 한다.

총선효과로 개발호재 많지만
분양 시장 과열에 오름세 주춤

남영우 나사렛대 부동산학과 교수

▼ 2015년에는 수도권뿐 아니라 지방 부동산 시장 강세도 두드러졌다. 지방 부동산 시장은 2010년 이후 큰 폭의 상승세를 보이고 2013년부터 2014년까지 점차 안정세를 이어가고 있었다. 따라서 2015년에는 높은 상승세를 보였던 부산과 광주 아파트 입주 물량이 늘어나 다시 침체기로 접어들지 않을까 하는 우려 섞인 시선도 있었다.

하지만 실상은 달랐다. 정부 규제 완화와 분양 시장 활성화, 지역별 개발호재 등이 겹치면서 2015년 지방 아파트 가격 상승률이 꽤 높았다. 특히 최근 주택 가격 추세를 살펴보면 2000년대 이후 나타나던 수도권과 지방의 탈동조화 현상에서 다시 동조화 현상이 나타나고 있다. 즉 2000년대 중반의 수도권 강세, 지방 약세에서 2010년대 초반의 지방 강세, 수도권 약세 시기를 지난 후 2015년부터는 수도권과 지방이 동시에 상승하는 현상이 나타났다.

2016년 지방 부동산 시장은 수도권에 비해 위험 요인이 적잖은 것으로 보인다. 먼저 지방의 경우 상당수 청약이 실수요보다는 투자 수요에 기대고 있는 것이 현실이다. 실제로 부산, 대구 등 분양이 활발하게 진행되는 지역에서는 2015

년 분양권 거래량이 2011년
이후 가장 많았다.

이처럼 분양권 거래가 많다
는 것은 현재 청약에 참여하는
수요층이 단기 시세차익을 노
리고 있다는 의미다. 때문에
각 지자체마다 청약 시장 과열

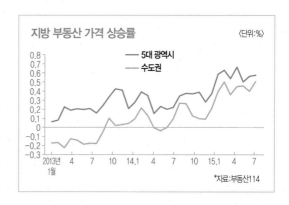

을 방지하기 위해 자체적인 대응 방안을 준비 중이다. 일례로 광주광역시의 경우
2015년 6월부터 청약 3개월 전에 광주에 주소지를 둔 신청자에게 우선권을 주고
있다.

인구 감소하는데 분양 늘어 입주폭탄 '아슬아슬'

2016년에는 기존 아파트 분양 물량 입주가 늘어나는 상황에서 건설 업체마다
신규 분양을 성공시켜야 한다는 부담도 있다. 이미 부산광역시와 세종시는 대규
모 입주가 시작됐으며 대구광역시는 2016년에 20년 만의 최대 입주 물량인 2만
7000가구가 입주를 준비 중이다.

특히 주택 시장의 경우 신규 입주 물량이 단기간에 해소되지 않으므로 '입주 폭탄'
여파는 계속 이어질 수밖에 없다. 이런 상황에서도 건설사들은 상당수 물량을 분양
시장에 내놓기 위해 준비 중이다. 따라서 2016년 시장에 나올 분양 물량이 성공적
으로 해소될 수 있을지 여부가 지방 부동산 시장 향방을 결정할 것으로 보인다.

지역별 인구 이동을 볼 때 지방 부동산 시장 수요 기반은 그리 안정적이지 않
다. 2015년 2분기 기준으로 최근 2년간 지역별 인구의 순이동을 살펴보면 행정
기관의 대규모 이주가 진행된 세종시를 제외하고 지방광역시는 대부분 인구가 감
소하거나 소폭 증가하는 데 그쳤다. 인구 유입이 거의 없거나 감소하는 가운데
주택 가격이 급등하고 분양 물량이 증가하고 있다는 의미다. 물론 기존 주택 노

후화로 인한 대체 수요 영향으로 가격이 상승한 부분도 있겠지만 신규 수요가 증가하지 않는 가운데 분양 물량이 증가해온 점은 분명 우려할 만한 요인이다.

실수요 많은 세종시 아파트 가격 회복할 듯

하지만 2016년 지방 부동산 시장에 부정적인 요인만 있는 건 아니다.

지방의 경우 이미 전세가율이 높은 상태에서도 계속해서 전세 가격이 상승하고 있어 매매 수요로의 전환 가능성이 높다. 저금리 기조가 지속될 것으로 보이는 데다 2016년 총선도 예정돼 있어 지역별 개발 공약이 발표될 가능성이 높다는 점도 호재다.

먼저 부산지역의 경우 에코델타시티 조성, 북항 재개발 등 개발사업이 본격적으로 진행되면서 2015년에 나타난 회복세가 2016년 상반기까지는 지속될 것으로 보인다. 하지만 부산은 상대적으로 다른 지역에 비해서 집값 상승세가 일찍 시작됐다는 점이 변수다. 이미 분양된 물량으로 최근 몇 년간 입주 물량이 급증했다. 인구 순이동도 감소세를 보이고 있어 투자에 관심이 있는 수요자라면 보수적으로 접근해야 한다. 또한 분양가상한제 폐지와 높은 청약경쟁률로 인해서 분양가가 상승할 가능성이 있으므로 가격의 적정성에 대한 철저한 검토가 필요하다.

2013년 이후 집값이 큰 폭으로 상승한 대구지역의 경우에는 2016년부터 본격적으로 입주가 시작되면서 가격 상승 폭이 점차 줄어들 것으로 보인다. 2016년에 예상되는 입주 물량이 2만7000가구로 2015년의 2배에 달하고 2015년부터 2016년까지 입주 물량이 6만가구를 넘어설 것으로 보여 부동산 시장에 적잖은 영향을 미칠 것으로 예상된다.

특히 대구지역은 다른 지역과 달리 투자 수요 비중이 높다. 입주 물량 증가로 전매차익 기대가 낮아지면 수요가 빠르게 감소할 수 있다는 의미다. 다만 수성구를 중심으로 나타났던 주택 가격 상승세가 달서구, 동구와 인근 경산시와 영천시까지 확대되고 지하철 1호선 연장과 3호선 건설 등 개발호재도 있어 집값이 단기간 내에 큰 폭으로 하락하지는 않을 전망이다. 따라서 투자자라면 지역 내 개발호재와 수요 기반을 반드시 확인하고 상승세가 유지되는 시기에 분양권 매각을 검토할 필요가 있다. 반면 실수요자라면 기존에 분양 물량이 많아 앞으로 2~3년간 입주 물량이 증가할 것으로 보이는 만큼 입주가 일시적으로 몰리는 시기에 급매물을 확보할 필요가 있다.

광주지역 부동산은 2013년부터 안정세를 나타냈으나 2015년 들어 신규 분양 시장이 과열되면서 다시 상승세를 보이고 있다. 특히 청약자들에게 인기가 많은 광산구와 상무지구 청약경쟁률이 높은 편이다. 하지만 청약 열기가 외지인 투자 때문이라는 인식이 강하고 지자체에서도 이를 해결하기 위한 방안을 마련하고 있어 분양 시장은 점차 안정될 것으로 보인다.

세종시는 기존 주택 가격 하락과 신규 분양 시장 과열이라는 이상 현상이 나타나는 중이다. 2016년 9월까지 세종시의 주택 가격 상승률은 −0.29%나 신규 분양 물량은 높은 청약경쟁률을 보이면서 대부분 순위 내 마감됐다. 이런 현상은 세종시의 특수성 때문이다. 현재 수급 상황만을 고려한다면 세종시는 최근 몇 년간 입주량 증가로 공급초과 현상이 나타나고 있다. 하지만 행정복합도시가 계획대로 조성되고 있고 KDI, 국토연구원 등 상당수 연구기관들이 입주를 완료한 데다 대형마트와 병원 등 각종 편의시설, 공원 도로 등 기반시설도 계속 들어서는 중이다. 현재 수급 상황보다는 미래가치 상승에 대한 기대심리가 높아 청약 수요가 늘고 있다는 의미다. 또한 기반시설 개선과 함께 세종시에 정착하는 공무원이 증가하고 있고 대전과 청주 등 외곽도시에서 이전하는 수요도 늘어 2016년에는 매매 가격도 점차 회복될 것으로 예상된다.

지방 혁신도시들은 공공기관 입주가 마무리 단계라 2016년에도 많은 신규 주택이 분양 시장에 나올 것으로 보인다. 따라서 새로 이전하는 공공기관이 지역사회에 미치는 파급 효과가 얼마나 큰지, 혁신도시 내 전체 분양 물량 규모가 적정한지를 살펴본 후 청약을 고려하는 것이 좋다.

VIII

2016
매경아웃룩

어디에
투자할까

〈주식〉

디스플레이 기술혁신
사물인터넷 확산 주목

휴대폰

웨어러블 기기 외형 성장 기대

박강호 대신증권 애널리스트

2015년 IT 시장의 특징은 손목에 차는 스마트시계를 비롯한 웨어러블 기기의 본격화로 요약된다. 애플이 애플워치를 통해 스마트시계 시장에 본격적으로 진입했으며 삼성전자와 LG전자, 중국 스마트폰 업체도 다양한 스마트시계를 출시하면서 각 사의 스마트폰 경쟁력을 높이는 계기를 마련했다.

2016년 세계 스마트폰 시장은 16억대로 전년 대비 11% 성장할 전망이다.

일단 스마트폰 보급률이 선진 시장 중심으로 포화 상태에 진입했으며 고가보다 중저가, 신규보다 교체 수요에 의존해 성장할 것으로 예상된다. 삼성전자와 애플 등 상위권 업체는 시장점유율 경쟁보다 수익성 유지·개선에 집중할 전망이다.

휘는 디스플레이 등 고가 스마트폰 비중 늘어날 듯

2016년은 스마트폰의 하드웨어 차별화를 구현하기 어려운 가운데 모바일 결제, 휘는 디스플레이 등 기술 진보, 카메라 모듈 중심으로 고기능이 접목되면서

주요 모바일 결제 수단 비교

서비스명	결제 방법
삼성페이	MST 기술 활용해 기존 마그네틱 단말기 인프라 활용
구글월렛·안드로이드페이	구글월렛 앱을 지원해주는 NFC 탑재 단말기 필요
애플페이	앱에서 사용자가 원하는 신용카드 선택 후 매장 NFC 단말기에 아이폰 접촉, 지문 인증 후 결제
MS페이	앱에서 사용자가 원하는 신용카드 선택 후 매장 NFC 단말기에 아이폰 접촉, 지문 인증 후 결제

주:MST(Magnetic Secure Transmission)는 마그네틱 보안 전송 기술, NFC는 Near Field Communication의 약자　　　　자료:대신증권

고가 스마트폰의 비중 확대 양상이 나타날 전망이다.

이미 2015년 삼성전자는 고가 스마트폰인 갤럭시S6, 갤럭시노트5, 갤럭시S6엣지·플러스에 삼성페이(삼성 Pay)를 채택했다. 이는 기존의 플라스틱카드 시장을 대체할 수 있는 새로운 결제 서비스를 확산하는 계기가 됐다는 평가다. 삼성전자는 2016년 보급형 스마트폰에도 삼성페이 적용을 확대, 시장 선점·브랜드 차별화를 강화할 것으로 예상된다.

삼성전자는 스마트폰에서 휘는 디스플레이의 비중 확대를 추구하는 동시에 접는 스마트폰(폴더블·foldable) 출시도 준비할 것으로 예상된다. 폴더블폰이 등장하면 태블릿PC의 영역(7~8인치)을 대체하는 동시에 멀티미디어 기기로의 재성장이 전망된다.

2016년 웨어러블 기기의 성장세는 스마트시계와 구부릴 수 있는 디스플레이 패널 등을 중심으로 높아질 전망이다. 2015년 출시된 애플워치, 삼성의 기어S2, LG전자의 워치 어베인 LTE 등의 후속 모델이 본격적으로 성장기에 진입하면서 2016년 높은 외형 성장세가 기대된다. 다만 웨어러블 시장 진입장벽이 스마트폰 대비 낮아 업체 간 가격 경쟁으로 저가 제품 중심의 성장세가 점쳐진다. 때문에 스마트폰 업체의 성장 둔화를 만회하기에는 역부족일 것으로 분석된다.

사물인터넷(IoT·Internet of Things)의 확산도 2016년 IT 분야의 주요 이슈로 빼놓을 수 없다. 일상생활에서 사물인터넷은 스마트폰과 웨어러블 기기를 통한 삼성페이·애플페이 결제, 우버(카카오톡) 택시, 카카오톡 송금, 심장 박동

수 점검 등 다양한 서비스로 두각을 보일 전망이다.

반도체

D램 과점 속 3D 낸드 확대 기대

이세철 NH투자증권 애널리스트

2015년 반도체 D램 산업은 업황 안정화로 요약된다. D램은 데이터의 임시기억장치로 전원이 꺼지면 데이터가 사라지는 휘발성 메모리로 데스크톱, 노트북 컴퓨터, 스마트폰 등에 들어간다. 수요 측면에서는 데이터 스트리밍 수요 증가로 데이터 전송량이 증가했다. 유형별로는 PC보다는 모바일 부문 수요가 늘었고, 서버 탑재량 증가가 두드러졌다.

2016년 반도체 산업은 수요 측면에서 하드디스크를 빠르게 대체하고 있는 SSD(솔리드 스테이트 드라이브)의 본격화, 듀얼카메라 · 데이터센터 확대가 주요 성장동력으로 작용할 전망이다.

무엇보다 SSD 128GB 가격이 40달러 수준에 근접할 경우 하드디스크 대체가 본격적으로 진행될 전망이다. 스마트폰 듀얼카메라의 등장 또한 D램 탑재량 증가에 기여할 것으로 판단한다. 데이터센터 증가도 2016년 수요 변화를 촉진하는 요인이 될 전망이다. 반면 낸드플래시의 경우 3D 낸드의 본격화로 관련 투자 확대가 기대된다. 3D 낸드는 데이터를 반영구적으로 저장하는 메모리 반도체 중에서도 저장 단위인 셀을 수직으로 배열한 제품을 일컫는다.

D램 시장 상반기보단 하반기가 긍정적

2016년 D램 시장은 전약후강으로 요약된다. 상반기에는 공급과잉을 보이다 하반기로 갈수록 수급이 균형을 찾을 전망이다. 전체적으로 D램 수요는 22.7% 성장이 기대된다. D램 수량은 1GB 기준 2015년 600억개에서 2016년 736억 개로 증가할 전망이다.

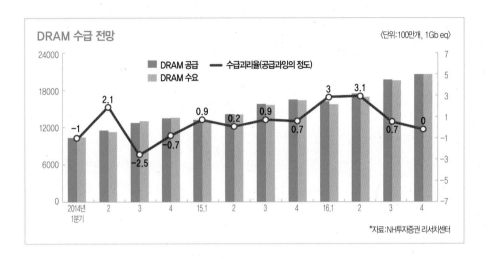

2016년 낸드 산업의 방향성은 SSD와 3D 낸드로 요약된다. 수요 측면에서 보자면 주요 응용처인 SSD는 30% 성장이 예상되고 낸드 또한 40.3% 성장이 기대된다. 응용처별로 살펴보면 SSD 내 낸드는 2015년 236억개에서 2016년 298억개로 증가하는 반면 플래시카드 내 낸드는 91억개에서 120억개로 소폭 증가에 그칠 것 같다.

공급 측면에서 낸드는 39.5% 증가(8GB 기준)가 예상된다. 기술적으로는 평면(Planar) 낸드와 3D 낸드가 양립하겠지만 적층 수 기준 48단 3D 낸드가 본격화되고 있고 2016년 하반기쯤에는 64단도 진행될 전망이어서 3D 낸드가 시장의 주도권을 가져갈 것으로 전망된다.

보다 세부적으로는 SSD 수요 증가에 따른 3D 낸드 본격화, 서버 데이터센터 증가에 따른 DDR4 비중 확대, 듀얼카메라 증가로 인한 카메라 센서 확대 등이 주목된다.

우선 2016년 SSD에 사용되는 3D 낸드의 비중은 15%에 육박할 전망이다. 3D 낸드 비중은 2015년 1%에서 2016년 15%, 2017년 25%로 확대될 것으로 판단된다. 두 번째로 데이터센터 확대에 따른 DDR4 확대다. DDR4는 DDR3보다 성능은 두 배 향상되고 전력 소모는 30% 이상 개선된 메모리다. 세 번째는 듀얼카메라 확대로 CIS(CMOS 이미지센서) · 오토포커스 구동칩 확대가 전망된다는 점이다. 특히 오토포커스 구동칩의 경우 아날로그 반도체로 듀얼카메라 확대 시 단위 원가가 저렴하기 때문에 성능 개선을 위해 사용량이 증가할 것으로 판단된다.

결론적으로 2016년 반도체 산업은 D램의 과점체제가 지속되는 가운데 3D 낸드의 확대로 압축된다. D램 시장에서는 삼성전자, SK하이닉스, 마이크론 등 3자 구도가 지속되면서 무리한 경쟁보다는 수익성 극대화를 추구할 것으로 판단된다.

디스플레이　　　　# OLED, 디스플레이 헤게모니의 핵심

소현철 신한금융투자 애널리스트

2015년 디스플레이 산업은 험난한 한 해를 겪어야 했다. 대내외 여러 여건이 우호적이지 못했던 탓이다. 무엇보다 중국 경제 성장 둔화와 미국 금리 인상 전망으로 유가, 철광석 등 천연자원 가격이 급락했다. 이에 따라 천연자원 의존도가 높은 신흥국 경제 침체가 가속화되면서 IT 하드웨어 수요 또한 급락했다.

2016년의 최대 변수 중 하나 역시 바로 중국이다.

중국 디스플레이 업체들은 공격적으로 8세대 LCD 공장을 쏟아내고 있다. 2014년 BOE는 허페이에 2번째 8세대 LCD 공장을 신규 가동했다. 이어 2015년에도 BOE의 3번째 8세대 공장(충칭), 차이나스타(China Star)의 2번째 8세대 공장, CEC Panda의 첫 번째 8세대 공장 등이 줄줄이 가동에 들어갔다.

글로벌 수요 감소 속에 중국발 LCD 공급 증가가 잇따르면서 2015년 10월 32인치 LCD TV 패널 가격은 앞서 2월 고점 96달러 대비 31% 하락한 66달러를 기록 중이다. 2016년 1분기까지 가격 하락세는 지속될 전망이다. LG디스플레이, AUO, Innolux, BOE 등 LCD 패널 업체들의 수익성 둔화가 불가피할 것으로 분석된다.

그러나 기대를 걸 만한 요소도 분명 있다. 2016년 UHD(초고화질) LCD TV

수요는 2015년 대비 82% 성장한 6000만대로 예상된다. 특히 미국에서는 55인치 UHD LCD TV 판매가 크게 증가할 전망이다. 2015년 11월 미국 블랙프라이데이 세일 기간에 55인치 UHD LCD TV 소비자 가격은 900달러로 비교적 저렴한 수준에서 책정될 것으로 보이기 때문이다.

중국발 공급과잉도 마냥 지속될 것으로 판단하기는 힘들다. 당장 2016년 1분기 중국 LCD 패널 업체들은 수익성 악화로 공장 가동률을 낮출 전망이다.

OLED-LCD 간 가격 차이도 상당 부분 줄어들 듯

OLED(유기발광다이오드)가 어디까지 개화할지도 관건이다. OLED는 LCD와 달리 자체 발광하기 때문에 시야각, 색재현율, 명암비 등 모든 측면에서 LCD를 앞섰다. OLED 선점이 향후 디스플레이 산업의 헤게모니를 장악하는 지름길이 될 것이 분명해 보인다.

다행히 국내 업체들은 이 분야에서 주도권을 쥐고 가는 형국이다. 2010년 삼성디스플레이는 세계 최초로 스마트폰용 OLED 양산을 시작했고 OLED를 탑재한 갤럭시 시리즈의 성공으로 스마트폰용 OLED 대중화에 성공했다. 삼성디스플레이는 LCD에 집중한 경쟁 업체와 달리 탁월한 실적을 기록했다. 세계 최초로 OLED TV 패널 양산을 시작한 LG디스플레이도 OLED TV 시장을 주도할 것으로 전망된다.

OLED의 가격 경쟁력도 상당 부분 회복될 것으로 보인다. 2016년 OLED TV 대규모 투자, 수율 개선, 재료비 절감으로 OLED TV 가격이 40% 하락하면서 LCD TV 가격 격차가 대폭 축소될 전망이다.

LG디스플레이와 삼성디스플레이는 각각 IT 소재 계열사인 LG화학, 삼성SDI와 수직계열화가 됐기 때문에 OLED 양산 경쟁력이 중국 디스플레이 업체를 압도한다. 2016년 삼성디스플레이와 LG디스플레이가 플렉시블 OLED, 폴더블 OLED, OLED TV 시장을 주도할 것으로 기대된다.

모바일發 거대 태풍 밀려와
은행산업 기회·위험 갈림길

자본규제 강화로 업계 재편

황석규 교보증권 애널리스트

  2015년 은행 산업은 금리 하락 등 어려운 영업 환경이 지속된 가운데 부정적인 제도적 변화(인터넷전문은행 출범 가시화, 계좌이동제 실시, 정부의 안심전환대출 출시 등)에도 불구하고 대출 증가와 자산 건전성 회복 덕분에 실적 측면에서 양호한 모습을 보였다.

  2015년 대출자산 증가가 9%에 이르면서 최근 물가 하락과 경기 둔화로 부진한 모습을 보이는 명목경제성장률 3%대를 웃돈 것으로 추산된다. 특히 2015년 2분기 안심전환대출이 33조9000억원 실행된 후 (비록 이후 안심전환대출을 주택금융공사로 매각하면서 장부상 수치에서 빠졌음에도 불구하고) 대출자산은 비교적 높은 성장세를 보였다. 부동산 시장 상승 기조 덕분에 주택담보대출 중심의 증가세가 이어졌기 때문이다. 아울러 소호(SOHO) 중심의 중소기업대출의 성장세도 대출 증가세에 일조했다.

  2016년 은행 산업은 글로벌 불확실성이 상존하는 가운데 대외적인 환경이 그리

우호적이지는 않은 상황이다.

우선 수출 부진으로 경제성
장률이 2~3%대에 머물고 물
가성장률도 1% 중반 수준에
그칠 것으로 예상된다.

부동산 시장의 경우 2016년
상반기까지는 양호한 흐름이

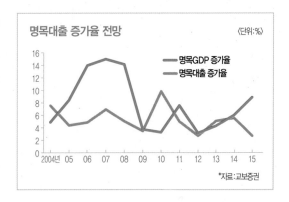

지속될 여지가 있으나, 그 이후 미국 금리 인상이 본격화돼 금리 인상 영향을 일
부 받기 시작하면 부동산 관련 대출 성장이 약화될 수 있다.

2016년에도 충당금 적립 이슈가 발생할 기업이 2015년과 같은 빈도와 강도
로 나타날 수 있으나, 이는 과거에 비해 평균적으로 낮은 수준으로 봐야 한다.
최근 회자되고 있는 기업부채 문제가 일부 잠재부실 가능성으로 대두되고는 있으
나, 규모가 큰 기업만 아니면 충당금 부담이 크지 않을 것으로 예상된다.

지속적인 수익 창출 위해 각고의 노력이 진행될 듯

2016년 은행 산업에서는 모바일발 변화를 주목할 필요가 있다. 모바일과 비대
면을 기본으로 하는 인터넷전문은행이 ICT 기업 중심의 컨소시엄으로 출범할 예
정으로 은행법 개정안 통과와 상관없이 일단 1~2개가 탄생할 것으로 알려졌다.
개정안이 통과될 경우 그 수는 더욱 늘어날 전망이다. 이 경우 은행 산업에 미치
는 영향은 복합적이다. 고객 확보 경쟁 강도가 높아지는 차원에서는 부정적이지
만, 은행들도 모바일금융을 강화하고 있는 추세여서 부정적 영향을 상쇄하는 효
과도 기대할 수 있을 전망이다.

2016년부터 자본규제가 강화되는 것도 은행업에는 중요 이슈다. 금융당국은
오는 2019년까지 경기대응완충자본 등 거시 건전성 규제를 위한 장치들을 잇
따라 도입할 예정으로 은행들은 이를 맞추기 위해 위험가중자산을 적정 수준으

로 유지하든가, 순이익을 크게 늘려야 하는 상황에 처하게 됐다. 그렇지 못할 경우 증자를 해야 하는 상황도 발생할 수 있어 은행들에는 중요한 이슈가 되고 있다. 2015년 6월 말 기준 국내 은행들의 BIS비율은 14.09%, 보통주자본비율은 11.12%로 현재 당국이 정한 규제비율(2016년 최대 BIS비율 12.1%, 보통주자본비율 8.6%)은 이미 웃돌고 있는 상태다.

배당 활성화 정책으로 상장기업의 배당 매력이 커지고 있고, 이에 따라 은행 투자를 통한 배당수익률도 3%까지 상승하고 있다. 배당에 대한 은행들의 자율성이 높아지고는 있지만, 자본비율이 충분한가에 대한 검토는 필요해 보인다. 따라서 자본비율이 높은 은행들을 중심으로 배당주 투자도 고려해볼 만하다.

결론적으로 은행업종의 기본적인 투자 방향성은 기준금리와 경제성장률, 2가지가 결정할 것으로 보인다. 종목 투자의 선정 기준은 높은 자기자본이익률(ROE) 창출을 통한 안정적 배당 지급이다.

| 증권 |

증권업 정책 · 환경 변화 본격화

정길원 KDB대우증권 애널리스트

2015년 증권업은 수년간의 침체를 깨고 회복세를 보였다. 2010년 이후 가장 좋은 재무 성과를 거뒀다. 상반기 중 ROE는 9% 수준에 육박했다. 구조조정을 통해 비용 효율성이 높아진 데다, 영업 실적 또한 개선됐기 때문이다. 대부분의 수익원이 고르게 증가했지만, 특히 상품 운용 이익과 위탁수수료 수익이 크게 개선됐다. 저금리의 대체재로 부각되면서 ELS(주가연계증권)의 발행 역시 크게 늘어났다.

그러나 이런 상황을 과거와 같은 단기적인 개선으로 폄하하기는 어렵다. 무엇보다 금융 산업을 둘러싼 환경과 정책의 변화가 성장 잠재력을 확충시키고 있기 때문이다. 금융정책 역시 자본 시장과 증권 산업의 발전으로 무게중심을 옮기고 있다. ISA(개인종합자산관리계좌)의 도입, 거래소의 상장 추진, 인터넷은행의 도입 등은 은행 중심의 편중된 금융 산업 구조를 바꾸려는 금융정책의 일환이다.

2016년 증권업은 중요한 분기점을 맞게 될 것이다. 금융정책과 환경의 변화가 경쟁구도와 수익성에 본격적으로 영향을 미치기 때문이다.

먼저 자본규제 측면에서 큰 변화가 시작된다. 2016년부터 새로운 영업용순자본비율(NCR)과 레버리지비율 규제가 시행된다. 금융업종에 있어 자본규제가 중요한 이유는 영업의 범위와 경쟁구도 변화에 직결되기 때문이다. 새로운 NCR 제도는 과거보다 증권사의 자본 활용도를 크게 향상시킨다. 자본이 많은 상위 증권사의 경우 새로운 금융상품을 만들거나 위험자산에 투자할 수 있는 여력이 커진다. 반면 중소형사들은 NCR이 오히려 하락하면서 영업력과 신인도가 크게 후퇴할 수밖에 없다.

ISA의 도입은 증권업종에 새로운 기회가 될 것이다. ISA는 지지부진했던 자산관리서비스를 대중화시키는 촉매제 역할을 할 것이다. ISA 도입은 비과세 혜택의 형태가 상품과 계좌 단위로 전환되는 것을 의미한다. 따라서 특정 비과세 상품을 구매하는 관행에서 벗어나 ISA를 지속적·주도적으로 관리해야 비과세 실익을 최대화할 수 있다. 자산관리서비스에 대한 잠재 수요층 또한 광범위해질 것이다. 배당주펀드와 ELS 등이 인기를 모을 것으로 보이는데, 은행과 보험사에 비해 다양한 상품을 취급할 수 있는 대형 증권사가 유리하다.

인터넷은행·ISA 도입 등 증권업 기폭제 될 듯

이 외에 인터넷은행의 영업 개시, 비대면 실명 확인, 증권거래소의 지주회사화·상장이 진행되면서 금융 산업에서 전례에 없던 변화가 본격화될 것이다.

경제성장률이 하락하면서 새로운 금융자산의 축적 속도도 느려지고 있다. 이제는 금융 산업 경쟁이 한정된 금융자산을 뺏고 빼앗는 제로섬게임으로 전환되는 중이다. 금리에 연동하는 상품은 경쟁력을 상실할 수밖에 없다. 점점 위험자산과

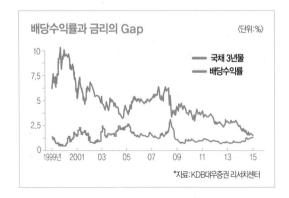

배당수익률과 금리의 Gap *(단위:%)*

국채 3년물
배당수익률

*자료:KDB대우증권 리서치센터

금리 이상의 수익률을 제공할 수 있는 대안 찾기가 본격화되면서 자본력을 갖춘 대형 증권사들의 경쟁력이 커질 것이라 예상된다. 2016년은 여러 제도의 변화가 그 기폭제가 되는 중요한 시점이다.

보험

높은 손해율 안정화되는 한 해

윤태호 한국투자증권 애널리스트

저금리에 따른 역마진으로 몸살을 앓은 보험 업계에 2015년은 쉽지 않은 한 해였다.

한국은행 금융통화위원회의 기준금리 두 차례 인하로 국고채 금리는 최저치를 경신했다. 미국의 기준금리 인상 시기가 지연되고, 내수 부양·디플레이션 억제를 위한 정부의 강력한 의지로 국고채 3년물은 2015년 10월 기준금리 1.5%에 근접하게 하락했다. 외부환경 변화로 인해 대형 보험사를 중심으로 과거 대비 해외 자산, 대체투자에 적극적인 자세로 대응 중이다. 대만 보험사의 운용자산 중 40%가 해외 자산이라는 점을 감안했을 때 향후 국내 보험사 또한 이 같은 변화를 따라갈 것으로 판단된다.

2016년은 보험사의 담보 조정, 보험금 누수 억제 등 자체적인 노력과 보험료 자율화·손해율 정상화에 대한 감독당국의 의지와 맞물려 의미 있는 실적 개선이 가능할 것으로 전망된다.

일단 금리 인상 가능성이 반갑다. 미 연준의 금리 인상 지연으로 2015년 시중 금리는 최저치를 경신했다. 그러나 2016년은 늦춰졌던 연준의 금리 인상이 가시화됨에 따라 보험사의 투자 환경도 개선될 전망이다. 금통위는 미국의 금리 인상, 중국 경기 불안 등 대외적인 불확실성을 고려할 때 기준금리 조정에 의존한 통화정책은 어렵다고 분명한 선을 그었다.

결국 시중금리는 2015년 내 바닥을 찍고 2016년부터는 상승세로 돌아설 가능성이 높아 보험사의 투자 환경도 개선될 것으로 전망된다. 과거 고금리 시절로 회귀하지는 못하겠지만, 실적 부진 요인이 축소된다는 점에서 보험사의 운신 폭도 넓어질 전망이다.

자본 확충에도 숨통이 트일 전망

2014년 상반기부터 이뤄졌던 자동차보험 요율 조정(요율 인상·담보 조정), 2015년 실손보험 요율 조정 효과에 힘입어 손보사의 손해율도 안정화될 것으로 전망한다. 자동차보험과 실손보험 등은 실적 부진의 골이 가장 깊었던 상품이라는 점에서 이익체력의 긍정적인 변화로 이어질 것으로 판단한다. 요율 조정 효과가 나타나는 데, 1~2년이 소요된다는 점에서 2016년은 손해율 안정화가 현실화되는 시기로 볼 수 있다.

금융당국이 보험사 후순위채 발행과 보유 요건을 완화하기로 하면서 보험사의 자본 확충에도 숨통이 트일 전망이다. 과거에는 건전성이 취약한 보험사에만 선별적으로 후순위채 발행을 허용했고, 보험사의 후순위채 투자도 불허했다. 2016년에는 보험사가 자발적으로 후순위채·신종자본증권을 발행할 수 있게 됨에 따라 자본 건전성 제도 강화·금리 상승에 따른 채권평가액 감익에도 유연한 대응이 가능할 전망이다. 과거 가용자본 부족이 보수적인 영업 전략과 자산 운용에 영향을 줬다는 점을 고려하면 간접적으로 실적 개선 요인이 될 전망이다.

겨우 기사회생했지만
수요·공급 모두 불안

화학·정유 | ## 기적 같은 회복세 거쳐 2016년은 다시 캄캄

손지우 SK증권 애널리스트

2015년 화학·정유 산업을 한마디로 요약하자면 기사회생(起死回生)이라 할 수 있을 것 같다. 악몽 같은 2014년이 지나가면서 기적과 같은 실적 회복세를 보였기 때문이다.

2014년 4분기까지만 하더라도 시황 악화와 유가 급락의 악재 속에서 근래 들어 최악의 실적을 시현했었던 화학·정유업종은, 2015년 1분기에 빠른 회복세를 기록한 뒤 뒤이은 2분기에는 사상 최대에 준하는 실적을 일제히 발표했다. 그리고 3분기 역시 전체적으로 양호한 수준을 시현할 것으로 예상되고 있기 때문에 큰 이변이 없는 한 2015년은 대다수 업종에 안도의 한숨을 쉬게 했던 한 해로 남게 될 것 같다.

업종별로 보자면 정유의 경우에는 역시 유가 반등 영향이 컸다. 2014년 말 배럴당 40달러까지 근접했던 유가는 2015년 상반기 중 60달러 수준까지 약 50% 급반등했다. 이 때문에 2014년과는 달리 재고평가이익을 대폭 얻을 수 있었고,

특히 성수기를 맞은 휘발유 시황 강세까지 겹친 2분기에는 누구도 예상치 못했던 대단한 실적을 기록했다. 3분기에는 유가가 재차 하락한 데다 정제마진 상승분도 반납하면서 좋지 못한 실적이 예상되지만, 4분기엔 동절기 성수기 영향으로 다시 한 번 호실적을 시현할 수 있을 것으로 전망된다.

화학도 유가 반등의 호재가 기본적으로 컸다. 일부 제품의 경우 2014년 100달러대 고유가 시대부터 추세적으로 유가가 하락했음에도 불구하고 견조한 시황을 바탕으로 가격을 유지하면서 스프레드(판매 가격－원료 가격)를 크게 확대시키는 결과가 나타났다. 이에 해당하는 대표적인 제품이 폴리에틸렌이다. 폴리에틸렌의 시황 강세는 비단 2015년뿐 아니라 2013년부터 지속적으로 나타나고 있었다. 중국과 인도 등 아시아에서 예정된 공급 물량이 원활히 들어오지 못하면서 발생한 현상이다. 하반기까지도 폴리에틸렌 강세는 지속되고 있어 여전히 화학의 대표 제품으로서 역할을 해낼 것으로 기대된다.

그렇지만 2015년의 시황 회복이 앞으로 완연한 시황의 상승 추세를 예견하는 것은 아니다. 사실 여러 상황으로 봤을 때 '일시적'이라고 판단할 만한 요소가 충분히 많은 만큼 2016년은 공격적이기보다는 보수적인 입장에서 시황을 바라보는 것이 더 적절해 보인다.

탈석유 바람 속 유가 추가 하락 가능성

무엇보다 유가가 가장 큰 불안 요인이다. 유가는 2015년 한때 40달러까지도 밑돌면서 충격적인 수준을 보인 바 있는데, 2016년에는 한 단계 더 떨어지게 될 가능성도 농후하다. 기본적으로 미국과 사우디뿐 아니라 이란, 베네수엘라, 리비아, 브라질 등에서 추가 물량이 진입하며 공급이 늘어날 여지가 많다는 것이 우려 요인이다. 석유개발 기업들은 지난 100달러 고유가 시대에서 지나치게 과도한 투자를 단행했고 그 여파로 지금까지도 석유 물량이 끊임없이 쏟아져 나오고 있다.

수요도 문제다. '탈석유 시대'라는 이름을 붙일 수도 있어 보이는데, 지나치게 비싼 석유를 피해 가스 내지는 다른 에너지 자원으로 옮겨가는 것이 2005년 이후 전 세계 에너지 시장의 흐름이다. 때문에 원유의 수요 성장률은 지속적으로 연간 1%도 넘지 못하는 양상이 이어지고 있다. 결국 수요와 공급 양측의 문제가 모두 작용하는 만큼 유가는 반등보다는 추가 하락 가능성이 높다.

세계 5대 메이저 석유개발 기업(엑손모빌, 쉐브론, 쉘, BP, 토탈)들이 원가를 추가적으로 낮출 수 있다는 부분 또한 감안해야 한다. 그들은 지속적으로 비용 감축을 시도하고 있을 뿐 아니라, 재무제표에서 자산에 대한 상각을 진행하면서까지 장부상 비용을 낮추기 위해 노력하고 있다. 1998년 평균 유가가 12.7달러였을 때 엑손모빌과 쉐브론의 순이익률이 20%를 근접했다는 사실을 잊어서는 안 된다. 그리고 국부펀드의 힘을 지니고 있는 사우디 역시 이런 저유가 상황을 추가적으로 감내할 여력이 충분하다.

현재 브라질을 중심으로 개발도상국의 위기설이 불거져 나오고 있다. 이 상황에서 저유가 충격까지 들이닥친다면 양호하게 유지됐던 정유와 화학의 스프레드는 추가 하락할 가능성이 있다. 1996년 이후 복합정제마진과 유가의 상관계수는 0.66으로 매우 높게 산출된다. 즉 유가가 상승하면 마진도 동반 상승하고 유가가 하락하면 마진도 동반 하락한다는 것인데, 이미 빠져버린 유가 수준에서 글로벌 경제위기까지 닥친다면 지금까지 확대돼 있는 폭들을 반납하게 될 가능성이 높다.

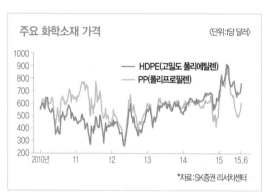

사상 최대 스프레드 수준인 화학의 폴리에틸렌도 안심할 단계는 아니다. 중간원재료면서 화학의 대표 아이템이라 할 수 있는 에틸렌은 리먼 사태 수준까지 이미 급락했다. 그

렇게 본다면 폴리에틸렌 가격도 안심할 상황은 아니다. 2016년에는 공급 역시 충분히 많이 들어온다는 사실도 감안해야 한다.

저유가 시대의 도래는 필연적이다. 1985년부터 2000년까지 경험했듯 저유가 상황은 꽤나 길게 이어질 것으로 예측된다. 저유가 상황에서는 유가와 상관계수가 높은 산업은 가급적 회피하는 것이 정답이다. 그렇게 볼 경우 화학·정유업종은 위기를 맞이하게 될 가능성이 더 높은 셈이다.

| 에너지 |

유가가 에너지업종 이익 최대 변수

주익찬 흥국증권 리서치센터장

2015년 에너지업종 주요 이슈는 유가 하락에 따른 에너지 소비 기업들의 영업이익 증가였다.

한국전력의 2015년 상반기 영업이익은 2014년 상반기의 약 2배였다. 이 기간 유가 급락으로 한국전력의 연료비는 약 26% 감소했지만, 전기 판매 매출액은 거의 비슷했기 때문이다. 매출액은 비슷한데 원가가 감소했기 때문에 빚어진 당연한 결과였다. 반면 같은 기간 도시가스 관련 기업들인 한국가스공사, 삼천리, 경동도시가스, 예스코, 서울도시가스의 2015년 상반기 영업이익 합계는 거의 변화가 없었다. 이유는 판매 가격이 원료 가격과 연동되는 구조기 때문이다. 민자 발전사들 영업이익은 기저발전, 즉 원자력·석탄화력 부문 가동률 상승으로 인한 전력도매가격(SMP) 하락으로 감소가 불가피했다. 결국 유가 흐름이 에너지업종 이익 추이를 결정짓는 중대 변수였던 셈이다.

이 같은 추세는 2016년에도 크게 다르지 않을 것으로 전망된다.

2016년의 경우도 에너지업종의 첫째 이슈는 저유가다. 두바이 기준 배럴당 유가는 2016년 평균 40~50달러 수준일 것으로 전망된다. 유가의 상승 요인과 하락요인 영향이 서로 비슷하게 주고받으며 이 같은 가격대에서 횡보할 것으로 예상된다. 현재로서 유가가 오를 만한 요인보다는 내릴 요인이 더 많아 보이기는 하다.

하락 요인 중 첫째로는 북미 원유 생산량 증가를 꼽을 수 있다. 둘째는 미국의 금리 인상 가능성에 따른 상품(commodity) 가격 하락 가능성이다. 그러나 이 같은 요소를 감안하더라도 2016년 유가가 배럴당 30달러 이하에서 장기간 지속 될 가능성은 낮은 것으로 판단된다. 세계 자원개발 기업(E&P · Exploration & Production)들의 영업이익 손익분기점이 되는 유가가 배럴당 30~40달러 인 것으로 분석돼서다.

두 번째 이슈는 민자 발전사들의 영업이익 부진 지속이 예상된다는 점이다. 민자 화력발전사들의 2016년 매출액은, SMP 약세가 지속되면서 2015년보다 크 게 증가하지 않을 전망이다. SMP가 약세를 보일 것이라 전망하는 근거는 기저 발전량이 증가할 것으로 예상되는 데 있다. SMP는 연료단가, 전력예비율과 연 관성이 높은데 연료단가 하락으로 SMP가 낮아지더라도 민자 발전사 영업이익 은 크게 변동이 없지만, 전력예비율 상승에 따른 SMP 하락은 민자 발전사들의 영업이익에 적잖은 영향을 미친다.

민자 발전사들 영업이익 부진 지속될 전망

세 번째 이슈는 신재생에너지다. 정부 지원이 없다면, 저유가로 인한 신재생에 너지의 경쟁력 약화는 불가피해 보인다. 다만 아직은 신재생에너지 발전에 대한 정부 지원이 지속되고 있어, 크게 우려할 만한 상황은 아니라는 판단이다. 한국 에서는 신재생에너지공급의무화제도(RPS)에 의해 신재생에너지 설치량은 유지 될 것으로 판단된다. 정부는 지난 2012년부터 신재생에너지공급의무화제도, 즉 일정 용량의 발전사업자에 총 발전량의 일정 비율 이상을 신재생에너지로 공급 토록 의무화하는 제도를 도입했다. 이에 따라 한국수력원자력, 5개 발전자회사, 지역난방공사, 수자원공사 등 공공기관과 SK E&S, GS EPS, GS파워, 포스 코에너지 등 민간 발전사들이 의무를 이행하고 있다.

그럼에도 불구하고 2016년 신규 진입하는 신재생에너지 발전사들 영업이익이 전년 대비 큰 폭 증가할 가능성은 낮은 것으로 예측된다. 신재생에너지 발전사들의 매출액을 구성하는 SMP 약세가 불가피할 전망이기 때문이다.

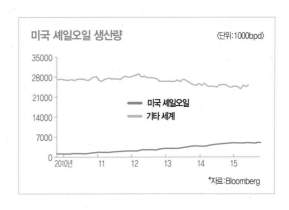

미국 셰일오일 생산량 〈단위:1000bpd〉

미국 셰일오일
기타 세계

*자료:Bloomberg

네 번째 이슈는 저유가에 따른 자원 가치 변동이다. 일단 2016년 자원 가치는 2015년에 비해 증가하지 않을 가능성이 높다. 자원 개발 사업의 가치는 대부분 유가 등 상품 가격과 관련이 있는데 이 가격이 2015년과 크게 달라질 것 같지 않아서다. 물론 일부 자원개발 기업의 2016년 영업이익은 차별화된 흐름을 보일 수 있다. 유가 하락이 영업이익 변동에 영향을 미치는 기간이 길거나, 자원개발 사업으로부터의 신규 이익 유입을 기대할 수 있는 일부 사업에 한해서다.

마지막으로 2016년에도 2015년처럼 안정적인 배당금을 창출하는 기업의 가치가 주목받을 전망이다. 미국의 금리 인상 가능성은 있지만 한국의 금리 인상은 이보다는 늦을 전망이어서, 여전히 저금리 기조가 상당 기간 지속될 것으로 예상된다. 다만 최근 3년간 배당금 가치 부각으로 전력가스 관련 기업들 주가가 많이 올랐다. 이에 따라 시세차익이 아니라 시중금리보다 높은 배당수익률을 노린 투자라 하더라도 옥석을 가려 접근할 필요가 있는 것으로 판단된다.

자동차시장 전강후약
불황 잊은 택배업계

| 자동차 |

디젤 논란 이후 시장 판도 변화가 변수

고태봉 하이투자증권 애널리스트

2015년 글로벌 자동차 시장에서 유일한 견인차는 미국, 유럽을 중심으로 한 선진국이었다. 미국은 경제 회복으로 인한 낮은 실업률, 저유가, 소비심리 회복 등에 기인해 6년째 강한 상승세를 보였다. 계절적인 영향을 조정한 연환산판매대수(SAAR) 기준으로는 1700만대를 오르내리는 초호황 국면이었다. 유럽 역시 유로존 리스크 이후 6년간 부진한 흐름을 보였지만, 2년 연속 회복세를 보이는 중이다. 유럽 시장 대부분이 억눌린 수요가 있었기에 경기회복, 소비심리 개선과 더불어 일정한 해갈이 나타난 것으로 파악된다.

선진국 시장이 회복을 보인 데 반해 성장의 핵심이던 세계 1위 시장, 중국은 3분기부터 큰 폭 부진한 흐름을 보여 우려가 커졌다. 공급과잉과 재고 증가에 따른 경기 위축, 주식 시장을 비롯한 자산 가격의 하락, 상대적으로 부유한 연해 지역의 판매규제 확대와 합작 기업(Joint Venture)에 대한 반독점규제 등으로 어려움을 겪었다. 이 외에도 그동안 글로벌 시장의 성장을 이끌었던 러시아, 브라질,

중동, 아세안 등 신흥국의 자동차 판매가 급격히 둔화되며 전 세계 자동차 판매가 선진국의 호황에도 불구하고 성장을 멈춘 모습이었다. 한국 자동차 업체들도 이 같은 성장 둔화에서 자유로울 수 없었다. 특히 상반기까지 글로벌 시장의 최대 경쟁자인 일본 업체가 엔화 약세로 가격 경쟁력을 키워 상대적 어려움은 더 컸다.

2016년 자동차 산업도 마냥 낙관할 수 없는 가운데 크게 6가지 측면을 고려할 필요가 있다.

첫째, 거시경제 상황과 연동해 지역별 자동차 수요를 예측해야 하는데, 2016년 글로벌 경제는 저성장·뉴노멀 국면의 연장선상에서 생각해봐야 할 것 같다.

일단 저성장 기조하에서 '전강후약'의 흐름이 예상된다. 글로벌 교역 추이가 전강후약 순환의 시기와 길이를 결정할 가능성이 높다. 핵심 사안은 미국 경기 사이클과 금리정책, 유로존 경기회복세 지속 여부, 중국 경기 경착륙 위험 여부, 신흥 금융 시장 불안과 채권 시장 과열 붕괴 위험, 달러 대비 각국 통화흐름, 원자재 가격의 회복 여부 등이 될 전망이다.

자동차 소비 역시 글로벌 경기 영향을 고스란히 받아 전개될 수밖에 없다. 때문에 6가지 핵심 사안 전개가 어떤 조합으로 나타날지는 정확히 예측할 수 없지만 2016년도 2015년에 이어 선진국과 신흥국의 양극화가 쉽게 해결되지는 않을

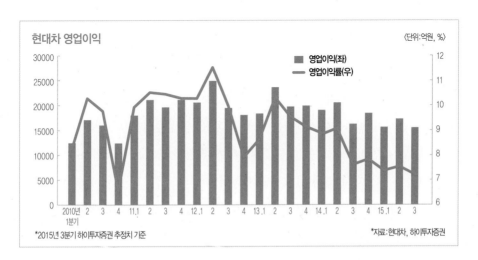

현대차 영업이익

〈단위:억원, %〉

■ 영업이익(좌)
— 영업이익률(우)

*2015년 3분기 하이투자증권 추정치 기준

*자료:현대차, 하이투자증권

것 같다. 경제 상황으로만 보면 미국, 유럽 중심의 선진 시장은 견고하지만 중국, 러시아, 브라질 등 신흥 시장은 2016년도 어려울 가능성이 커 보인다.

역시 2016년도 자동차 시장의 핵심은 중국이다. 중국은 경기가 정상 수준으로 회복될 때까진 가파른 성장이 다시 나타나기 어려울 것 같다. 다행히 1600cc 이하 차량에 대해 취득세의 50%를 감면해주는 부양 정책이 발표돼 2016년 말까지 최악의 상황은 면할 수 있을 것으로 기대하고 있고, 혹 부양 효과가 미미하다 해도 다른 후속 조치를 기대할 수 있다.

두 번째로는 폭스바겐 사건 이후 내연기관의 선호도 변화다. 내연기관의 양대 축인 가솔린, 디젤 엔진에서 디젤 진영의 불확실성이 커지고 있어 소비자들이 대안으로 가솔린으로 다시 회귀하거나 하이브리드, 전기차 같은 친환경차 쪽에 대한 관심이 커질 것으로 보인다. 더 크게 봐서 시장이 자동차에 대한 전반적 불신으로 수요가 위축될지, 아니면 대안적 성격의 엔진을 선호해 각각 경쟁력 있는 업체에 반사이익이 집중될지도 봐야 할 것이다.

2016년 국내 완성차 주가 전년比 긍정적 흐름 전망

세 번째는 유가다. 현재의 흐름이 지속될 경우, 저유가 상황은 상당 기간 유지될 공산이 크다. 저유가 상황에서 글로벌 경제에 동시다발적으로 나타났던 SUV 붐은 이어지리라 본다. 이는 친환경에 대한 관심에도 불구하고 저유가와 실용 중시, 여가생활 확산이 만들어낸 특이한 현상이다. 디젤의 위축에도 하이브리드 차량보다는 가솔린이 더 각광받을 것으로 추론할 수 있는 대목이다.

네 번째는 환율흐름이다. 환율은 미국 FOMC(연방공개시장위원회) 금리 인상과 2016년 하반기 예상되는 유럽, 일본의 양적완화 종료로 달라질 수 있다. 이 경우 자동차 시장에서 경쟁 업체의 표시통화인 엔화, 유로화 대비 원화의 약세가 지속될 수 있다면 가격 경쟁력 측면에서 한시름 덜 수 있다. 특히 내수 시장의 수입차 판매에 유로화 강세는 중요한 영향을 미칠 수밖에 없다.

다섯 번째, 내수 시장은 지속되는 소비양극화로 인해 고소득층과 저소득층 수요가 갈릴 것으로 보인다. 저소득층의 경우, 가계부채 확대와 FOMC 이후 금리 인상으로 인한 소비 여력 둔화로 자동차 소비가 감소할 수 있다. 결국 중산층과 고소득층이 관건인데, 관전 포인트는 폭스바겐 디젤 사태로 인한 수입차 시장의 위축 여부다. 수입차의 70%가 디젤인 것을 감안하면 수입차의 매력이 감소할 수 있기 때문이다. 수입차 침투 속도가 조금씩 둔화된다면 현대, 기아, 쌍용, 르노삼성, 한국GM 등 국내 생산 메이커들의 점유율이 소폭이나마 회복될 가능성이 높다.

마지막으로 2015년 말에 집중됐던 신차들의 글로벌 판매가 2016년 본격화된다. 2015년에는 노후 모델이 대다수를 이루다 보니 불리한 환율에도 불구, 인센티브 지급이라는 악수를 피하기 힘들었다. 하지만 SUV와 디자인, 연비, 주행성능이 개선된 신차들이 해외에 판매를 시작하면 이전보다 상품성이 훨씬 개선될 수 있다.

결론적으로 주가 측면에서 2016년 한국 자동차 업체들에 유리한 국면이 조성될 가능성이 있다는 판단이다. 한국 자동차는 자력으로 가솔린, 디젤, 하이브리드, 전기차, FCEV(수소연료전지차), 자율주행차 등의 기술을 모두 확보하고 있는 상황이다. 시장 방향이 어디로 흐르더라도 부정적이기보다는 긍정적인 영향을 받을 것으로 기대한다.

운송

물류전쟁 속 택배업체는 고성장

윤희도 한국투자증권 애널리스트

2015년 운송업은 한마디로 '흐림'으로 요약된다.

무엇보다 경제 저성장 국면이 지속되면서 운송 수요보다 공급(항공기, 선박 등)이 더 빠른 속도로 늘어나는 추세가 이어졌기 때문이다. 특히 항공기와 선박은 20~30년 동안 사용할 수 있고, 특정 업체가 도산하면 해당 자산이 폐기되는 것이 아니라 다른 회사로 저가에 이전돼 영업에 사용되기 때문에 한번 형성된 공급 과잉 국면이 해소되려면 오랜 시간이 걸린다.

한국의 경제 저성장으로 국내 운송 수요가 많지 않다 보니 운송 업체들은 성장을 위해 해외 진출에 적극적으로 나서고 있다. 내수가 부진하니 수출에 집중하는 것이다. 하지만 항공은 6시간 이내 비행이 가능한 단거리 노선에서 갈수록 경쟁이 치열해지고 있어 수요 증가와 저유가에도 불구하고 이익이 큰 폭으로 늘어나지 못하고 있다. 우리나라 주요 컨테이너 해운 업체들은 초대형 선박을 내세워 저가에 대량 화물을 실어 나르는 글로벌 선사들에 치여 경쟁력도 약화되는 실정이다.

항공, 해운, 물류 등 운송업의 큰 세 분야로 구분해 2016년을 전망해보자.

일단 항공업은 2015년 저유가에 힘입어 많은 이익을 낼 것으로 기대했지만, 메르스로 2~3분기 외국인 입국자 수가 급감하면서 부진했다. 저유가 국면이 지속되고 메르스 같은 전염성 질병이 없다고 가정하면 2016년엔 이익이 크게 늘어날 것이다. 물론 중국 등 세계 저비용항공사들의 공세 등으로 하늘길 경쟁은 갈수록 치열해지고 있지만, 중국인의 한국 방문이 여전히 빠른 속도로 늘어나고 있고 영업원가의 30%를 차지하는 유가가 낮은 수준에 머물고 있어 2016년 1분기부터 이익이 크게 증가할 가능성이 크다. 이익 규모는 예측을 벗어날 가능성이 높은데, 이는 전적으로 유가 전망이 어렵기 때문이다. 2015년 평균 WTI(서부텍사스산원유) 유가가 배럴당 50달러 수준인데, 2016년 유가가 계속 이렇게 낮은 수준에 머물 것으로 확신할 수는 없기 때문이다.

해운업은 2016년도 공급과잉 우려

해운업은 크게 컨테이너 해운업과 벌크 해운업으로 나뉜다. 두 부문 모두 수년째 공급과잉 국면에서 벗어나지 못하고 있다. 컨테이너선과 벌크선 모두 갈수록 선박이 대형화되면서 빠른 속도로 공급이 늘어나는데, 수요는 이를 못 따라가고 있다. 컨테이너는 유럽 경기 부진, 벌크는 중국의 경제성장 속도 둔화가 수요 부

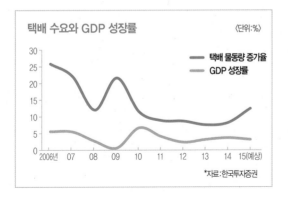

택배 수요와 GDP 성장률 〈단위:%〉

— 택배 물동량 증가율
— GDP 성장률

*자료:한국투자증권

진의 가장 큰 이유다. 2015년 세계 컨테이너 해운 수요는 약 5% 늘어나고, 선복량(공급)은 약 7.5% 늘어날 것으로 전망되는데, 수요 증가율 전망치가 계속 낮아지고 있어 우려스럽다.

 육상운송(물류)업은 항공, 해운업과 비교하면 2016년에도 상대적으로 고성장하며 이익도 안정적으로 낼 전망이다. 증시 관점에서 보는 물류업은 택배를 앞세워 성장하는 CJ대한통운과 한진이 한 축이며, 다른 축으로 자동차 물류 전문 회사인 현대글로비스가 있다. CJ대한통운과 한진은 매출액의 약 35%가 택배다. 나머지는 전통 물류로 불리는 육상운송, 주선업, 창고, 항만하역 등이다. 육상운송, 주선업, 항만하역 사업은 우리나라 경제성장률과 밀접하게 연관돼 있는 만큼 큰 성장이나 수익성 향상을 기대하기 어렵다. 다만 창고 부문은 유통 업체들의 전반적인 물류 프로세스 개선 노력과 당일 택배 수요 증가에 힘입어 성장에 대한 관심이 높아지고 있다.

 결국 물류업 성장은 2015년에 이어 2016년에도 택배 부문에서 나올 것이다. 2014년에 우리나라의 2015년 택배 수요가 7% 늘어날 것으로 전망됐지만, 결과적으로는 이를 훌쩍 웃돌았다. 특이한 것은 경제성장률이 둔화되고 있는데 택배 수요는 더 빠른 속도로 늘어난다는 점이다. 이 같은 현상은 다름 아닌 유통 업체들의 배송 경쟁의 산물이다. 유통 업체들이 충성고객을 확보하기 위해 기존의 온라인뿐 아니라 오프라인 유통 업체들도 배송 경쟁에 뛰어들고 있는데, 물류창고 확보와 배송 전략은 유통 업체가 주도하지만 배송은 대형 택배 업체에 위탁하고 있다. 이 같은 추세가 2016년에 더욱 확산되면서 대형 택배 업체들의 고성장세가 지속될 것이다.

주택 공급과잉 뇌관
조선사 M&A 본격화

건설

주택시장·해외산업 불확실성 증대

이광수 미래에셋증권 애널리스트

2015년에 건설업은 크게 2가지 측면에서 상반된 흐름을 보였지만, 전반적으로 2015년은 불확실성이 지배한 해였다.

2015년 주택 시장은 사정이 참 좋았다. 아파트 매매가격지수가 2015년 9월 기준 101.2(2015년 6월=100)를 기록해 역대 최고치를 기록했다. 아파트 거래 증가와 이에 동반한 가격 상승세는 시장에 주택 수요가 증가하고 있다는 것을 방증한다. 반면 중동을 중심으로 한 해외 사업은 여전히 불확실성이 컸다. 2010년대 초반 중동에서 저가 수주를 한 건설사들이 공사 과정에서 추가 비용 발생으로 손실을 입은 데다 저유가로 해외 건설 수주 물량 자체가 급감했다. 2015년 국내 주택 시장이 호조였음에도 대형 건설사들은 국내에서 번 돈으로 해외에서 난 부실을 막느라 속을 태웠다.

2016년 건설 산업도 불확실성이 지속되는 한 해가 될 것으로 예상된다.

일단 주택 시장에서 공급 물량이 급증해 시장 전망이 불투명해졌다. 급증한 주택담보대출에 대한 우려가 커지고 있는 것도 향후 주택 시장 전망을 어둡게 하는 요인이다. 한국은행에 따르면 2015년 9월 말 기준 은행권의 가계 주택담보대출 잔액은 458조원으로 불과 한 달 새 6조원가량 늘었다.

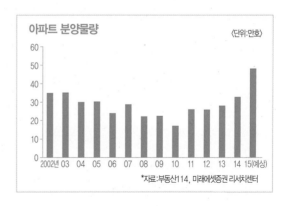

아파트 분양물량 〈단위:만호〉

*자료:부동산114, 미래에셋증권 리서치센터

주택 시장 상황이 개선되자 건설사들은 주택 분양 공급을 일제히 늘리고 있다. 2015년 연간 주택 분양 물량은 48만5000가구로 전년 대비 46.7% 증가할 것으로 예상된다. 2000년 이후 최대 물량이다. 분양 증가로 건설회사들 주택 매출 증가와 부동산 PF(프로젝트파이낸싱) 감소 등 긍정적인 효과가 발생할 수 있다. 그러나 단기적으로 급속한 분양 증가는 향후 일시적인 공급 증가로 이어져 주택 시장에 부정적인 영향을 미칠 수 있다.

아파트 분양 물량 증가는 입주 물량 확대로도 이어질 전망이다. 2017년 입주 물량은 약 40만가구로 추정되는데, 단기적인 공급 증가는 수요가 지속적으로 증가하지 않는 한 시장에 부담으로 작용할 수 있다. 최근 부쩍 높아진 투기 수요도 시장을 불안하게 하는 요인이다. 2015년 9월 기준 서울시 아파트 분양권 전매 건수는 3422건을 기록해 전년 동기 대비 35.5% 증가했다.

요약하면 단기적으로 과도한 아파트 분양 물량 증가와 빠른 속도로 늘고 있는 투기 수요가 주택 시장의 불확실성을 키우는 핵심 요인이다.

저성장도 2016년 건설업을 읽는 핵심 키워드 중 하나다. 특히 해외 수주 감소에 따른 저성장의 원년이 될 가능성이 높아 보인다. 무엇보다 중동발 수주 감소가 이어지면서 국내 업체 해외 수주가 큰 폭으로 줄어들고 있다. 2015년 9월 기준 중동 수주는 123억달러로 전년 동기 대비 52.8% 감소했다. 이에 따라 전체 해외 수주 금액도 28% 감소한 것으로 조사됐다.

해외 매출이 역성장할 가능성도 배제할 수 없다. 지난 2007년 이후 해외 수주 증가로 대형 건설사들은 적어도 외형적으로는 빠르게 성장을 해왔다. 성장을 이유로 한 무리한 저가 수주 경쟁도 일부 용인돼왔던 것이 사실이다. 그러나 유가 하락에 따른 해외 수주 감소가 지속된다면 건설회사의 해외 매출 감소는 불가피할 전망이다.

중동 발주가 단기간에 증가세로 돌아설 것으로 낙관하기도 힘들다. 유가 하락뿐 아니라 중동 정부의 지속적인 지출 증가로 인해 신규 투자 여력이 크지 않기 때문이다. 2015년 현재 MENA(Middle East and North Africa) 지역의 전체 발주 금액은 1779억달러다. 2015년 상반기에 이미 중동 발주의 대부분이 이뤄진 것으로 보이기 때문에 2015년 전체 발주는 1900억달러 내외에서 마무리될 가능성이 크다. 예상대로 진행된다면 이는 2006년 이후 최저 발주 금액이다.

문제는 중동 발주 감소세가 앞으로도 지속적으로 이어질 것이라는 데 있다. 무엇보다 2018년까지 MENA 지역의 현금 지출이 계속 증가하고 있다. 이 지역에서 그동안 건설 프로젝트 발주가 지속적으로 증가했기 때문에 2018년까지 투자 지출 규모 확대가 불가피하다. 신규 프로젝트를 추진하기에 예산 측면에서 부담스러울 수 있다는 얘기다. 또한 유가가 크게 하락한 상황이기 때문에 수입 감소, 지출 증가로 인해 신규 사업 확대는 제한적일 것으로 예상된다.

2016년 건설업종을 읽는 키워드는 '불확실성'과 '저성장'이다. 두 단어 모두 부정적이다. 물론 대응 방법에 따라 상황은 얼마든지 긍정적으로 변할 수 있긴 하다.

조선

대형 빅딜 이후 새 출발 발판 마련

성기종 KDB대우증권 애널리스트

2015년 세계 조선업은 유가 급락 속에 불안한 출발을 보였으나, 상선 시장은 비교적 견조한 발주세를 보였다. 유럽중앙은행(ECB)의 대규모 양적완화 정책으로 유럽 선박금융 시장이 호전된 데다, 유가 하락에 따라 수익성이 개선될 해운선사들로 선박금융 지원이 증가했기 때문이다. 또한 유가 하락에 따른 자원 개발(해양 투자 포함) 관련 투자금 회수 등으로 대형 금융기관은 투자자금 여력이 높아졌다. 이에 따라 초대형 컨테이너선과 탱크선 발주가 크게 증가했다. 셰일가스 관련 운반용 선박인 LNG(액화천연가스)선과 LPG선, VLEC선 등 가스선과 PCTC 등 특수선박 발주도 양호하게 이어졌다.

대규모 구조조정이 신속하게 진행되며 양극화 현상이 시작된 것도 중요한 변화상이다. 중국 조선사들은 정부 주도하에 50여개 조선사로 압축됐다. 국내 조선사도 약 10개로 정리됐으며, 해양플랜트 부문에서 손실이 컸던 대우조선해양마저 위기에 처해 있는 상황이다. 경기 침체와 발주 선종 변동으로 경쟁력이 높은 한국 조선사의 세계 시장점유율은 크게 상승한 반면 중국은 하락했다.

2016년은 무엇보다 각 선종별로 발주량이 2015년 대비 감소할 전망이다.

2015년 컨테이너선 시장은 호황이었다. 선박금융 회복과 맞물려 선두권 해운사들의 추가 발주와 이보다 대응이 늦었던 후발 주자들이 경쟁력 제고를 위해 초대형 컨테이너선 발주를 아끼지 않았기 때문이다. 하지만 2016년에는 이런 경쟁적인 발주가 감소할 전망이다. 세계 경기가 불확실하고 선두권 해운사들의 세대교체식 발주가 상당 부분 진행돼 추가 발주를 서두르지 않을 것이기 때문이다. 또한 중하위권 경쟁사들의 추가 발주도 2015년 대비 감소할 가능성이 높다.

상대적으로 탱크선 시장은 양호한 상황이 지속될 전망이다. 저유가 상황이 지속될 가능성이 높아 원유 수요가 증가할 수 있어서다. 또한 저가 원유를 저장할 중고 탱크선 수요가 증가해 이를 대체할 신조선이 필요하다. 단 미국발 원유·석유화학 제품을 운반하기 위한 VLCC와 PC선은 대규모 선발주가 진행돼 신규 발주는 크지 않을 전망이다.

2016년 벌크선 시장도 부진할 전망이다. 경기 불황이 지속돼 벌크선 선복량

(공급)이 여전히 과잉이고 최근 벌크선운임지수(BDI)가 상승세긴 하나 흑자구간에 안착하기가 쉽지 않아 보이기 때문이다. 또한 중국 정부는 해운사에 대해 중고선 해체 시 보조금 지원정책이 연장됐음에도 해체할 중고선 수가 줄어들어 새롭게 발주할 여력이 크게 낮아졌다.

글로벌 가스 수요가 증가세가 지속되면서 가스선 시장은 양호할 것으로 보인다. 미국의 셰일가스 수출이 본격화되는 2018년부터 필요한 LNG선을 비롯해 LPG선 등 다양한 선종이 필요하다. 하지만 지난 2~3년간 대규모 발주가 이어진 데다 경기 불확실성이 가중돼 투기적 발주도 사라지면서 2016년에 신규 발주는 2015년 대비 줄어들 전망이다. 단 천연가스를 저장하는 FSRU는 사용처·용도가 확대되면서 수요가 전년 대비 증가할 것이다.

신조선가 변화는 크지 않을 것으로 예상한다. 신조선가지수는 벌크선과 컨테이너선, 유조선, LNG선 등 일반상선 가격을 지수로 표현한 것으로 조선 업계에서는 가장 중요한 지표다. 신조선가지수가 높아지면 선박 가격도 올랐다는 의미다.

결론적으로 2016년 조선 업계는 체력을 보강한 후 새로운 출발을 선언할 전망이다. 2009년 이후 세계 약 70% 이상 조선사가 폐업 또는 합병돼 사라졌다. 살아남은 대형 조선사들마저 대규모 구조조정을 단행하며 체질 개선에 노력 중이다. 조선 업계는 2016년 또 한 번의 구조 변화를 보일 전망이다. 한국, 중국 조선사들의 추가 합병 또는 축소 가능성이 크다. 대규모 자금이 필요한 상황으로 정부의 개입이 불가피하다. 이후 조선사들은 조직·체질 개선을 통해 새 출발을 선언할 수밖에 없다.

2015년 세계 해양플랜트 시장은 유가 급락과 함께 침체기로 접어들었다. 저유가 상황

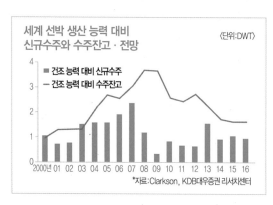

세계 선박 생산 능력 대비
신규수주와 수주잔고·전망 〈단위:DWT〉

■ 건조 능력 대비 신규수주
─ 건조 능력 대비 수주잔고

2000년 01 02 03 04 05 06 07 08 09 10 11 12 13 14 15 16
*자료:Clarkson, KDB대우증권 리서치센터

이 지속되면서 주요 발주처인 석유 메이저사는 물론 금융기관들이 관망세로 돌아섰기 때문이다. 시추설비(드릴십, 반잠수식 리그선 등) 시장은 신규 발주가 전무했다.

플랜트 시장 전반적인 부진 속 생산·저장 설비 투자만 기대

한국의 해양플랜트 사업이 대규모 손실로 이어진 이유는 간단하다. 한국 조선사의 해양 사업에 대한 엔지니어링 기술력과 경험이 절대 부족했기 때문이다. 먼저 제조원가 산정이 쉽지 않았고, 경쟁에 따른 단가 인하, 대규모 수주·제작의 어려움으로 납기를 맞추지 못해 추가 손실을 발생시켰다.

유가 회복 없이는 2016년에도 해양플랜트 시장 회복을 기대하기 어렵다. 특히 시추설비는 침체가 지속될 전망이다. 저유가 외에도 원자재 가격 회복이 어렵기 때문에 금융기관의 자원 관련 투자 예산이 크게 축소돼 있다. 실적이 크게 감소한 석유 메이저 업체의 경우 당분간 신규 탐사는 쉽지 않고, 기존에 개발된 채산성이 높은 유정 순서대로 생산설비 투자에 급급할 것이다.

2016년 해양 시장의 최대 변수는 단연 유가 변동이다. 여러 환경 변수들이 있긴 하지만 석유 메이저사들은 원유·천연가스 가격이 최고의 투자 재원이다. 메이저사들은 브렌트유 기준 80달러대 이상에서는 지속적인 투자 의지를 밝히고 있다. WTI 유가 기준 평균 60달러 이상 안정권에 들어야 해양플랜트 투자에 대한 회복 가능성을 예상할 수 있다. 결론적으로 2016년 해양플랜트 시장은 확연한 회복을 기대하기 힘들고 생산·저장설비 시장의 투자 재개 수준으로 눈높이를 낮추는 것이 바람직해 보인다.

저성장에도 엔터 · 레저 끄떡없어
학령인구 감소 · 물수능에 울상

엔터테인먼트 · 레저

'작은 사치' '요우커' 두 마차가 이끈다

노승욱 매경이코노미 기자

경기 불황과 저성장이 이어지고 있지만, 엔터테인먼트 · 레저 부문 소비는 꾸준히 증가하는 추세다. 주요 소비 계층인 2030세대가 '작은 사치' 소비 행태를 보이며 지갑을 열고 있기 때문이다. 39세 이하 세대는 저성장 시대에 따른 소비성향 감소 폭이 가장 제한적이다. 50대의 평균 소비성향이 2003년 75.4%에서 2014년 69.7%로 5.7%포인트 감소한 반면, 39세 이하의 소비성향은 같은 기간 76.2%에서 73.4%로 2.8%포인트만 줄어들었을 뿐이다. 따라서 주요 소비 계층인 2030세대의 소비 트렌드에 주목할 필요가 있다.

엔터 부문 성장세가 가장 눈에 띄는 시장은 영화 시장이다. 2005년 1억2000만여명이었던 전국 관람객 수는 2014년엔 2억1500만명을 넘겼다. 2015년에도 3분기 관객 수가 7247만명을 기록, 전년 동기 대비 5%가량 성장해 연간 2억명 돌파는 무난하리라는 전망이다. 영화는 1만원 정도의 부담 없는 가격 덕분에 불경기에도 성장세를 이어가는 몇 안 되는 산업이다. 최근에는 3D, 4D,

IMAX 같은 프리미엄관이 대중화되면서 고급 관객 수요와 중저가 관객 수요를 모두 충족시킬 수 있게 된 점도 긍정적이다.

영화업종 대장주인 CJ CGV의 주가는 2015년 연초 5만8200원에서 2015년 10월 26일 10만8000원으로 두 배 가까이 급등했다(종가 기준). 메가박스를 자회사로 둔 제이콘텐트리도 같은 기간 3075원에서 4805원으로 56% 이상 주가가 올랐다.

부정부패 단속 강화로 중국인 대상 카지노 타격

2030세대의 해외여행 증가와 중국인 관광객(요우커)의 쇼핑 러시로 여행사, 면세점, 카지노업종도 호황이 기대된다.

하나투어와 모두투어의 9월 패키지 송출객 수는 각각 15만9852명, 8만7397명으로 전년 동기 대비 7%, 14% 증가했다. 최근 엔저로 비용 부담이 낮아진 일본 여행객이 60% 이상 큰 폭으로 성장하고 있다는 게 특징이다. 동남아와 중국으로의 여행객도 15% 이상 꾸준히 증가하고 있다. 이 외에도 미주, 유럽, 남태평양 등 비교적 먼 나라들로의 여행객도 전체 여행객의 20% 수준에 달한다. 해외여행 등 원거리 관광객의 증가는 객단가를 높여 여행사의 매출 상승을 견인한다는 점에서 긍정적이다.

면세점은 리뉴얼 효과가 기대된다. 인천공항 3기 면세점 사업자들이 2015년 4분기 중 대대적인 리뉴얼을 거쳐 2016년 초에 재오픈할 계획이다. 또 2015년 말에는 시내 면세점 사업자들이 본격적인 영업을 전개한다. 시내 면세점의 경우 영업면적 공급 증가로 수수료 경쟁에 대한 부담이 증가하지만 중장기적으로 중국인 관광객 증가에 따라 경쟁 강도는 크지 않을 것이란 게 업계 중론이다.

메르스로 인해 급감했던 중국인 입국자 수도 2015년 9월 전년 동기 대비 4.8% 증가하며 다시 회복되는 모양새다. 중국인 여행객의 구조적인 증가에 따라 한국 면세점 시장은 매년 평균 10~20%대의 성장을 이어갈 것으로 예상된다. 여기에 롯데면세점 운영 주체인 호텔롯데가 2016년에 상장할 예정인 점, 호텔신라가 태국, 캄보디아 시장 진출을 통해 글로벌 면세 사업자로서의 입지를 확고히 하고 있는 점, 하나투어의 면세점 시장 진출로 시장이 확대될 것이란 점 등도 긍정적 요인으로 꼽힌다.

단 카지노업종에선 중국인 관광객 효과가 제한적일 것이란 전망이 우세하다. 중국 정부가 공직자 부정부패 단속의 일환으로 2015년 6월 중국 현지에서 VIP 고객을 모집하던 파라다이스와 GKL의 영업 직원들을 대거 체포, 당분간 중국 고객 기반 확대가 어려워졌기 때문이다. 중국 VIP 대상 영업활동 제한이 풀릴 때까지는 실적에 타격이 불가피할 것으로 보인다.

물론 내국인 고객이 대부분인 강원랜드는 상황이 다르다. 강원랜드는 2015년 3분기 매출액과 영업이익이 각각 4342억원, 1574억원으로 전년 동기 대비 15% 이상 늘어날 것이란 게 증권가의 컨센서스다. 3분기 초 메르스의 영향으로 내국인 방문객 수도 감소하는 등 일시적인 여파는 있었으나 금세 정상화돼 방문객 수가 다시 늘어나는 추세다.

교육

초·중·고 사교육비 매년 2%씩 줄어

노승욱 매경이코노미 기자

2015년은 교육 업계에 여전히 어려운 한 해였다. 국내 사교육비 증가율은 2008년 3분기를 고점으로 지속적인 하락세다. 2015년 2월 통계청에서 발표한 '2014년 사교육비조사' 결과에 따르면, 초·중·고교 사교육비 총액은 약 18조 2000억원. 2012년 19조원, 2013년 18조6000억원에서 연간 2% 안팎씩 줄어들었다. 교육 업체들은 온라인 강의와 영·유아 대상 교육 서비스 개발 등 신시장 찾기에 골몰하고 있다. 하지만 교육 서비스 수요층인 학령인구가 꾸준히 감소하고 있어 극적인 턴어라운드는 쉽지 않아 보인다.

최근 수년째 이어지고 있는 교육 시장 정체는 저출산으로 인한 학령인구 감소가 가장 큰 원인으로 꼽힌다. 1990년대 후반 이후 출산율이 점점 낮아지면서 학령인구 감소 현상이 초·중·고등부 전 부문에서 일어나고 있다. 여기에 2010년 이후 수능과 EBS 연계 강화 정책으로 공교육이 강화된 점, 2013년 대입전형 간소화·다양화 방안 발표, 수능 문제 난도 하락(소위 '물수능') 등은 대학입시 시장에 부정적인 요인으로 작용했다.

EBS 강의 교재 문제가 수능에 출제되는 비율, 즉 'EBS 수능 연계율'은 70%대를 웃돈다. 한국교육과정평가원이 2015년 9월 수능 모의평가에 출제된 문제를 분석한 결과, EBS 과목별 연계율은 국어영역 71.1%, 영어 73.3%, 사회탐구 70.5%, 수학·과학탐구·직업탐구·제2외국어와 한문 70% 등이었다. EBS 교재가 '단일 교과서'라 해도 과언이 아닐 정도여서 수험생들이 굳이 여러 학습지나 문제집을 사서 볼 유인이 줄었다.

대입전형도 간소화·다양화되고 있다. 수시 모집 정원 비율의 꾸준한 증가가 대표적인 예다. 2015년 대입에서 수시전형 모집 비율은 전체 대학 정원의 67.4%(24만976명)에 이른다. 대학 신입생 3명 중 2명은 수시전형으로 선발하는 셈이다.

수능 대신 내신 점수 비중이 상대적으로 높아진 점도 영향을 미쳤다. 2016학년도 대입전형 계획을 살펴보면 학생부교과전형은 38.4%, 학생부종합전형은 18.5%로 선발하는 등 학생부(내신) 중심의 대입전형이 강조되는 추세다.

이처럼 수능 교육 시장이 점차 작아지면서 업체들은 큰 위기를 겪고 있다. 전체 교육 시장에서 지출 규모가 가장 큰 분야가 바로 고등부 대입 시장이기 때문이다. 실제 메가스터디의 경우 매출과 영업이익의 86~90%가 고등부에서 발생하고 초·중등부는 9~13% 정도밖에 기여하지 않는다. 메가스터디의 위기는 주가에서 단적으로 드러난다. 교육업종 대장주인 메가스터디의 주가는 2011년 연평균 15만115원, 2012년 8만7429원, 2013년 7만1563원, 2014년 6만9818

원, 2015년 4만6500원(10월 26일 종가 기준)으로 꾸준히 하락하는 중이다.

학습지 시장도 어렵긴 마찬가지다. 2015년 국내 학습지 시장은 약 3조원에 달할 것으로 추산된다. '학습지 빅4'로 불리는 교원그룹(구몬학습, 빨간펜), 대교(눈높이), 웅진(씽크빅), 재능(스스로)의 매출액 2조5000억원에 기타 학습지를 포함해 계산한 규모다. 학습지 시장도 주요 대상인 초등학생 인구 감소의 직격탄을 맞고 있다. 2015년 2월 발표된 교육부와 교육통계연보에 따르면, 2014년 초등학생 수는 272만9000여명으로 2004년(411만6000명)과 비교해 33.6% 감소했다. 최근 10년간 초등학생 수가 3분의 1 이상 급감한 것. 2000년대까지 가팔랐던 학습지 시장의 성장곡선이 2010년대 들어 완만해진 이유다.

학습지 업체들, 잇따라 스마트 러닝 시장 진출

상황이 이렇다 보니 업체들은 새로운 교육 시장을 찾는 데 몰두하고 있다. 대안으로 떠오르는 건 온라인 또는 스마트 강의와 취학 전 아동(영·유아) 교육 시장이다.

학습지 업계 1위인 교원그룹은 2015년 6월 종이 학습지와 디지털 디바이스의 결합인 '스마트 빨간펜'을 선보였다. 스마트 빨간펜은 학습지로 공부하다가 모르는 부분이 있으면 스마트펜으로 찍어 관련 동영상·오디오 등의 자료를 스마트패드로 보며 공부하는 학습법이다. 태블릿PC 중심 기존 상품과는 달리, 스마트펜이 종이 교재와 디지털 콘텐츠의 연결고리 역할을 해줘 과도한 스마트기기 의존, 기존 공부 방식과의 연계성 부족 등의 문제점을 해결했다는 평가다. 덕분에 스마트 빨간펜은 출시한 달 만에 회원 수 3만명을

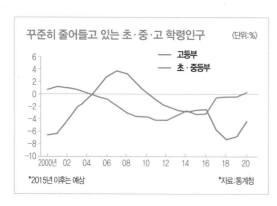

꾸준히 줄어들고 있는 초·중·고 학령인구 (단위:%)

— 고등부
— 초·중등부

*2015년 이후는 예상   *자료:통계청

돌파, 2015년 10월 말 기준 5만명의 학생들이 이용하고 있다.

웅진씽크빅은 유아를 대상으로 한 '웅진북클럽'의 학습지 대상 연령을 2015년 안에 초등학생까지 넓히기로 했다. 웅진북클럽은 웅진씽크빅이 2014년에 선보인 회원제 독서프로그램으로 IT기기를 통한 학습이 가능하다.

영·유아 대상 사교육 시장 확대도 눈에 띈다. 영아는 36개월 미만 아동, 유아는 36개월 이상부터 초등학교 취학 전 아동을 의미한다.

육아정책연구소가 전국 100개 지역 2509가구 아동 3611명을 조사한 연구보고서에 따르면 2014년 영·유아 사교육비 규모는 3조2289억원으로 2013년보다 5874억원(22.2%)이나 늘어난 것으로 나타났다. 영·유아의 74.2%는 사교육비를 지출하고 있었다. 이는 2013년(68%)보다 6.2%포인트 늘어난 수치다. 영·유아 1인당 사교육비는 2014년 월평균 10만8400원으로 파악돼 1년 만에 2만9500원 증가했다. 같은 기간 초·중·고교생 월평균 명목 사교육비는 24만 2000원으로 1년간 3000원 올랐을 뿐이다. 영·유아 사교육비 증가율이 초·중·고교의 10배에 달한 것이다.

이처럼 2016년 교육 시장은 온라인 강의, 영·유아 교육 등 일반적인 입시 교육에서 벗어난 전문 교육 기업들의 약진이 두드러질 전망이다.

온라인 채널 성장 정체…
백화점·마트 '부활의 신호탄'

박종대 하나금융투자 애널리스트

2013년 이후 유통 업체들 실적은 기대와 실망의 반복이었다. 소비심리 회복과 기저효과, 비용 효율화와 신규 점포 오픈 등에 의한 실적 모멘텀 회복을 기대했지만 그 기대에 부합한 기억은 거의 없다.

유통 업체 실적 부진 원인은 크게 3가지 범주에서 찾을 수 있다. 첫째, 가계 구매력이 개선되지 않고 있거나 둘째, 가계 구매력 개선이 실제 소비로 이어지지 않았을 수 있다. 셋째는 온라인화 등 소비 패턴 변화로 소비 회복이 주요 유통 업체들 판매 실적으로 이어지지 않았을 가능성이다.

2016년 유통업종에 대한 분석과 전망의 핵심도 결국 이 세 가지가 어떻게 될 것인가에 대한 해답 찾기일 것이다. 이는 동시에 2013년 이후 각종 소비지표의 왜곡이 이제 안정화, 즉 새로운 균형점에 다다를 시기가 되지 않았을까에 대한 답이기도 하다.

가계 구매력 개선이 소비와 유통 업체들 실적 개선으로 이어지는 연결고리가 끊어진 지 3년이 되고 있다. 이런 상황에서 최근 소매판매와 소비심리지표가 다시 동행하고 있는 모습은 특기할 만하다. 소비 채널의 새로운 균형(New

Equilibrium)의 시기가 도래할 가능성을 진단해볼 때가 된 것이다.

우선 가계 구매력은 양호한 상황이다. 고용과 임금 수준은 견조한 개선세에 있다. 부동산 가격 회복도 긍정적이다. 물가 상승률을 넘어서는 임금 상승률은 가계 구매력이 더욱 높아지고 있음을 의미한다. 가계부채 증가를 우려하는 시각이 있지만, 전세제도가 소멸돼가는 과정에서 전세보증금이 제도권 대출로 편입되는 필연적 현상으로 보는 것이 타당하다. 따라서 금리가 갑자기 상승하거나, 주택 가격이 급락하거나, 가처분소득이 급감하지만 않는다면 우려할 사항이 아니라는 판단이다. 디플레이션 우려 역시 과도해 보인다. 현재 물가 하락의 근본 원인이 소비 수요 위축이 아니라 공급원가 하락과 온라인화에 따른 유통 시장 경쟁에 있는 만큼 화폐의 구매력을 높인다는 측면에서 소비에는 긍정적이다.

오프라인서 온라인으로 고객 이동 거의 다 이뤄져

소매판매 저하를 들어 소비가 부진하다는 평가는 지나치게 단순한 접근이다. 소비심리 개선으로 소비(Q)가 증가하더라도 물가 하락으로 ASP(평균판매단가)가 떨어지면 소매판매는 증가하지 않을 수 있다. 이런 분석의 틀로 들여다보면, 가계소비성향 하락이나 가계 흑자율(=(가처분소득−소비지출)/가처분소득) 상승 역시 물가 하락의 파편으로 볼 수 있다. 이전보다 저렴한 가격에 생필품 구매가 가능해지면서 가계소비 여력은 크게 높아졌다고 볼 수 있다. 구조적인 물가 하락 시기가 지났다면 결국 가계소비성향이나 가계 흑자율 역시 바닥을 쳤다고 볼 수 있다. 소비의 방향성은 분명히 위로 향해 있다.

물론 유형상품과 서비스에 대한 소비 패턴은 변하고 있다. 저성장기 여가 수요가 확대되면서 가계소비지출 비중에서 유형상품이 차지하는 비중이 크게 줄었다. 반면 가계의 오락·문화비 지출 비중은 가파른 상승세다. 그럼에도 아직 GDP 대비 오락·문화비 지출 비중(2014년 4%)은 미국·일본 등 선진국(최대 6.3%까지 상승)에 크게 미치지 못한다. 당분간 이런 소비 패턴 변화는 지속될

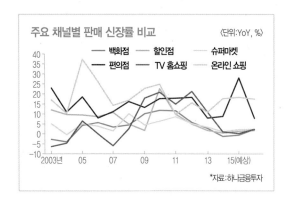

주요 채널별 판매 신장률 비교 〈단위:YoY, %〉

— 백화점 — 할인점 — 슈퍼마켓
— 편의점 — TV 홈쇼핑 — 온라인 쇼핑

*자료:하나금융투자

가능성이 높다. 또 현재 유통 업체들의 주판매 상품군인 공산품·식품 등 유형상품 소비는 민간소비 증가율을 밑도는 제한적인 수준에 그칠 공산이 크다.

문제는 이런 유형상품 소비마저 온라인 유통 업체들로 전환되면서 오프라인 대형 유통 업체들은 실적이 더 부진해지고 있다는 것이다.

지난 2000~2015년 유통업태별 판매 비중을 살펴보면, 백화점이 2013년까지 비중이 상승하다가 하락했고, 온라인(PC 온라인+모바일)과 편의점 채널은 계속 비중이 커지고 있다. 특히 2013년 이후 온라인 채널 비중 상승 폭이 커졌다. 모바일 쇼핑이 급증하면서 전체 온라인 판매 증가율이 상승세로 돌아섰기 때문이다. 백화점과 대형마트 매출이 역신장하기 시작한 것도 이때부터다.

소매판매는 2012~2015년까지 연평균 1.6% 증가할 것으로 예상된다. 온라인 채널은 같은 기간 연평균 15% 이상 성장했다. 금액으로는 약 53조6000억원 수준으로 전체 소매 시장의 19.4%를 차지한다. 전체 소매판매 증가율이 제한적인 만큼, 온라인 채널의 절대적 금액은 새롭게 생긴 것이 아니라 다른 채널에서 이전한 것이다. 2012년 기준 채널 비중이 그대로 이어진다고 가정했을 때 2015년 기준 백화점과 대형마트 판매액은 각각 30조5000억원과 40조4000억원으로 추산된다. 그러나 실제로는 각각 29조원과 37조8000억원에 그칠 전망이다. 각각 5% 내외 매출(백화점 1조5000억원, 대형마트 2조8000억원)이 온라인과 편의점 등 다른 채널로 이전됨으로써 백화점과 대형마트의 연평균 성장률을 각각 1.6%포인트, 2.3%포인트 하락시킨 것이다(물론 대형마트 성장률 저하는 정부 규제 영향이 포함돼 있다).

소비 회복의 가능성이 높아진 가운데, 온·오프라인 채널 재조정 역시 정점을 지나고 있음을 보여주는 몇 가지 신호가 발견되고 있다.

첫째, 소매판매 증가율과 소비심리지수 지표가 3년 만에 동행하기 시작했다. 그동안 간극이 계속 벌어지고 있던 소비심리와 소매판매 증가율의 동행성이 높아질 조짐이다. 소비심리가 가계의 수요(Q)를 대변하는 지표라고 할 때, 소매판매가 Q에 연동하고 있다는 얘기다. 이는 ASP의 하락 속도가 둔화되고 있음을 의미한다.

둘째, 백화점 구매건수의 증가다. 백화점 구매건수는 2015년 7월 이후 3개월 연속 YoY 플러스(+) 증가세를 지속할 것으로 예상된다. 2014년 2월 이후 처음이다. 구매건수는 고객의 '트래픽'을 의미한다. 2014년부터 2015년 상반기까지 구매건수는 크게 감소했다. 고객이 다른 채널로 이동했다는 의미다. 이런 상황에서 구매건수가 플러스로 돌아섰다는 것은 온라인 등 타 채널로의 이동이 어느 정도 마무리됐음을 의미한다.

셋째, 온라인 판매 증가율이 연간 20%까지 상승한 후 정체 국면에 있다. 최근 온라인 판매 증가율은 20%를 넘어선 후 정체기에 들어섰다. 2015년 9월과 10월 온라인 판매 증가율이 제한적인 수준에 그치고 오프라인 구매건수 증가율이 높아진다면, 온라인의 오프라인 침식은 큰 고비를 지났다고 볼 수 있다.

채널 비중 안정화, 즉 유통 채널이 새로운 균형의 시대로 전환됐음을 전제할 때 유통 시장에 3가지 변화를 예상해볼 수 있다.

첫째, 오프라인 대형 유통 업체들의 추세적인 실적 개선을 기대할 수 있다. 그렇다고 2010년 전후처럼 연간 10% 이상으로 회복한다는 말은 아니다. 전술한 바와 같이 저성장 시대로 진입하면서 유형상품에 대한 소비 증가율은 민간소비를 밑돌 가능성이 크다. 물론 MS(시장점유율) 상승에 의한 성장률 제고를 기대할 수 있으나 대체로 국내 백화점과 대형마트, 가전양판 시장은 과점화가 완료된 상태다. 때문에 추가적인 MS 상승에 의한 성장률 제고가 어려운 만큼, 채널 균형에 의한 성장률 회복은 기존점 기준 연간 2% 정도로 눈높이를 맞추는 것이 바람직하다. 비용구조가 효율화돼 있는 만큼 기존점이 이 정도 증가할 경우 이익은 연간 3% 안팎 증가할 수 있다. 물론 2016년도의 경우 메르스 영향 소비 부진에 따른 기저효과가 기대된다.

둘째, 홈쇼핑 업체들의 채널 믹스 개선에 의한 외형 성장률 제고가 가시화될 수 있다. 모바일 채널 확대는 홈쇼핑 업체들에 양날의 검으로 작용해왔다. TV 홈쇼핑을 통해 판매되는 경쟁력 있는(TV 홈쇼핑 생방송 상품이 국내에서 가장 가격 경쟁력이 높다는 사실은 의심의 여지가 없다) 상품을 모바일에서도 판매함으로써 TV 홈쇼핑의 시간 · 공간적 한계를 극복할 수 있다는 건 긍정적이다.

반면 모바일 채널 확대로 TV 시청률이 떨어지고, 인터넷 PC 채널에 대한 침식이 크다는 건 부정적인 면이다. CJ오쇼핑의 인터넷 PC 채널 취급고는 2012년 8560억원에서 2014년 5700억원으로 35% 가까이 감소했다. 모바일 채널 자체로도 경쟁이 지나치게 심해 쿠팡을 비롯한 대부분 소셜커머스 업체들이 자본잠식 상태에 있으며 이익을 기록하는 온라인 유통 업체가 전무한 상황이다. 그 동안 긍정적 측면보다는 부정적 측면이 더 큰 비중으로 산업 전체를 누르고 있었다. 모바일 채널 고성장에도 불구하고 전체 외형 성장률은 계속 떨어졌으며 경쟁 심화로 모바일 채널 수익성 역시 하락해왔다. 채널 간 새로운 균형은 홈쇼핑 업체들의 추세적인 성장률 회복 가능성을 의미한다. 인터넷 PC와 TV 채널 취급고 감소 폭이 크게 둔화되고 모바일 채널 취급고 비중이 커지면서 채널 믹스 개선에 의한 외형 성장률 회복이 이뤄질 전망이다.

셋째, 온라인 유통 시장의 구조조정 가능성도 빼놓을 수 없다. 온라인 유통 시장은 오픈마켓(11번가, G마켓, 옥션 등)과 소셜커머스(쿠팡, 위메프, 티켓몬스터 등), 홈쇼핑 3개 업종의 치열한 전쟁터가 되고 있다. 모바일 채널이 크게 신장할 때는 이에 편승해서 경쟁 열위에도 불구하고 고성장을 이어가는 업체들이 생존할 수 있었다. 하지만 시장 성장이 둔화될 경우 애기가 달라진다. MS 경쟁이 더욱 치열해질 수 있고 경쟁 열위에 있는 업체들의 성장률은 크게 떨어질 수 있다. 재무구조가 열악한 업체들의 추가적인 자본 확충은 어려워질 가능성이 크다. 대체로 소셜커머스 업체들이 이에 해당한다.

 이렇게 되면 모바일 쇼핑 시장은 상위 5개 사 정도로 시장점유율이 압축되면서 경쟁은 다소 완화되고, 역마진의 왜곡된 사업구조 역시 정상화될 가능성이 크다.

글로벌 신약·진단 시장 확대 쌍끌이 호재에 2차 랠리 기대

신재훈 이베스트투자증권 애널리스트

▼ 2015년 국내 주식 시장에서 제약·바이오섹터는 그 어느 업종보다 뜨거웠다. 상반기에는 이른바 '바이오 랠리'라는 말이 나올 정도로 제약·바이오섹터가 시장수익률을 크게 웃돌았다. 다만 바이오 랠리의 방향성은 타당했지만 속도는 다소 과도했던 측면이 있다. 현재는 굵직한 이벤트들이 마무리되면서 조정을 통해 안정을 되찾은 상황이다.

연중에 코스피 의약품업종지수는 100% 이상의 상승을 보였고, 시가총액 비중 또한 전체 시장의 5%를 웃도는 기록을 세웠다. 제약·바이오섹터 주가가 상승할 수 있던 원동력은 국내 업체가 개발한 의약품의 해외 진출 가능성이 높아졌기 때문이다.

코스닥 대장주 셀트리온은 세계 최초의 항체 바이오시밀러인 램시마를 개발해 유럽에 판매하고 있으며 미국 FDA의 허가를 기다리는 중이다. 셀트리온의 파트너 업체인 호스피라가 2015년 2월 글로벌 최대 제약 기업인 화이자에 인수되면서 램시마의 판매 호조에 대한 기대감이 커지고 있고, 실제 유럽 시장 침투율도 높여가고 있는 추세다. 한미약품은 글로벌 제약 업체 일라이릴리와 BTK 저해제

HM71224, 베링거인겔하임
과 항암제 HM61713에 대한
대규모 기술수출을 성공시키
면서 연이은 낭보를 알렸다.

제약·바이오 업체의 연구개
발(R&D)은 멈추지 않는다.
오랜 연구개발을 통해 만들어
진 의약품의 해외 진출 가능성은 향후에도 주가에 반영될 전망이다. 2016년에
는 2015년보다 더욱 풍성한 이벤트가 있을 것으로 기대된다.

바이오시밀러 시장 확대

우리나라는 지금 바이오시밀러 개발의 중심에 있다. 특히 시장 규모가 큰 항체
바이오의약품의 시밀러 개발은 단연 선두라고 할 수 있다. 셀트리온의 레미케이
드 바이오시밀러 램시마는 이미 유럽과 일본에서 활발하게 처방되고 있다. 삼성
바이오에피스의 엔브렐 바이오시밀러 SB4와 레미케이드 바이오시밀러 SB2는
유럽의약국청(EMA)에 승인을 신청한 상태다.

미국 민주당의 유력한 대통령 후보인 힐러리 클린턴 전 국무부 장관은 정부 보
건지출 축소를 위한 복제약 권장 정책의 하나로 생물학적제제 독점 발매 기간을
기존 12년에서 7년으로 단축하겠다는 내용을 대선 공약으로 내세웠다. 이에 따
라 향후 바이오시밀러 시장은 더욱 확대될 것으로 예상되며 국내 바이오 업체도
여기에 발맞춰 2016년 다양한 품목의 승인과 허가 신청을 준비 중이다.

먼저 셀트리온의 램시마는 유럽에 이어 미국 시장 진출이 가능할 것으로 보인
다. 2016년 상반기 FDA의 관절염 자문위원회에서 승인권고 의견과 판매허가
를 획득할 것으로 예상된다. 리툭산 바이오시밀러 CT-P10과 허셉틴 바이오시
밀러 허쥬마는 EMA 판매허가 신청에 돌입할 예정이다. 램시마에 이어 세계에

서 첫 번째 바이오시밀러 제품으로 허가를 신청하는 CT-P10과 허쥬마는 또 한 번 바이오시밀러 시장에 큰 변화를 일으킬 전망이다.

삼성바이오에피스의 SB4와 SB2는 EMA 승인이 예상되며 자가면역질환 항체 치료제 시장에 바이오시밀러로는 셀트리온 램시마의 뒤를 이어 성공적인 출시가 기대된다.

글로벌 신약 개발 성과 가시화

글로벌 신약이 탄생하기 위해서는 세계 의약품 시장의 80% 이상을 차지하는 미국과 유럽 시장 공략이 필수적이다. 2013년에 셀트리온의 램시마가 EMA의 승인을 받았으며 2014년과 2015년에는 동아에스티의 슈퍼항생제 시벡스트로가 FDA, EMA 승인을 획득했다.

신약 개발을 위한 기술수출 계약도 활발히 진행되고 있다. 2016년에는 SK케미칼의 NBP601, 메지온의 유데나필이 FDA 최종 판매허가 획득이 예상된다. 동아에스티의 DA-9801, 한미약품의 퀀텀프로젝트, 종근당의 CKD-506 등의 기술수출도 기대되는 신약 파이프라인이다.

SK케미칼의 NBP601은 혈우병 치료제 신약으로 2009년에 호주의 글로벌 바이오 업체인 CSL사로 기술수출된 제품이며 현재 신약허가 신청 단계에 있다. NBP601의 특장점은 기존 혈우병 치료제 대비 처방 횟수를 감소시켜 환자의 투약 순응도를 개선시킨다는 것이며 발매 후 CSL사가 공격적으로 글로벌 시장에 판매를 시작할 예정이다. SK케미칼은 발매 이후 매출액 대비 5% 수준의 로열티를 받게 된다. CSL이 본래 혈우병 치료제를 판매하고 있었고 글로벌 판매망을 보유하고 있는 업체임을 감안하면 적지 않은 매출을 통해 SK케미칼에 상당한 로열티 수입을 갖다줄 것으로 기대된다.

메지온의 발기부전 치료제 유데나필은 FDA에 신약허가를 신청해놓은 상태며 승인 시 파트너 업체를 통해 판매된다. 발기부전 치료제 외에 폰탄수술 치료제로 임상 3상 진입도 예상된다. 폰탄수술이란 선천적으로 단심실을 보유한 심장 기형 환자에게 시행하는 수술. 수술 후에도 20세가 되면 폐혈관 내 저산소증으로 대부분 사망한다. 현재 미국국립보건원(NIH)의 임상기관과 임상을 진행하고 있으며 임상 3상 진입이 임박해 있다.

한미약품의 퀀텀프로젝트는 차세대 당뇨 치료제인 GLP-1 receptor agonist 계열 약물과 인슐린 그리고 두 제품의 콤보 제형으로 이뤄져 있으며 기존 치료제의 용법·용량을 개선한 지속형 제품이다. 퀀텀프로젝트는 한미약품이 가장 많은 R&D 비용을 집행한 프로젝트로 다국적 제약사에서도 적지 않은 관심이 있는 것으로 알려져 있는 만큼 기존의 기술수출 금액을 뛰어넘는 라이선스 계약을 기대해볼 수 있다.

동아에스티의 당뇨병성 신경병증 치료제 DA-9801은 산약과 부채마 성분의 천연물신약으로 현재 미국 임상 2상이 종료됐으며 2016년에 임상 3상이 예정돼 있다. 종근당의 자가면역 치료제 CKD-506은 2016년 상반기에 전임상을 완료하고 임상 1상에 진입하면서 기술수출 가능성을 높여가고 있다.

과거 우리나라의 제약 업체들은 영세한 규모로 인해 연구개발에 큰 비용을 집행할 수 없었다. 하지만 최근 몇 년 새 매출과 이익 규모가 증가하면서 신약 R&D 투자를 늘리고 있고 점점 더 다양한 파이프라인을 보유하게 됐다. 오랜 기간 연구개발이 진행되면서 향후 파이프라인의 상업화를 기대하는 제약·바이오 업체가 증가할 것으로 예상된다.

예방과 진단 시장 확대

의료 서비스의 패러다임이 치료에서 예방과 진단으로 이동하고 있는 것도 눈에 띄는 변화다. 질병의 종류와 증상이 다양해지면서 치료 비용이 점점 증가하고 있어 이를 사전에 예방하는 것이 환자의 비용 부담과 삶의 질 측면에서 훨씬 바람직하기 때문이다.

2016년 백신과 진단 시장은
지속적으로 확대될 것으로 예
상된다. 오랜 기간 동안 프리
미엄 백신 사업에 총력을 기울
여온 SK케미칼은 국산화되지
않은 4종의 프리미엄 백신(대
상포진, 폐렴구균, 자궁경부
암, 로타바이러스)을 개발 중
이다. 대상포진 백신은 MSD

2016년 바이오 업계 기대되는 이벤트

셀트리온	램시마	미국 FDA 승인
	허쥬마	유럽 EMA 승인 신청
	CT-P10	유럽 EMA 승인 신청
삼성바이오에피스	SB2	유럽 EMA 승인
	SB4	유럽 EMA 승인
SK케미칼	NBP601	미국 FDA 승인
메지온	유데나필	미국 FDA 승인
	폰탄 치료제	미국 임상 3상 승인 신청
동아에스티	DA-9801	미국 임상 3상 승인 신청
한미약품	퀀텀프로젝트	기술수출 기대
종근당	CKD-506	기술수출 기대

의 조스타박스가 글로벌 시장을 독점하고 있다. 국내에서는 녹십자가 유통을 담
당하고 있는데, 연간 550억원의 매출을 기록 중이다. SK케미칼은 2016년 상
반기에 대상포진 백신을 출시할 예정이다.

폐렴구균 백신은 정부에서 국가필수예방접종(NIP)을 통해 컨트롤하고 있는 제
품으로 2014년부터 무료접종이 시작됐다. SK케미칼의 제품은 2016년 상반기
에 출시될 전망이다. 자궁경부암 백신은 2016년부터 국가필수예방접종에 편입
돼 만 12세 여아에게 무료로 접종될 예정이며 SK케미칼은 2017년도 출시를 목
표로 하고 있다. SK케미칼이 개발한 백신이 상용화된다면 시장의 판도를 충분
히 바꿀 수 있으며 프리미엄 백신의 글로벌 진출도 가능할 것으로 기대된다. 이
미 SK케미칼은 세계 최상위 백신 업체인 사노피파스테르와 차세대 폐렴구균 백
신의 공동개발 계약을 체결해 임상 진입에 박차를 가하고 있다. 이와 유사한 계
약이 나머지 제품에도 적용될 가능성이 높다.

LG생명과학은 액상 혼합 백신 '유펜타(Eupenta)' 개발에 성공했다. 유펜타는
디프테리아를 비롯해 파상풍, 백일해, B형간염, 뇌수막염까지 총 5개의 질환을
예방할 수 있는 제품으로 WHO(세계보건기구)의 PQ 인증을 준비하고 있다. 전
세계적으로 Crucell, GSK를 비롯한 6개 업체만 PQ를 획득한 상태기 때문에,

인증에 성공한다면 상당한 매출을 올릴 수 있을 것으로 기대된다.

진단 시장은 치료의 효율성과 의료비 절감을 위해 개인 맞춤 의료에 대한 관심이 높아지면서 급격하게 성장하는 중이다. 맞춤 의료는 개인의 유전 정보를 질병 진단과 맞춤형 치료, 질병 예측·예방 건강관리 등에 적용하는 것. 정확도가 높고 간편한 진단에 대한 수요가 증가하고 있으며, 특히 질병의 진단과 예방을 목적으로 소변과 혈액 등을 이용해 검사를 시행하는 체외진단 시장이 가장 빠르게 성장하고 있다.

체외진단 시장은 키 플레이어들이 글로벌 대형 업체기 때문에 시장 진입이 어렵지만 국내 업체들의 기술력은 이미 세계적인 수준에 도달해 있다. 또 가격 경쟁력도 확보하고 있기 때문에 향후 빠르게 변하는 시장에서 적지 않은 영향력을 발휘할 것으로 기대된다. 국내 체외진단 시장은 글로벌 대비 1% 수준에 머물러 있으며 중국과 이머징 국가를 포함해도 약 20%를 넘지 못한다. 하지만 앞으로 정부의 헬스케어 지원 정책 등에 힘입어 급격하게 성장할 전망이어서 기술력을 확보한 국내 업체에 많은 기회가 있을 것으로 예상된다.

주목해볼 만한 업체로는 글로벌 진단 업체인 베크만쿨터(Beckman Coulter), 퀴아젠(Qiagen)과 ODM 계약을 체결하고 추가 공급계약을 추진 중인 씨젠, 미국을 비롯해 일본, 뉴질랜드, 중국 진출을 통해 향후 매출 성장 본격화가 기대되는 혈당측정기 업체 아이센스, 국제기구에 말라리아 진단키트를 납품하고 고수익의 HIV, G6PD의 매출 증가가 기대되는 엑세스바이오, 차세대 염기서열분석(NGS) 기반의 비침습산전검사(NIPT)의 선두주자이자 DNA칩 유럽 진출과 분자진단의 동남아 진출을 계획하고 있는 랩지노믹스 등이 있다.

진단 산업은 선진국 시장의 수요가 증가하면서 급격하게 성장했으며 향후 이머징 국가와 정책적인 수요의 증가에 따라 구조적으로 다시 성장궤도에 진입했기 때문에 당장의 시장 성장에 투자 포인트를 맞추기보다는 시장에 대한 지속적인 관심이 필요한 산업이라 할 수 있다.

7년간의 박스권 탈피…
대형주 대안 가치 여전

이정기 | 하나금융투자 애널리스트

▼ 2015년 중소형주 시장은 그 어느 해보다 뜨거웠다. 2008년 이후 약 7년 동안 넘지 못한 600선을 넘어 코스닥지수가 최고 778포인트를 기록했다. 7년 간의 450~550포인트의 박스권을 넘어 이처럼 고공행진을 한 이유는 4가지로 요약할 수 있다.

첫째, 바이오 · 화장품주 호황이 중소형주 시장을 견인했다. 둘째, 거시경기 부진에 따른 코스피(KOSPI)의 약세로 중소형주로 매수세가 유입됐다. 셋째, 한국거래소(KRX)의 IPO(기업공개) 시장 활성화 노력과 코넥스 시장에서의 코스닥 시장 이전상장이 빛을 발했다. 넷째, 글로벌 경기 영향으로 코스닥 시장에 기관과 외국인의 관심이 지속적으로 높아졌다.

이 같은 다양한 요인들의 복합적인 작용으로 2015년 코스닥 시장은 활황세를 이어갔다. 하지만 그 원천은 불행하게도 '경기 부진'이라는 하나의 공통된 요인으로 귀착된다. 글로벌 경기 부진, 국제유가 · 상품 가격의 하락, 유로존 디플레이션 우려, 중국 경기 침체 등이 대형주의 약세를 야기했고 이로 인해 중소형주가 코스피의 대안으로 대두되면서 코스닥지수는 7년 만에 600선 돌파가 가능했다.

투자자들이 '코스피'라는 시장 자체에 투자하기보다는 개별 기업에 더욱 관심을 가지며 숲보다는 나무에 투자했던 것도 코스닥 상승의 주요 요인으로 판단된다. 성장성이 높은 바이오·화장품에 대한 집중 투자, 핀테크·인터넷전문은행·삼성페이 등 금융과 IT의 조합에 대한 관심, 모바일 관련주(모바일 게임, 모바일 액세서리, 핸드셋 부품)에 대한 높은 밸류에이션 평가 등이 2015년 중소형주 시장을 이끌었던 핵심 테마였을 정도로 투자자들은 경기 민감 산업보다는 개별 이슈에 더 많은 관심을 기울였다.

이런 흐름은 2016년에도 이어질 것으로 본다. 경기 부진까지는 아닐지라도 경기 호전에 대한 불확실성의 이유로 대형주에 대한 관심보다는 중소형주에 대한 집중이 2016년에도 지속될 것이다. 이런 흐름은 코스닥 시장의 양적·질적 팽창을 가져올 전망이다.

2016년에 투자자들의 관심이 집중될 만한 개별 이슈와 테마는 어떤 것들이 있을까. 대략 6가지로 예상해볼 수 있다.

인터넷전문은행과 삼성페이를 필두로 한 금융과 IT의 만남, 사물인터넷(IoT)의 본격적인 개화와 시장 확장, 엔터테인먼트·미디어·게임 등 콘텐츠 기업에 대한 중국 기업의 지분 투자, 대기업들의 적극적인 투자로 새 국면을 맞는 바이오 산업(삼성바이오로직스의 상장), 2015년에 유망했던 화장품의 지속적인 선전, 유엔기후변화협약 당사국총회(COP21)가 가져올 환경, 공해, 에너지에 대한 관심 등이다.

경기 호전 불확실해 대형주보다 중소형주 더 유망

2016년 유망 테마들에 대한 투자 전망을 각각 살펴보기로 하자.

먼저 인터넷전문은행과 삼성페이를 필두로 한 금융과 IT의 만남이다.

국내 모바일 결제 시장 규모는 2015년 2분기 기준 5조7200억원이다. 향후 시장이 확대될 것으로 예상됨에 따라 10개가 넘는 간편결제 서비스가 생겨났다.

여러 간편결제 사업자들은 온·오프라인 결제 시장에서 편의점, 쇼핑몰, 영화관 등과의 마케팅 제휴를 통해 시장점유율을 확보해나갈 것으로 보인다. 제휴 혜택과 결제의 편의성이 증가하면서 소액결제 건수도 늘어날 것으로 예상되며, 간편결제가 편리해짐에 따라 역직구가 늘어날 수도 있겠다. 간편결제 시장의 확대는 중장기적으로 VAN사와 PG사에 수혜가 돌아갈 것으로 전망된다.

삼성페이의 경우 근거리무선통신(NFC) 기술과 더불어 마그네틱 보안 전송(MST) 기술을 활용한 결제 방식을 사용한다. 오래된 카드단말기를 제외하고 대부분의 카드단말기에서 삼성페이를 사용할 수 있어 오프라인 결제에서 '범용성'이 높다는 장점이 있다. 삼성전자는 삼성페이를 프리미엄폰에서 중저가폰으로 확대해나갈 방침이다. 삼성페이 수혜주로는 인증 서비스를 제휴한 업체와 삼성전자에 삼성페이 관련 부품을 제공하는 업체일 것으로 판단된다.

스마트폰 보급이 확산되면서 스마트폰을 활용한 비대면 채널의 중요성도 확대되고 있다. 금융위원회는 2016년 상반기에 인터넷전문은행 본인가를 내줄 계획이다. 인터넷전문은행은 중금리(약 10%) 대출로 시중은행과 카드론·대부 업체 간의 금리 단층 문제를 해소할 전망이다. 또 MST, 바코드결제 등 간편결제 기술과 모바일 금융의 연동으로 내년에는 간편결제와 인터넷뱅킹이 더욱더 화두가 될 것으로 예상된다.

사물인터넷은 각 사물에 센서·통신 기능을 내장해 인터넷에 연결하는 기술을 말한다. 가트너에 따르면 사물인터넷에 연결된 사물의 개수는 2009년 9억개에서 2020년 260억개로 증가할 전망이다. 이와 같이 무한한 성장이 잠재된 IoT 시장은 아직 초기 단계므로, 2016년 또한 새로운 IoT 이슈가 계속 부각될 것이다.

셋째, 미디어·콘텐츠·게임 기업에 대한 중국의 지분 투자다.

중국의 대형 미디어·콘텐츠·게임 기업들의 국내 업체에 대한 지분 투자 사례가 증가하고 있다. 중국 내 미디어·콘텐츠 산업은 2004년부터 연평균 20%의 고성장을 기록 중이다. 이에 따라 중국 기업의 투자는 제조업에서 미디어·콘텐

2016년 유망 테마

핀테크	인터넷뱅크	2016년 상반기에 인터넷은행 본인가가 나올 예정으로 중금리(약 10%) 대출 시장 확대와 간편결제 사업자와의 사업 시너지 기대
	삼성페이	삼성페이의 마그네틱 보안 전송 기술 결제 방식 채택으로 오프라인 간편결제 시장 확대 기대
	간편결제	간편결제 사업자의 편의점, 쇼핑몰, 영화관 등 제휴 마케팅 확대로 소액결제 건수 증가 기대
IoT	센서	센서는 IoT 발전의 필수 요소로서 IoT 초기 발전의 가장 중요한 부분이 될 것
	스마트홈	IoT 중 가장 현실적이고 가시적인 성장을 보이고 있으며, 최근 스마트 보일러 등 홈오토메이션 부각 중
	보안	IoT 연결 기기의 70% 이상이 보안되지 않는 정보로 전송됨에 따라 IoT 보안은 선해결돼야 할 필수과제
콘텐츠	1인 미디어	아프리카TV, 마이리틀텔레비전 등 인터넷 미디어 플랫폼을 활용한 1인 미디어 콘텐츠 증가
	Online to Offline	카카오택시, 배달 앱 등 온라인 콘텐츠를 기반으로 고객을 모집하고 오프라인 매출을 창출하는 새로운 마케팅 시대 도래
	중국 문화 콘텐츠	중국과의 독점 파트너십 체결과 중국의 한국 콘텐츠 기업 투자사례 확대
	스트리밍 서비스	미국 기업 넷플릭스의 가파른 성장과 국내 '신서유기'의 성공 → 스트리밍 서비스 시장 영향력 확대 전망
바이오	CAR-T	인체의 면역 기능과 유전자 재조합 기술이 결합해 진정한 의미의 암 치료가 가능한 차세대 항암제로서의 가능성
	유전자가위	CRISPR 가위 개발로 인한 산업적 용도로의 급속한 발전, 유전자 치료·유전자 변형 식품 등 다양한 분야로의 응용이 가능 기술
	바이오시밀러	미국 등 주요 선진국의 재정 불균형 심화로 인한 바이오시밀러 지원 정책 확대 기대
화장품	원료	한국 화장품은 철저한 제조관리 공법과 천연원료를 바탕으로 한 신제품 라인업을 보유하고 있어, 중국 소비자들의 신뢰가 높은 상황
	부자재·포장재	화장품 브랜드 이미지를 용기를 통해 전달, 국내 1위 화장품 용기 제조 업체인 연우가 11월 상장으로 관련 기업들 관심 높아질 전망
	ODM	중국 내 로컬 브랜드들은 치열한 경쟁 속에 브랜드력과 상품력을 올리기 위해 한국 ODM과의 협업에 대한 니즈가 큰 상황
환경·공해·에너지	친환경자동차	제21차 유엔기후변화협약이 다가옴에 따른 '온실가스' 감축을 위한 친환경자동차 수요 증대 예상
	자동차 경량화	에너지 효율과 전기자동차로의 트렌드 변화에 대비한 자동차 경량화 가속화
	저가항공	미주·유럽 등 중장거리 노선 운영 본격화 시 저가항공사 두각 전망
	건물관리	프리미엄 아파트와 빌딩·SOC 등 IT 기술을 활용한 스마트 건물관리 시대 도래
	로봇	인건비 상승과 산업 공정 세밀화로 인한 로봇 수요 증대
	건자재·인테리어	신규·재건축·재개발 증가로 인한 건자재와 인테리어 수요 증대 예상

츠로 이동하고 있다. 특히 한류로부터 시작된 국내 콘텐츠에 대한 수요가 충분한 상황이다. 넷마블, 파티게임즈 등 게임 업체에 대한 지분 투자로 시작돼 NEW, 키이스트, 초록뱀미디어, 레드로버 등 미디어·콘텐츠 업체에 대한 투자도 지속

적으로 진행 중이다.

2012~2014년간 국내 문화 콘텐츠 수출 증가 속도는 연평균 7.3% 수준으로, 전체 수출 증가율(1%)보다 훨씬 높은 수준이다. 이에 따라 중국 기업의 지분 투자 또한 계속해서 진행될 것으로 전망한다. 현재까지 중국 기업의 지분 참여는 게임에서 미디어·콘텐츠로 확대됐으며 2016년 또한 미디어·콘텐츠의 투자가 이어질 것으로 예상한다. 미디어·콘텐츠 업체 중 특히 2016년에 주목해야 할 부문으로는 아직 중국 지분이 진입하지 않은 온라인 콘텐츠 보유 업체, 신규 미디어·콘텐츠 보유 업체, 중소형 영화·드라마 제작사 등을 제시한다. 또한 기존 지분 참여 기업의 추가 지분 투자 또한 가능할 것으로 본다.

대기업들의 적극적인 투자로 새 국면을 맞는 바이오 산업도 눈길을 끈다.

국내 바이오 산업은 의약품에서부터 농업, 에너지, 화학 분야 등에 이르기까지 영역이 확대되면서 지속 성장할 것으로 예상된다. 그중에서도 가장 성장성이 높은 의약품 시장을 잡기 위한 대기업들의 진출이 더욱 활발해질 것으로 보인다.

2020년 글로벌 바이오의약품 시장 규모는 1600조원을 웃돌 전망이다. 국내 바이오의약품 시장 규모도 2조원(2014년 기준)으로 연평균 11.5% 성장하고 있다. 특히 최근에는 대기업들의 제약·바이오·관련 사업 진출이 시작됐다. 국내 바이오의약품에서 대부분을 차지하고 있는 바이오시밀러는 평균적으로 1품목당 6년의 개발 기간과 20억원의 비용이 수반된다. 이에 따라 기술력을 보유하고 있더라도 다양한 규제·개발 성과를 기다리기 위해서는 자금력을 보유한 대기업들의 성공 가능성이 높을 수밖에 없다.

2015년에 유망했던 화장품의 지속적인 선전도 예상된다.

2015년 8월 중국의 화장품 총 수입액은 2억2800만달러로 전년 동월 대비 32.2% 증가했다. 중국 내 문화적 코드가 비슷한 아시아 화장품에 대한 선호가 높아지면서 한국·일본 화장품의 수입액은 큰 폭으로 늘고 있다. 거시경제 측면에서도 화장품업종의 긍정적 시각을 견지한다. 중국은 현재 구매력 평가 기준 1

인당 소득이 1만3800달러로 과거 한국, 일본에서 뷰티 품목들의 고성장세가 나타난 시점과 일치한다.

한국 화장품 산업은 아시아 최대 화장품 국가였던 일본의 방사능 노출 위험·대외관계 악화로 경쟁력을 잃어가는 와중에, 한류와 함께 성장의 시기를 맞고 있다. 화장품 밸류체인별로 살펴보면 부자재·포장재에서 화장품 용기 업체들에 대한 수요 증가가 나타나고 있다. 국내 1위 화장품 용기 전문 제조 업체인 연우가 2015년 11월 상장 예정으로, 관련 기업들의 관심도 역시 높아질 것으로 판단된다.

유엔기후변화협약 당사국총회가 가져올 환경, 공해, 에너지에 대한 관심도 높다. '제21차 유엔기후변화협약 당사국총회'가 2015년 11월 30일 파리에서 개최된다. COP21의 내용은 명료하다. 온실가스 감축 의무 부담에 있어 기존의 교토의정서는 '선진국'만이 의무를 지녔지만, COP21 체제하에서는 '개발도상국'까지 온실가스 감축 의무를 지는 것이다. 이에 따라 2016년에는 온실가스 감축에 대한 테마가 시장을 지배할 것으로 예상된다.

결론적으로 중소형주는 2016년에도 대형주보다 강한 모습을 보일 것으로 판단한다.

코스닥은 뜨거운 활황세를 보인 2015년 상반기를 뒤로하고 우려스러운 2016년을 맞이하고 있다. 2015년 하반기 큰 폭의 조정을 받은 코스닥 시장이지만 특별한 호재가 없는 현 상황에서, 경기 호전에 대한 불확실성의 이유로 대형주에 대한 관심보다는 중소형주에 대한 집중이 2016년에도 지속될 것으로 예상한다.

실물경기 회복이 둔화된 상황이기에 2015년 초와 같은 코스닥 강세장을 예상하진 않는다. 그럼에도 중소형주는 대형주에 비해 상대적으로 강한 모습을 보이며 코스닥 700선 근방까지 상승할 것으로 전망한다. 실물경기 둔화에 따른 대형주들의 펀더멘털 악화는 코스닥 시장의 상대적인 강세로 이어질 가능성이 크다. 지수의 상승이 전체 시장을 이끌었던 2015년과는 달리, 2016년은 유망 테마 위주의 종목 차별화가 필요한 시점으로 판단한다.

〈부동산〉

반포·압구정 재건축 들썩
수도권 택지지구도 유망

박합수 KB국민은행 명동스타PB센터 부센터장

▼ 2016년 눈여겨볼 만한 아파트 투자처는 크게 서울 재건축과 재개발 시장, 그리고 수도권 택지지구로 나뉜다.

반포·압구정 – 한강 조망권 프리미엄 기대

서울 서초구 반포는 서울에서 재건축 사업 속도가 가장 빠른 지역 중 하나다.

반포 지역은 주거 여건 측면에서 3박자를 모두 갖췄다. 첫째, 세화고·세화여고 등 학군이 좋다. 둘째, 교통 면에서는 서울 한가운데 위치해 있어 사통팔달의 입지를 자랑한다. 지하철은 3·9호선, 올림픽대로, 반포대교와 동작대교, 한남대교, 경부고속도로를 이용하면 수도권 전 지역으로의 접근성이 우수하다. 셋째, 주거 환경 측면에서 한강변에 접해 있어 조망권 가치가 부각된다. 인근에 신세계백화점과 서울성모병원, 국립중앙도서관 등 각종 편의시설도 갖춰져 있다.

반포는 한강변을 기준으로 뒤편에 위치한 '반포래미안퍼스티지(반포주공2단지 재건축)'와 '반포자이(반포주공3단지 재건축)' 등이 먼저 개발됐으며, 최근에는 한강 전면 단지들 개발이 본격화됐다. 우선 반포주공1단지는 재건축계 블루

칩 단지다. 5층 높이 저밀도 아파트인 데다 중대형 평형으로 구성돼 재건축할 경우 사업성이 높은 곳으로 꼽힌다. 이 단지는 한강 전면에 위치한 1·2·4주구와 도로 뒤편에 있는 3주구가 따로 재건축을 추진 중인데, 서울시의 한강변 높이 제한에 따라 35층으로 지어질 예정이다. 현재 3509가구 규모인 이 단지는 재건축 후 가구 수가 두 배 이상 늘어나 반포 지역 랜드마크가 될 전망이다.

바로 옆에는 신반포한신1차를 재건축하는 '반포아크로리버파크' 건축 공사가 한창인데, 이 단지는 3.3㎡당 분양가가 4000만원을 넘어서며 관심이 집중되기도 했다. 그 옆으로 신반포한신3차와 23차, 경남아파트 3개 단지가 통합재건축을 추진 중이다. 이 단지는 한강변과 반포대교 라인에 접해 있어 조망권을 'ㄱ'자로 확보할 수 있다는 장점이 있다. 3000가구 이상으로 재건축될 경우 바로 건너편에 위치한 반포래미안퍼스티지 명성을 뛰어넘을 것으로 예상된다.

반포가 서울시 아파트값을 주도할 수 있었던 가장 큰 원동력은 다른 지역에 비해 재건축 단지가 새 아파트로 바뀌는 과정이 빨랐다는 점이다. 이런 일련의 과정이 연속해서 나타날 경우 반포의 가치는 당분간 이어질 가능성이 크다.

압구정 일대 단지들은 2016년 초 정비 계획이 수립되고 개발 윤곽이 잡히면 투자 기대감이 높아질 것으로 보인다. 명실상부 '전통 부촌' 아파트로서 상징적인 가치가 있는 만큼 재건축된 후에도 대표 부촌으로 자리매김할 것으로 예상된다. 다만 압구정 일대 단지들은 거주자 상당수가 노년층이어서 재건축 추진 의지가 높지 않다. 비록 낡기는 했으나 중층 중대형 평형으로 구성돼 있어 내부 수리를 할 경우 당장 거주에는 문제가 없기 때문이다. 재건축 사업 추진 과정에서 주민 정서상의 문제를 어떻게 극복할 것인지가 관건이다.

개포·대치·도곡 – 준신도시 규모 아파트 단지 들어서

서울 강남구 개포지구는 대단위 아파트 밀집지역으로 그동안 길고 긴 사전 준비 단계를 거쳐 본격적인 재건축 사업 진행 단계에 접어들었다. 2015년 '개포주공2단지' 이주에 이어 '개포주공3단지' '개포시영' 순으로 사업 속도가 높아지고 있다. '개포주공4단지'와 '개포주공1단지'도 많이 늦지는 않을 것으로 보인다. 재건축 사업이 완료되면 개포지구는 1만6000여가구 규모의 새로운 스마트시티로 변모할 것이란 기대를 받는다.

여기에 인근 구룡마을이 2126가구(임대주택 1118가구 포함) 규모로 개발되고, 개포8단지가 2500여가구 규모로 지어지면 개포 일대는 약 2만여가구의 신도시급 지역이 된다. 4만3000여가구 규모의 위례신도시 절반에 가까운 규모다. 개포는 이미 전용면적 85㎡ 분양가가 10억원도 넘는 가격에 책정되면서 개발 기대감이 높아진 상태다.

이 일대가 대규모 아파트 단지로 바뀔 경우 새 아파트를 선호하는, 강남구 대치·도곡동 부유층이 대거 이주해올 것으로 기대된다. 이 외에 부유층의 2세, 양재천과 구룡산·대모산 자락에 조성된 쾌적한 자연 환경을 원하는 노후 은퇴 수요자의 진입도 기대된다. 다만 투자 차원에서는 대략 70% 정도가 중소형으로 구성돼 있고 물량이 워낙 많아 높은 가격 탄력성을 기대하기는 다소 무리일 수 있다.

대치·도곡은 대치청실을 재건축한 '대치팰리스' 집값이 고공행진을 함에 따라 점차 기대감이 높아지고 있다. 대치청실은 전용면적 85㎡의 가격이 15억원에 육박하면서 일대 중층·중대형 단지의 재건축 사업에 자극제 역할을 하고 있다. 향후 이곳은 투자 관점에서 대형 아파트에 대한 기대가 더욱 커질 것으로 예상된다. 타워팰리스 거주자뿐 아니라 인근 부유층의 경우 대형에 거주하려는 희망이 더 크기 때문에 향후 가격 경쟁력을 확보하려면 중소형보다 대형의 희소성 가치가 부각될 수 있다.

둔촌주공·고덕주공 – 강남 접근성 좋고 녹지 풍부

5930가구 규모의 서울 강동구 둔촌주공은 1~4단지 통합재건축이 완료되면 1만1106가구로 재탄생하게 되는데 단일 단지로는 1만가구를 넘는, 전국 최대 아파트 단지가 될 예정이다.

둔촌주공은 배후에 일자산과 올림픽공원이 위치해 쾌적한 녹지와 문화 환경을 갖춘 데다 교육 여건 면에서도, 사방을 연계하는 도로 교통 측면에서도 입지가 우수한 지역이다. 여기에 지하철 9호선이 2018년 개통을 앞두고 있어, 그동안 취약점이었던 강남 접근성이 획기적으로 개선될 전망이다. 삼성동 코엑스까지 10개 정거장 안에 접근이 가능해진다. 둔촌주공은 아산병원과 보훈병원 등 편의 시설도 괜찮아 중산층의 노후 은퇴 주거지로서도 손색이 없다. 향후 가락시영이 재건축되는 '송파헬리오시티(9510호)'와 어깨를 나란히 할 것으로 기대된다.

고덕주공 일대도 재건축 사업이 빠르게 진행 중인 지역이다. 이미 입주를 마친 '고덕아이파크(고덕주공1단지 재건축)', 고덕시영을 재건축하는 '고덕래미안힐스테이트'는 2017년 2월 입주를 앞두고 있다. 이 외에도 고덕주공은 2015년 분양을 마친 '고덕숲아이파크(고덕주공4단지 재건축)'를 비롯해 2·3·5·6·7단지, 삼익그린 1차까지 재건축이 이뤄질 경우 전체 2만603가구 규모로 탈바꿈한다.

고덕주공은 사방이 근린공원으로 둘러싸여 쾌적한 자연 환경을 갖춘 데다 교육 여건 등 주거 환경 측면에서도 안정적인 곳이다. 도심 방향인 지하철 5호선 외에 강남 접근이 가능한 지하철 9호선이 2020년경 개통 예정인데 그때가 되면 아파트 가치는 더욱 높아질 것으로 보인다. 배후 한강변에 당초 고덕보금자리지구로 지정됐던 고덕강일1지구가 상업업무복합단지로 조성되는 등 개발 호재도 풍부하다. 다만 2만가구라는 물량 부담이 있는 데다 인근에는 고덕보다 높게 평가되는 둔촌주공이 대규모로 입주하고, 상대적으로 저렴한 강일지구와 하남 미사지구까지 포진돼 있어 가격적으로 강한 탄력을 받기에는 어려운 측면도 있어 보인다.

용산 - 글로벌시티로 탈바꿈 기대

용산은 서울 재개발 지역에 속한다. 이곳은 2016년 미군 용산기지 이전 완료를 앞두고 개발 기대감이 커지고 있다. 우선 2017년부터 공원 조성이 시작되는

데, 사업 기간 10년 동안 1조2000억원의 예산이 투입될 예정이다. 용산공원은 미군 이전 비용까지 합칠 경우 천문학적인 약 5조원의 자금이 투자돼 우리나라 최대 도심공원으로 재탄생한다. 이 공원을 중심으로 주변 개발이 활성화될 경우 그 가치는 뉴욕의 센트럴파크에 버금갈 것으로 예상된다. 공원 남쪽에 있는 용산파크타워와 시티파크는 기존의 가치에 한층 무게를 더할 것으로 보인다.

또한 개발이 진행 중인 용산 국제4구역과 5구역, 이미 완성된 3구역 등은 용산공원의 한 축을 담당할 만한 충분한 역량이 있다. 삼각지 일대 재개발 구역과 종전 미군 주둔 지역이었던 전쟁기념관 건너편 캠프킴 부지, 용산구청 남쪽 유엔사·수송사 부지 등은 공원 접근성 면에서 투자 매력이 있는 곳이다. 용산공원은 향후 미국대사관이 이전하고 공원 조성이 마무리될 즈음, 글로벌시티로서의 면모가 갖춰질 것으로 기대된다. 이태원이라는 특구가 자리한 데다 외국 대사관이 밀집돼 있어 외국인이 가장 선호하는 지역으로 자리매김할 것으로 예상되기 때문이다.

장기적으로 용산은 국제업무지구가 재추진되고 한강과 연계된 개발이 급진전될 경우 그에 따른 시너지 효과도 극대화될 것으로 기대해볼 수 있다. 또한 지지부진한 상황을 보이고 있는 한남뉴타운이 개발되고 원효로 일대 재개발까지 방향을 잡는다면 명실상부한 도심 속 핵심 지역으로서의 입지를 공고히 할 것으로 보인다. 투자 측면에서는 2016년이 중요한 시점이 될 것임에 따라 관심이 필요하다.

하남 미사강변도시 – 사실상 서울 강남 생활권 입지

수도권 택지지구 가운데 경기 하남 미사지구는 '미사강변도시'로 불리며 미래가치에 대한 기대감이 점점 높아지고 있다. 이곳에서도 한강 조망이 가능한 아파트 단지들은 프리미엄이 높다. 교통 면에서도 미사강변도시는 올림픽대로변에 위치해 도로 연계성이 뛰어나다. 지하철 5호선은 서울 도심으로 진입하는 노선으로 2018년 상일동역에서 미사를 거쳐 풍산지구, 덕풍동, 하남시청, 검단산입구로 연결된다. 학교 같은 교육시설이 촘촘히 자리하고 있는 것도 장점이다.

 여기에 유통시설이 가세하며 정점에 이를 것으로 보이는데 다름 아닌 유니온스퀘어다. 신세계 등에서 개발 중인 이 교외형 복합쇼핑몰은 수도권에서는 최대 규모다. 2016년 완공돼 서울 동부권 상권에서 잠실 제2롯데월드와 쌍벽을 이룰 것으로 예상된다. 그동안 하남시의 부족한 점으로 지적되던 지하철과 쇼핑시설이 일거에 갖춰짐에 따라 지역 발전의 새로운 전기가 마련될 것으로 전망된다.

 2020년 이후 하남은 지하철을 통한 강남 접근도 수월해질 예정이다. 5호선 이용 후 고덕역에서 9호선으로 환승할 경우 대략 40여분이면 도착할 수 있게 된다. 그야말로 강동구 외곽에 위치한 하남 미사가 사실상 서울 생활권으로 편입된다는 의미다. 투자 관점에서는 미사지구의 아파트 청약이 관심을 가져볼 만하며, 또한 서울을 크게 벗어나지 않으려는 은퇴 수요자들의 거주지로도 손색이 없다.

고양시 덕양구 – 서울 도심 접근성 뛰어나 집값 상승 예상

 경기 고양시 덕양구는 서울 서북 측에 위치해 경기도 지역 가운데 서울 도심 접근성이 가장 뛰어난 곳이다. 교통은 지하철 3호선으로 연결돼 있으며 은평뉴타운 북쪽에 위치한 지축지구, 삼송지구, 원흥지구가 여기 해당된다. 특히 삼송은 신세계백화점이 들어설 예정인 데다 쾌적한 환경 속에 기반시설이 갖춰져가면서 가치가 상승하고 있다.

 경의중앙선으로 연결되는 행신, 능곡 일대도 향후 미래가치가 높아질 것으로 기대된다. 전철을 이용할 경우 홍대, 마포 · 공덕, 용산 등으로 진입이 바로 이뤄질 뿐 아니라 도로 기반시설이 이미 잘 갖춰져 있어 개발 기대감이 높다. 투자 차원에서는 행신 일대 소형 아파트에 대한 관심은 필요하며, 특히 이 일대는 토지 투자에도 기대를 걸어볼 만하다.

홍대입구에서 확장된 상권
상수·망원동 카페거리 'hot'

선종필 상가뉴스레이다 대표

2015년은 정부의 경기 부양을 위한 부동산 규제 완화 정책과 미분양 물량 해소를 위한 대규모 택지개발지구 백지화 발표 등이 맞물린 한 해였다. 이 영향으로 신도시 상가용지 희소성이 부각되면서 낙찰가율(감정가 대비 낙찰가 비율)이 100%를 훌쩍 넘겼고 일부 인기 지역에선 낙찰가율이 300%대까지도 치솟는 등 과열 양상까지 나타났다.

전체적으로 2015년 상반기 한국토지주택공사(LH) 단지 내 상가의 평균 낙찰가율은 203%에 달했다. 2014년 하반기(174%) 대비 30%포인트 가까이 오른 수치다. LH가 제시한 공급 예정 가격의 2배는 넘게 써내야 상가를 낙찰받을 수 있었다는 뜻이다.

대학 상권 강세 지속될 것…홍대 · 건대 상권 으뜸

2015년 상반기 LH 단지 내 상가 낙찰가율은 2010년 상반기(106%)와 비교해도 두 배 가까이 높은 수준이었다. 2016년에도 상가 투자 열기는 지속될 전망이다. 안정성을 추구하는 중소자금 투자자들의 투자 선호도가 증가하는 추세고,

베이비부머 은퇴도 가속화되
면서 노후생활자금을 안정적
으로 운영하려는 투자 욕구가
계속 늘고 있기 때문이다.

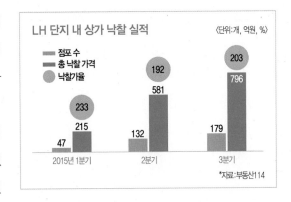

다만 2016년 상가 투자 시
장은 조정 국면을 피할 수 없
을 것으로 보인다. 2015년
과열 분위기 속에 공급됐던 위례·동탄2신도시, 마곡지구 상가들이 준공을 마치
고 입주를 시작하면 당장 상권이 기대에 못 미칠 수 있기 때문이다.

특히나 2016년부터 축소되는 대출 한도는 그동안 저금리 기조에 따른 금융 레
버리지 효과를 극대화하려던 투자자들에게 영향을 미칠 것으로 보인다. 2015년
대출을 앞당겨 수익형 부동산 투자에 나섰던 움직임은 2016년 들어 축소될 가능
성이 있다.

상가 시장이 조정 국면을 맞게 될 또 다른 요인으로 국내 경기의 소비체력을 살
펴볼 필요가 있다. 노령화지수(15세 미만 인구에 대한 65세 이상 노령인구 비
율)는 1996년(21.8) 이후 꾸준히 높아져 2014년 97.3을 기록, 2015년엔 처
음으로 100을 넘어섰다. 2016년은 인구 노령화로 소비 둔화가 시작되는 원년
이 될 수 있다.

이미 이런 소비 둔화의 영향으로 2015년 2분기 서울 주요 상권 임대료는 전
분기 대비 0.2% 하락한 3.3㎡당 8만4480원으로 나타났다. 그중 강남역 상권
임대료가 하락률(-3.2%)이 가장 컸으며 압구정(-2%), 신사역(-0.5%), 삼성
역(-0.5%) 상권의 월 임대료가 하락했다.

반면 이태원 상권 임대료는 전 분기 대비 19.3% 상승하며 강세를 보였다. 공
덕역 상권 임대료도 8.6% 상승했다. 홍대와 신촌도 각각 1.2%, 0.3% 상승률
을 보였다.

임대료 하락장에서도 상승한 주요 상권을 살펴보면 대규모 재건축 입주가 가시화되고 있는 공덕역 상권이나 소셜네트워크서비스(SNS)를 통해 이색 상권으로 급성장하고 있는 이태원 경리단길, 상권이 확대·팽창하고 있는 홍대 상권 등이다. 이들 상권은 2016년에도 확장세가 이어질 것으로 전망된다.

특히 전통적으로 우량 상권으로 평가받는 대학가 상권의 경우에 있어서도 홍대의 변화는 주목할 만하다.

2015년 신한카드가 서울지역 10개 주요 대학 상권의 2009~2014년 매출액 연평균 성장률 관련 빅데이터를 분석한 결과에 따르면 홍익대가 16.9%로 가장 높았고 그다음이 성신여대(14.3%)와 한양대(14.1%) 순이었다. 연세대 상권(7.2%)이 8위, 경희대·한국외국어대 상권(6.7%)이 9위로 조사됐다.

홍대에 상권을 뺏긴 이대 상권이 3.2% 성장하는 데 그쳐 10개 대학 상권 중에는 가장 낮았지만 범 홍대 상권의 성장세는 주목할 만하다. 홍대 상권은 2015년 1분기 매출액 규모(493억원)에서도 1위를 차지했다. 매출액 2위인 건국대 상권은 431억원, 그다음으로 연세대(394억원), 한양대(247억원), 성신여대(150억원) 상권이 뒤를 이었다.

서교동과 동교동에 걸쳐 확장된 홍대 상권엔 클럽, 주점, 영화관, 음식점 등이 빼곡히 들어서고, 2010년 말 공항철도 홍대입구역이 개통한 이후에는 북쪽 연남동 일대에 스몰비어(맥주)집과 게스트하우스가 대거 들어서고 있는 추세다. 연예기획사와 중국인 대상 쇼핑센터가 가세하면서 홍대 상권은 망원동, 성산동까지 확대되고 있다.

여기에 음악가와 미술가들이 둥지를 틀었던 홍대 상권이 자본 중심의 위락 상권으로 변질되면서 치솟는 임대료를 감당하지 못한 예술가들이 서울화력발전소(옛 당인리화력발전소) 인근 상수동 외곽, 주택가였던 망원동으로까지 옮겨가는 모습이다.

그렇다면 앞으로 성장할 만한 상권은 어느 지역일까.

홍대 상권이 확장되고 있다는 점을 고려하면 2016년엔 상수역과 합정역 뒤편에 위치한 서울화력발전소 일대를 성장 유망 지역으로 꼽을 수 있다.

홍대 상권에서 예술인들 옮겨간 상수동

이 일대에는 최근까지 200여곳가량의 작업실이 생기면서 예술가들 모임에서 비롯된 카페거리가 형성됐다. 또 특색 있는 음식점, 액세서리숍과 의류가게들도 줄줄이 생겨나고 있다. 서울화력발전소는 2017년 말까지 생활체육시설, 도서관, 박물관 등 문화공간으로 탈바꿈될 예정이라 유동인구가 증가할 것이란 기대가 크다.

이 지역에선 특유의 입담을 통해 스타강사로 유명해진 김미경 씨가 서울화력발전소 인근 14억5000만원짜리 단독주택을 매입해 카페로 만든 바 있다. 아이돌 그룹 슈퍼주니어 멤버 예성은 2013년 6월 상수동 일대 지하 1층~지상 4층 연면적 283㎡ 규모의 건물을 9억9000만원에 매입했다가 1년 반 만인 2015년 1월 9400만원의 시세차익을 남기고 되팔기도 했다.

이런 추세를 반영하듯 일대 주택 몸값도 3.3㎡당 1000만원 넘게 껑충 뛰었다. 골목가 주택의 경우 3.3㎡당 매매 가격이 3000만원선, 큰 도로변 주택은 4000만원의 시세를 형성하고 있다. 임대료도 1층 66㎡(20평) 기준 월 200만원 수준이지만, 이마저도 입소문을 타기 시작하면서부터는 가파르게 오르고 있다.

정부와 서울시의 정책도 상수지역 상권 기대감을 높이는 요인이다. 최근 서울에서는 신촌~홍대~합정~한강공원을 연결하는 문화관광벨트(이하 신촌 관광벨트)가 조성 중인데 시는 한강 주변 점용허가를 간소화하는 등 제도적인 지원을 확대하고 있다.

입지에 따라 차이는 있겠지만 최근 3년 새

임대료가 40% 이상 가파르게 오른 이태원 경리단길 상권과 비교해볼 필요가 있다. 이태원 경리단길은 40㎡대 규모 점포 임대료가 월 200만~300만원 수준이다. 반면 홍대 정문에서 상수동으로 이어지는 길목 상권의 경우 월 임대료가 1500만원에 달한다. 지난 2008년 470만~490만원에서 3배 수준으로 수직 상승했다. 이런 점을 감안하면 초기 상권 수준을 막 벗어난 상수동지역 임대료는 앞으로도 상승할 여유가 있다고도 분석할 수 있다.

수도권 신도시 상가도 노려볼 만

서울을 벗어나 수도권 신도시를 들여다보자.

수도권 신도시 상권에선 중심상업지구 대로변에 위치한 상가가 인기 투자 상품이다. 상주인력과 유동인구가 많은 곳은 임대 수요가 풍부하고 미래가치도 높은 편이다. 신도시처럼 신규 개발지에 공급되는 상가는 상권 형성 초기에 들어가면 권리금 부담 없이 배후 수요를 선점할 수 있어 유리하다. 공실만 생기지 않는다면 연 5% 이상 수익을 꾸준히 기대할 수 있다.

신도시 상가에 투자하기로 마음먹었다면 층별 장단점과 임대료 분석이 필수다. 3.3㎡당 분양가가 4000만~5000만원대로 비싼 신도시 1층 점포의 경우 수익률은 낮지만 공실 위험이 덜하다. 반대로 2층 이상 고층부 상가는 분양가가 1층보다는 저렴하고 임대수익률이 높은 반면 공실 위험이 큰 편이다.

이미 입주한 동탄1신도시 상가 수익률을 예로 들어보자. 반송동 일대 6억 5000만원에 매물로 나와 있는 1층 상가는 전용면적이 36㎡고 현재 보증금 5000만원에 매달 250만원을 월세로 받는다. 보증금을 제외한 실투자금 대비 연 수익률은 5%다.

같은 지역 8층 상가의 경우 전용면적이 93㎡로 훨씬 넓은데도 매매 가격은 2억2000만원으로 저렴하다. 이 상가는 한 병원이 보증금 1000만원, 월세 120만원에 세 들어 있다. 이 경우 실투자금 대비 연 6.9% 수익을 올린다. 다만 공실 위험을 줄이려면 병원이나 학원, 사무실 등 전문 업종 임차인을 구하는 것이 좋다.

다만 요즘 신도시 신규 분양 상가에 대한 관심이 높은데, 분양받은 후 상권이 활성화되고 자리를 잡기까지 3~4년 넘는 시간이 걸릴 수 있다는 점을 염두에 둬야 한다.

임차인이 甲인 시대
빌딩 무한경쟁 시작

장진택 리맥스코리아 이사

2015년 업무용 부동산, 즉 빌딩 시장은 아이러니한 한 해를 보냈다. 서울 도심과 강남, 여의도 등 서울 주요 업무 지역에서 대형 빌딩이 잇따라 공급됐고 빌딩을 사겠다는 수요가 많아 거래도 늘었다. 하지만 공실이 증가하고 임대료는 하락해 이중고에 시달리기도 했다.

빌딩은 사두면 무조건 돈이 된다는 '빌딩 불패' 진리가 2016년에도 통할지는 미지수다. 빌딩 업계 일각에서는 향후 서울 빌딩 시장에 '공실 폭탄'이 터질 것이란 우려를 제기한다. 서울 도심, 강남, 여의도 등에서 빌딩 공급이 이어지며 2015년 4분기에 접어들었을 당시 빌딩 공실률은 각각 16.1%, 13.7%, 17.5%를 기록, 모두 2014년 같은 시기보다 상승했다.

빌딩 공실률이 증가하면서 실질 임대료도 조정되는 분위기다. 리맥스와이드파트너스 조사에 따르면 2015년 4분기 강남 업무용 빌딩의 3.3㎡당 명목임대료는 6만6570원이다. 2015년 1분기 명목 임대료 6만5816원보다 소폭 상승한 수치기는 하지만 무상 임차기간, 금리 등을 감안한다면 실임대료는 오히려 떨어졌다고 보는 것이 맞다. 실제 최근 상당수 빌딩 임대인들은 임대료 인하보다

서울 주요 지역 업무용 빌딩 공실률   단위:%

구분	2010년	2011년	2012년	2013년	2014년	2015년
도심	9.5	12.8	14.7	12.5	15.8	16.1
강남	9.3	10.9	12.7	12.9	13.4	13.7
여의도	6.5	8.8	12.3	14.1	17.3	17.5

주:4분기 기준 업무용 빌딩 공실률   자료:리맥스와이드파트너스

무상 임차기간 등 옵션 제공에 더 적극적이다. 임대료 인하보다 옵션 등을 제공하는 것이 빌딩 가치의 표면적 하락을 막을 수 있다는 점이 계산된 것으로 보인다. 어쨌든 추가 공실에 대한 부담이 가중됨에 따라 임차인 유치가 어려워지고 있는 게 사실이다. 이와 같은 빌딩 시장 상황은 2016년에도 지속될 가능성이 커 보인다.

2016년 빌딩 시장의 특징을 한마디로 요약하면 임차인이 '갑(甲)'인 시대가 본격적으로 시작될 것이란 점이다. 임차인이 우선인 빌딩 시장은 이미 글로벌 금융위기 이후부터 서서히 진행돼왔다. 이런 추세는 2016년에도 이어지며 자리 잡을 전망이다.

이처럼 급변하는 빌딩 시장 환경은 여러 빌딩 간 무한 경쟁을 초래할 것이다. 과거와 다르게 높은 품질의 서비스로 경쟁하는 시대가 올 것이란 얘기다. 앞으로는 빌딩을 건축하고 소유하는 것만으로는 저절로 경제적 가치가 발생하지 않을 것이다. 빌딩을 이용하는 임차인의 니즈가 다양해지고 더 까다로워졌기에 임대인은 이를 뒷받침하기 위해 상당한 노력을 기울일 필요가 있다. 벌써 수도권 주요 업무 지역에는 임차인에 제공하는 서비스 질에 따라 빌딩이 살아남거나 도태되는 모습이 심심치 않게 보인다. 입지 여건이 떨어지는 빌딩이나 별다른 경쟁력을 갖추지 못한 빌딩은 시장에서 밀려날 수밖에 없다.

이 같은 흐름과 더불어 빌딩 간 차별화 현상도 극심해질 전망이다.

우선 과거 임대료와 공실률 등에서 비슷한 움직임을 보이던 서울 도심, 강남, 여의도 3대 시장이 이제는 각 지역의 수급 상황에 따라 철저히 각자 움직이고 있

는 형국이다. 같은 지역이라도 개별 빌딩 상태에 따라 매매가와 임대료가 큰 차이를 보일 것으로 예상된다. 규모에 따른 편차도 커질 것이다. 예를 들면 중소형 빌딩은 매수자 위주 시장, 대형 빌딩은 매도자 위주 시장의 경향을 띨 전망이다. 500억원 이상 중대형 빌딩의 매입을 희망하는 매수자는 대기 수요가 흘러넘친다. 간접투자 상품의 발달로 투자회사들이 좋은 위치의 안정적인 중대형 빌딩을 선호하다 보니 매수 기회를 잡기가 쉽지 않다. 그만큼 좋은 물건이 귀하다는 방증이다. 반면 중소형 빌딩은 공실률 상승과 수익률 하락 현상의 영향으로 매수자 우위 시장으로 돌아설 전망이다.

논현동 · 양재동 와인거리 눈길

2016년 빌딩 시장 전망을 고려하면 빌딩 투자 때 더욱 신중을 기해 접근해야 할 것으로 보인다. 공실률 상승이 기조 현상으로 굳어지면서 빌딩 투자수익률에 적신호가 켜질 가능성이 크기 때문이다. 경쟁력과 차별성을 갖추지 못한 빌딩은 임차인 구하는 것이 낙타가 바늘구멍 통과하는 것처럼 어려워질 태세다.

따라서 2016년 빌딩 투자 시 일순위 고려 사항은 '공실 우려 없는 빌딩'을 선택해야 한다는 것이다. 해당 빌딩 공실률과 임차인 현황 분석은 기본이며 주변 빌딩의 공실 상태도 점검해야 한다. 눈여겨본 빌딩의 공실률이 15%를 넘어선다면 투자 대상에서 제외할 것을 권한다. 또 현재 공실률뿐 아니라 미래 공실률도 예상해야 한다. 외국계 기업이나 금융사 같은 우량 임차인이 많이 입주해 있을수록 좋은 물건이라고 봐도 무방하다.

그리고 '테마가 있는 빌딩'에 투자 우선순위를 두면 좋다. 다른 빌딩과 비교해 명확한 장점이 있는 물건을 매입해야 한다는 의미다. 입지와 교통 여건, 특히 대중교통 여건이 좋아서 출퇴근이 용이한 곳인지 여부도 기준이 될 수 있다. 또한 빌딩 외관을 비롯해 인지도, 빌딩 설비, 주차장 상태, 층고와 내부 기둥 상태, 로비, 승강기 등과 관련해 경쟁우위를 가진 빌딩을 골라야 한다. 이런 부분에서

하자가 있는 빌딩은 십중팔구 장기 공실의 늪에서 헤어나오지 못하곤 한다.

　근래 빌딩 가격이 많이 오른 지역을 들여다보면 이태원 경리단길, 삼성역 등기소길처럼 특색 있는 스토리를 가진 곳이 선전했다. 이 지역들은 가로수길만큼 화려하게 변모하지는 않더라도 앞으로 5년 정도 장기적으로 봤을 때 상권이 크게 발달할 가능성이 있다. 2016년 유망 투자 대상으로 우선 꼽을 수 있는 곳은 이처럼 독특한 테마와 문화를 가진 지역이다.

　서울 강남권에서는 논현동이 특색 있는 거리에 해당하는 대표적인 지역이다. 논현동에는 30억~50억원대 중소형 빌딩이 다수 포진해 있어서 개인 자산가들이 투자하기에 선택의 폭이 넓다. 지하철 9호선 개통으로 접근성이 개선됐고 그동안 강남 지역에서 상대적으로 저평가됐다는 인식이 확산되면서 최근 몸값이 상승세를 타고 있다. IT, 광고, 디자인 등 트렌디한 회사들의 이 지역 선호도가 높아짐에 따라 공실률도 낮은 편이다. 외관과 인테리어가 예쁘고 독특한 건물이 많은 것도 이 지역의 장점이다.

　양재동 와인거리도 장기적으로 눈여겨볼 만한 투자 대상이다. 과거 양재천 뚝방길(둑길)이라 불리던 이 지역에는 와인바들이 하나둘 들어서면서 서초구가 이곳을 문화 명소로 지정했고 '연인의 거리'라는 이름도 붙었다. 아직은 교통이 다소 불편한 단점이 있으나 조용하고 깨끗한 주변 환경에 분위기 있는 와인바, 카페 등이 밀집해 있어서 데이트 명소로 명성을 높이고 있다. 긴 호흡의 투자를 고려하는 경우 저울질해볼 만한 투자 고려 대상이다.

　투자 금액이 10억원대면 지방이나 수도권을 노려볼 만하다. 미래 발전 가능성을 염두에 두고 투자 방향을 정하면 좋다. 빌딩 가격 상승에 영향을 주는 핵심 요인으로는 도시개발, 교통망 확충, 인구 유입 등을 꼽을 수 있는데 현재 이 모두를 충족시키는 도시가 바로 경기도 평택시과 동탄신도시, 세종시 등이다. 이들 지역의 중심업무지구 건물은 임대료 상승뿐 아니라 향후 시세차익까지 기대할 수 있다는 점에서 투자를 고려해볼 만하다.

주거·임대수익 동시에 가능한
상가주택용지 희소가치 높아져

장경철 부동산일번가 이사

▼ 2015년 토지 시장은 분양 시장 호황에 힘입어 후끈 달아올랐다. 부동산 개발회사나 건설 업체들은 저마다 아파트를 지을 수 있는 부지를 확보하기 위한 각축전을 벌였고 이로 인해 공동주택용지 입찰경쟁률이 수백 대 1에 이르는 현장도 나왔다. 개인투자자는 그들대로 점포 겸용 단독주택용지 입찰에 몰렸다. 토지 거래도 활발해지면서 전국 땅값은 2015년 7월 기준 57개월째 상승세를 보였다. 한국감정원에 따르면 2015년 1~7월 사이 전국 땅값은 1.29% 올라 2014년 같은 기간 상승률(1.1%)을 추월했다.

토지 시장, 시세차익형 → 임대수익형으로 재편

2016년에도 토지 시장 호조세는 계속될 전망이다. 다만 토지 거래와 매매 가격이 안정적인 상태를 유지하면서 실수요자 중심으로 시장이 재편될 것으로 보인다. 다만 2016년에도 비도시지역 인기는 시들해지고 도심지역 땅값이 들썩이는 '도고농저(都高農低)' 현상이 더욱 가속화될 것으로 보인다. 또한 장기적으로는 땅값이 안정되면서 땅 투자 패턴 역시 '시세차익'형에서 '임대수익'형으로 급격히 바

꿜 것이다. 장기간 자금이 묶이는 땅을 놀리기
보다는 캠핑장, 물류창고 등으로 임대를 놓아
매달 고정수입을 챙기는, 일종의 수익형 부동
산화돼 가고 있는 셈이다.

2016년 토지 투자 유망지는 어디일까. 크
게 서울 도심 자투리땅이나 서울 외곽의 노후
주택가, 점포 겸용 단독주택용지, DMZ·민
통선(민간인통제구역) 땅을 꼽아볼 수 있겠다.

서울 도심 자투리땅이나 외곽의 노후주택가를 눈여겨보라고 한 이유는 전세난으
로 아파트에서 빌라, 다세대주택 등으로 옮겨가는 실수요자가 늘고 있기 때문이다.
이를 겨냥해 빌라, 다세대주택을 신축해 분양하거나 임대하려는 투자자도 덩달아
급증했다. 이보다 벗어난 수도권 외곽이나 지방에 투자한다면 3~4명이 공동으로
매입해 분할 가능한 강·호수·바다 주변의 1만㎡ 안팎의 땅도 유망하다. 이런 땅
은 덩치 큰 땅을 330~660㎡ 단위로 분할하면 당장 가격이 10~20% 정도 뛰는 경
향이 있다. 수도권 농가주택 등도 귀농·귀촌 수요가 늘면서 각광받는 분위기다.

건축 연면적의 40% 이내에서 상가를 들일 수 있는 점포 겸용 단독주택용지도
눈여겨볼 만하다. 상가주택을 지어 직접 거주하면서 임대수익도 낼 수 있다는 장
점이 있다. 점포 겸용 단독주택은 1층에 상가, 2~4층엔 다가구·다세대주택이
들어서는 주택을 말하는데 1~3층은 세를 놓아 수익을 올리고 4층엔 주인이 직
접 거주하는 경우가 대부분이다. 노후를 대비해 임대수익과 주거를 동시에 해결
하고자 하는 은퇴 베이비붐 세대에 매력적인 재테크 상품으로 꼽힌다.

2015년 점포 겸용 단독주택용지는 없어서 못 팔 지경이었다. 2015년 2월 대
구테크노폴리스에 공급된 땅에는 10필지 모집에 1만5621명이 몰려 최고 4303
대 1의 경쟁률을 기록했다. 2014년 9월 한국토지주택공사(LH)가 분양한 위례
신도시 내 점포 겸용 단독주택용지에는 웃돈이 최대 8억원까지 붙어 있는 것으로

전국 지가 변동률 〈단위:%〉

1.1 (2014년)
1.29 (2015년)

*2015년은 1~7월 기준 *자료:한국감정원, 지지옥션

알려졌다.

2016년에도 2015년과 마찬가지로 신도시와 택지지구에 공급되는 점포 겸용 단독주택용지 몸값이 상한가를 칠 것으로 보인다. 2015년에도 2014년 대비 공급량이 줄어 경쟁이 치열했는데, 2016년에는 공급 물량이 더욱 적어질 것으로 예상되기 때문이다. 희소성이 높아지면 입지가 좋거나 개발호재가 있는 지역의 상가주택은 시세차익도 노려봄직하다.

다만 상가주택으로 시세차익을 노린다면 시간적 여유를 가질 필요가 있다. 점포 겸용 단독주택용지는 추첨 분양에서 당첨되자마자 바로 웃돈 받고 되팔 수 있는 것이 아니기 때문이다. 소유권 이전 등기 전 전매 시엔 최초 분양가 이하로만 팔 수 있으니 유의해야 한다.

땅을 분양받아 상가주택을 지을 생각이라면 땅값 외에 건축비까지 염두에 둬야 한다. 지역별로 격차가 크지만 수도권의 웬만한 택지지구 내에서 점포 겸용 단독주택용지를 사려면 필지(264㎡ 기준)당 4억~7억원 정도는 필요하다. 3.3㎡당 최소 500만~1000만원은 생각해야 한다는 뜻이다. 인기지역은 3.3㎡당 2000만원을 넘기기도 한다. 여기에 용적률 150%를 적용받는다면 건축 가능한 면적은 대략 450㎡다. 3.3㎡당 건축비가 300만원이라고만 가정해도 건축비 약 4억 5000만원을 추가로 들일 각오를 해야 한다.

지역별로 건축 규제가 조금씩 다르다는 점도 기억하자. 택지지구별로 지구단위계획에 따라 허용 층수 등이 달라진다. 예컨대 위례신도시 점포 겸용 주택은 4층 이하로 지을 수 있지만 배곧신도시에선 주거 전용이든 점포 겸용이든 모두 3층 이하로 지어야 한다. 임대수익을 원한다면 용지 주변에 대형 상업시설이 들어서거나 수용 인구에 비해 상권이 포화 상태는 아닌지, 다가구주택 임대 수요가 꾸준히 이어질지 꼼꼼히 따져봐야 한다.

　남북이 화해 모드로 접어들면서 토지 투자도 '통일 재테크' 시대에 접어들었다. 민통선 인근에는 '통일 투자'를 내걸고 상담하는 중개업소도 속속 생겨나고 있다. 민통선 인근의 토지는 가격이 3.3㎡당 10만~20만원대로 저렴해 구입 부담이 덜한 데 반해 언젠가 통일이 되면 시세가 크게 오를 것으로 기대되는 땅이라 땅을 미리 선점해 두려는 다양한 연령대의 투자자들이 관심을 보이고 있다. 규모가 작은 땅은 500만원대에도 사들일 수 있어 비용 부담이 적어서인지 매매를 문의하는 20~30대 젊은 층도 꽤 있다.

　민통선 내 토지가 아닌 접경지역 부동산도 오름세를 보이기는 마찬가지다. 파주LCD산업단지와 월롱산업단지가 들어선 문산읍 월롱면 일원 토지는 지난 2010년 당시 3.3㎡당 30만~60만원 안팎에 거래됐다. 80만~170만원 선까지 매매가가 급등한 지역도 있다. 산업단지 바로 앞 도로변 토지는 3.3㎡당 최소 400만~500만원 선에 거래된다. 통일이 되거나 최소한 북한과의 경제교류가 늘어나기만 해도 활용 가치가 높아질 것이란 기대에서다. 사실상 파주시 전체를 통일 수혜지라고 봐도 무방하다.

　물론 '핑크빛 전망'만을 기대할 순 없다. 통일은 굉장히 오랜 시간에 걸쳐 이뤄질 사안이다. 실제 구매한 뒤 여기에 막상 전원주택을 짓기도 애매하거나 잡초가 무성해 관리하기 어렵다는 등의 이유로 계약 1~2년 후 다시 매물로 내놓는 경우도 있다. 또한 DMZ나 민통선 인근에 있다고 모두가 같은 땅이 아니기 때문에 땅의 모양과 관리 상태, 인근 지대 등을 직접 두루 살피고 따져서 신중히 계약해야 나중에 후회가 없다. 이곳 땅값은 남북관계에 따라 오르내린다. 업계 관계자에 따르면 지난 2000년 6·15 남북공동선언 이후 땅값이 3.3㎡당 최고 20만원대까지 뛰었지만 이후 남북관계가 경색됐을 땐 절반 가격으로 거품이 꺼지기도 했다.

　정리하자면 토지 시장은 땅값이 단기간에 오르지도, 그렇다고 떨어지지도 않는다는 점을 기억하길 바란다. 그래도 장기간 안목을 갖고 투자한다는 기본원칙을 지킨다면 땅은 아직도 안정적인 부동산 상품임이 분명하다.

중소형 아파트 고공행진
수익형 상품도 '신났다~'

강은현 EH경매연구소장

2015년 9월 24일 서울중앙지방법원 경매2계 입찰법정. 아파트·단독주택·다세대·상가 등 33건이 입찰에 부쳐져 그중 21건이 주인을 찾았다. 그중 최고 경쟁률을 기록한 물건은 서울 관악구 봉천동에 있는 관악드림타운 아파트 전용면적 84㎡다. 4억5000만원에서 한 차례 유찰돼 3억6000만원에 경매 나왔다. 29명이 치열한 경합을 벌인 끝에 4억4300만원에 팔렸다.

경매 물건 수 증가해 경쟁 열기는 완화될 것

2015년 경매 시장은 부동산 시장 회복에 힘입어 고가 낙찰이 속출하는 등 어느 해보다 열기가 뜨거웠다. 지지옥션에 따르면 2015년 1~9월 서울 아파트 평균 낙찰가율은 90.85%로 2014년 같은 기간(85.41%)보다 5.44%포인트 상승했다. 경매를 찾는 수요는 늘었지만 경매로 나온 물건 수는 감소해 경매 한 건당 평균 응찰자 수는 2014년 1~9월 6.99명에서 2015년 같은 기간 8.17명으로 1.18명 늘었다. 2015년 1~9월 동안 서울 아파트 경매 물건은 2763건으로 2014년 같은 기간(4259건)보다 35.13% 줄었다.

주거형 부동산 경매는 열기가 중소형 아파트에서 대형 아파트까지 확산됐다. 서울 강남 3구 아파트의 평균 낙찰가율(감정가 대비 낙찰가 비율)은 9년 만에 100%를 넘겼다. 대형 아파트에 십수 명의 참여자가 몰리거나 낙찰가가 95%를 넘겨도 더 이상 낯선 풍경이 아니다. 아파트는 평형이나 지역, 금액에 관계없이 과열 단계를 넘어섰다. 한동안 찬밥 신세를 면치 못했던 연립·다세대주택에도 볕이 들었다. 아파트 전셋값이 집값에 육박할 정도로 치솟은 탓에 일부 전세 난민들이 아파트 대신 연립·다세대주택을 선택했기 때문이다.

수익형 부동산에 대한 쏠림 현상도 계속됐다. 그러나 모든 수익형 부동산에 투자자가 몰린 것은 아니다. 단지 내 상가와 테마상가 등은 여전히 시장의 외면을 받은 반면 근린상가는 지역이나 금액을 불문하고 고가 낙찰이 이뤄졌다.

그 밖에 2015년 경매 시장 핫이슈는 토지를 들 수 있다. 제주의 강세는 여전했지만 내륙지역 역시 제주 못지않은 뜨거운 열기를 내뿜었다. 2015년 8월 24일 밀양지원에서 진행된 밀양시 삼랑진읍 임야 5355㎡에는 250명이 참여해 2014년 최고 경쟁률(152명) 기록을 가뿐히 갈아치웠다. 또한 근린주택이나 원룸 주

전국 경매물건 수

단위:개

구분	2009년	2010년	2011년	2012년	2013년	2014년	2015년
1월	9130	8444	8559	8340	1만1615	9016	8499
2월	1만392	8318	7249	1만120	9043	8718	6460
3월	1만2582	1만202	1만488	1만141	1만281	9308	9069
4월	1만2509	9912	9284	9839	1만1332	9700	8681
5월	1만168	8547	8613	1만482	1만203	8713	7186
6월	1만932	9218	9225	1만118	9040	8189	9150
7월	1만1060	9697	8998	1만738	1만1266	1만271	9132
8월	9298	9014	8994	9759	9519	8007	7131
9월	1만533	8013	8577	9584	8128	8101	–
10월	9091	9535	9155	9954	1만214	9153	–
11월	9993	9843	9733	1만452	9732	8162	–
12월	9014	8998	8967	8488	8793	8233	–
합계	12만4702	10만9741	10만7842	11만8015	11만9166	10만5571	6만5308

자료:대법원 경매정보

택으로 신축이 가능한 나대지나 구옥은 나오기가 무섭게 신건에 팔려 나갔다.

2016년 경매 시장 전망은 어떨까.

2015년 상반기까지는 저금리 기조와 정부의 부동산 부양 정책에 힘입어 경매 신규 유입 물건이 감소하는 추세를 나타냈다. 대법원 경매정보에 따르면 2015년 상반기 신규 유입 물건은 4만9045건으로 2014년 같은 기간(5만3644건)에 비해 4599건(8.57%) 줄었다. 하지만 2016년 경매 시장은 신규 유입 물건 감소세가 멈추고 증가세로 돌아설 가능성이 높다. 따라서 경매 물건 수 급감이 입찰경쟁률 증가, 낙찰가율 상승으로 이어지는 악순환은 끊어질 것이다.

2016년 경매 시장은 지역별, 종목별, 금액별 양극화 현상도 심화될 것으로 보인다. 부동산, 그중에서도 주거형 부동산은 경기 불확실성이 높아질수록 쏠림 현상이 커지는 경향이 있다. 전셋값 고공행진이 2016년에도 이어져 중소형 아파트는 경매 시장에서도 강세 현상이 계속될 테지만, 대형 아파트 경매 시장이 강세를 이어갈지 여부는 실물경제에 달려 있다.

수익형 부동산의 강세도 이어질 전망이다. 단 해가 거듭될수록 전통적인 주거형과 수익형 부동산에 대한 경계는 허물어지고 주거형 부동산이 빠른 속도로 반전세로 재편될 것이다. 결국 수익형 부동산에 편입돼 궁극적으로는 수익형 부동산의 울타리에 주거형 부동산이 걸치게 된다는 얘기다.

2015년 경매 시장은 각종 경매 기록을 갈아치울 정도로 뜨거웠으나 2016년에도 지속될지 여부에 대해서는 몇 가지 전제조건이 충족돼야 한다.

먼저 저성장 기조로 고착될 가능성이 높은 실물경기가 되살아나야 한다. 2015년 내수경제는 활황세를 구가했지만 실물경기는 엇박자를 보였다. 이는 미국발 금리 인상 등 외부 변수에 부동산 시장이 언제든 요동칠 개연성이 높다는 뜻이다. 또한 부동산 시장 부양에 치중하다 보니 가계부채 급증이라는 부메랑도 감수해야 한다. 가계부채라는 시한폭탄은 우리 경제가 풀어야 할 가장 큰 리스크 중 하나다.

전반적으로 2016년 상반기 경매 시장은 강보합세가 예상된다. 반면 하반기는

2016년 1분기에 경매 개시가 결정된 물건이 본격적으로 시장에 등장하는 시점으로 수요가 분산되면서 낙찰가율이 낮아지고 투자수익률은 높아질 것으로 보인다.

수익형 부동산은 종류·지역별 편차 커

2016년 경매 시장에서는 어떤 물건을 눈여겨보면 좋을까.

아파트는 부동산 경매 수위 자리를 지킬 것으로 판단된다. 특히 전셋값 상승장에 실물경기 불확실성이 더해져 아파트 경매 선호 현상을 더욱 심화시킬 것이다. 중소형 아파트는 실수요자와 투자자의 혼전세로 과열이 예상되고, 대형 아파트는 실수요 중심의 시장이 형성될 것으로 보인다.

저금리 기조가 계속되면서 근린생활시설 등 수익형 부동산에 대한 열기는 더욱 뜨거워질 전망이다. 단 상가는 주거형 부동산과 달리 개별성이 강해 유형별, 지역별 편차가 클 것이다. 투자 금액이나 지역이 관건이 아니라 임대수익률이 투자의 핵심 요소다. 2016년은 2015년과 달리 공급 갈증이 다소 풀린 것으로 보여 경매 시장 참여자들에게는 긍정적인 신호다.

2016년 경매 시장의 또 다른 관전 포인트는 토지 경매 열기가 지속될지 여부다. 토지는 주거형 부동산이나 수익형 부동산과 달리 다양한 가격대의 물건이 경매 시장에 꾸준히 유입되고 있다. 전원주택이나 농가주택, 주말·체험 영농 목적의 실수요자는 다양하고 저렴한 가격대의 토지를 만날 수 있을 것이다.

결론적으로 전반적인 경매 시장 전망은 실물경기에 달려 있다. 2015년은 정부의 강력한 부동산 부양책이 가시적인 성과를 보여 각종 경매지표가 모두 우상향의 상승곡선을 그렸다. 경매 시장은 부동산 시장과 달리 불경기에도 저가 매수라는 가격 경쟁력을 무기로 생존이 가능하다. 그러나 부동산 시장이 경매 시장과 너무 상반된 모습을 보인다면 경매 시장만 성장하기에는 한계가 있다. 투자 용도의 경매 물건은 부동산 시장에서 거래되기 때문이다. 이런 연유로 쏠림(경매 시장) 성장이 아닌 균형(부동산 시장) 발전이 필요하다.

〖 일러두기 〗

1. 이 책에 담겨 있는 전망치는 필자가 속해 있는 기관이나 필자 개인의 전망에 근거한 것입니다. 따라서 같은 분야에 대한 전망치가 서로 엇갈릴 수도 있습니다.

2. 그 같은 전망치 역시 이 책을 만든 매일경제신문사의 공식 견해가 아님을 밝혀둡니다.

3. 본 책의 내용은 개별 필자들의 견해로 투자의 최종 판단은 독자의 몫이라는 점을 밝혀둡니다.

2016 매경 아웃룩

2015년 11월 20일 초판 2쇄

엮은이 : 매경이코노미

펴낸이 : 장대환

펴낸곳 : 매일경제신문사

인쇄 · 제본 : (주)M-PRINT

주소 : 서울 중구 필동 1가 30번지(100-728)

편집문의 : 2000-2521~35

판매문의 : 2000-2606

등록 : 2003년 4월 24일(NO.2-3759)

ISBN 979-11-5542-366-0(03320)

값 : 20,000원

세상에
울리는
배려의
종소리

사람이 오가는 곳을 지나다
행여 다치지나 않을까
새들에게 알리는 풍경 소리,

우리 안의 작은 배려를 표현할때
세상은 더욱 따뜻해집니다

**세상에 퍼지는 배려,
KT&G가 함께합니다**

상경영   KT&G는 끊임없는 '상호협력과 상생추구'로
함께하는 행복한 사회를 만들어 갑니다

상상에 답하다   KT&G

달콤 허니 ♫
허니갈릭스

부드럽 치 ♫
치즐링

달콤한
아카시아꿀이 듬뿍~

부드러운
치즈 파우더가 팍팍~
치즐링

사탕수수에겐
참 미안한 이야기

사탕수수야, 건강한 땅에서 햇빛 먹고 바람 마시며 자란

네가 **내 원료**라는 걸 모르시는 분들이 아직 많은 것 같아.

내 **감칠맛**은 너를 꼬박 **마흔 시간 동안 발효**해서

얻은 맛이라는 것도 말이지. 그래, 생각이라는 걸 쉽게

바꿀 순 없겠지. 하지만 난 믿어. **맛을 위해, 건강을 위해**

진심을 다하다 보면 오해는 조금씩 풀릴 거라고.

더 많은 식탁에서 실력 발휘할 수 있는 날이 곧 올 거야.

사탕수수를 발효하여 만든 발효미원

더 풍요롭고 안전한 친환경 에너지 라이프 – LG가 만들어가고 있습니다

에너지 저장 시스템
ESS
사용하지 않으면 그냥 흘려
보내야 했던 전기를 필요할 때
꺼내 쓸 수 있도록 하는 저장장치

연료전지 발전 시스템
Fuel Cell
산소와 수소를 활용하여
전기를 생산하는
고효율·친환경 발전 시스템

스마트 빌딩 시스템
빌딩 내 전원, 공조, 조명, 방재 등 에너지
설비의 정보를 실시간으로 수집·분석ㅎ
에너지 사용 효율을 높이는 시스템

고효율 태양광 모듈
고효율 집적 기술을 통해
태양의 빛을 전지로 모아
친환경 전기를 생산하는 기술

스마트 LED 조명
LED조명과 ICT 기술을
융합하여 에너지 효율을
높이는 친환경 조명

전기차 배터리 / 충전기
화석연료가 아닌
전기 에너지를 사용하는
친환경 전기차의 핵심 기술

더 나은 삶을 위한 혁신
Innovation for a Better Life

LG